Grenzüberschreitende Verschmelzungen und die damit verbundenen international-privatrechtlichen Fragen

Studien zum vergleichenden und internationalen Recht -
Comparative and International Law Studies

Herausgeber: Bernd von Hoffmann (†), Erik Jayme, Heinz-Peter Mansel,
Christine Budzikiewicz, Michael Stürner, Karsten Thorn
und Marc-Philippe Weller

Band 213

PETER LANG

Viola Tsakalidou

Grenzüberschreitende Verschmelzungen und die damit verbundenen international-privatrechtlichen Fragen

PETER LANG

Bibliografische Information der Deutschen Nationalbibliothek
Die Deutsche Nationalbibliothek verzeichnet diese Publikation in der Deutschen Nationalbibliografie; detaillierte bibliografische Daten sind im Internet über http://dnb.d-nb.de abrufbar.

Zugl.: Köln, Univ., Diss., 2022

Umschlaggestaltung: © Olaf Gloeckler, Atelier Platen, Friedberg

Gedruckt auf alterungsbeständigem, säurefreiem Papier
Druck und Bindung: CPI books GmbH, Leck

D 38
ISSN 0930-4746
ISBN 978-3-631-86672-6 (Print)
E-ISBN 978-3-631-88933-6 (E-PDF)
E-ISBN 978-3-631-88934-3 (EPUB)
DOI 10.3726/ b20162

Peter Lang – Berlin · Bern · Bruxelles · New York ·
Oxford · Warszawa · Wien

Diese Publikation wurde begutachtet.

www.peterlang.com

In Andenken meiner Großmutter, Vera

Vorwort

Die vorliegende Arbeit wurde von der Rechtswissenschaftlichen Fakultät der Universität zu Köln als Dissertation angenommen. Sie wurde im Mai 2020 fertiggestellt und ist grundsätzlich auf dem Stand vom 1. Juni 2021. Einzelne später veröffentlichte Quellen wurden nachgetragen.

Mein ganz besonderer Dank gilt meinem Doktorvater, Herrn Professor Dr. Dr. h.c. Heinz-Peter Mansel für seine intensive und fördernde fachliche Betreuung. Durch seine konstruktiven Anmerkungen und seine wertvollen Hinweise konnte ich mich während meiner gesamten Promotion sowohl fachlich als auch persönlich weiterentwickeln. Ebenfalls danken möchte ich Herrn Professor Dr. Martin Henssler für die zügige Erstellung des Zweitgutachtens.

Zudem gebührt mein Dank der Dr. Wilhelm Westhaus-Stiftung, die mein Promotionsvorhaben finanziell unterstützt und ermöglicht hat.

Neben meinem Doktorvater, Herrn Professor Dr. Dr. h.c. Heinz-Peter Mansel, möchte ich mich bei Herrn Professor Dr. Dr. h.c. mult. Erik Jayme LL.M. (Berkeley), Frau Professorin Dr. Christine Budzikiewicz sowie den Herren Professoren Dr. Michael Stürner, Dr. Karsten Thorn, LL.M. und Dr. Marc-Philippe Weller für die Aufnahme der Arbeit in diese Schriftenreihe bedanken.

Besonders danken möchte ich Frau Professorin Dr. Alexandra Budke, die mich stets durch Rat und Tat während meines Promotionsvorhabens unterstützte. Bei allen meinen Freundinnen und Freunden möchte ich mich ebenfalls bedanken, die mich während meiner Promotionszeit begleitet und ermuntert haben.

Diese Arbeit ist meinen Eltern, meinen Brüdern, George und Ioannis und meinem Freund, Georgios Tsanikidis, gewidmet, die mir stets zur Seite stehen und Rückhalt geben. Dafür danke ich ihnen vom ganzen Herzen.

Düsseldorf, im Juli 2022
Viola Tsakalidou

Inhaltsverzeichnis

Literaturverzeichnis

Bar, Christian von/ Mankowski, Peter, Internationales Privatrecht, Bd. 1, 2. Auflage 2003. (zit.: v. Bar/Mankowski, IPR)

Bar, Christian von, Internationales Privatrecht, Bd. 2, 1. Auflage 1991 (zit.: v. Bar, IPR)

Bar, Christian von, Wertpapiere im deutschen Internationalen Privatrecht in: Pfister, Bernhard (Hrsg.), Festschrift für Werner Lorenz zum siebzigsten Geburtstag (1991), S. 273 ff. (zit.: v. Bar in FS Lorenz)

Basedow, Jürgen, Das Prinzip der gegenseitigen Anerkennung im internationalen Wirtschaftsverkehr in: Witzleb, Normann (Hrsg.), Festschrift für Dieter Martiny zum 70. Geburtstag (2014), S. 243 ff. (zit.: Basedow in FS Martiny)

Basedow, Jürgen, Foundations of Private International Law in Intellectual Property in: Basedow/Kono/Metzger (Hrsg.), Intellectual Property in the Global Arena (2010), S. 3 ff. (zit.: Basedow in Basedow/Kono/Metzger (Hrsg.) Intellectual Property in the Global Arena)

Basedow, Jürgen/Metzger, Axel, Lex loci protectionis europeae in: Trunk/Knieper/Svelanow (Hrsg.) Russland im Kontext der internationalen Entwicklung: Internationales Privatrecht, Kulturgüterschutz, geistiges Eigentum, Rechtsvereinheitlichung; Festschrift für Boguslavskij (2004), S. 153 ff. (zit.: Basedow/Metzger in FS Boguslavskij)

Basedow, Jürgen/Rühl, Giesela/Ferrari, Franco/Miguel Asensio, Pedro Alberto de (Hrsg.), Encyclopedia of private international law, 2017 (zit.: Bearbeiter in Encyclopedia of Private International Law).

Baumbach, Adolf (Begr.), *Hefermehl, Wolfgang/Casper, Matthias* (Bearb.), Wechselgesetz, Scheckgesetz: Recht der kartengestutzten Zahlungen; mit Nebengesetzen und einer Einführung in das Wertpapierrecht, 24. Auflage 2020 (zit.: Baumbach/Hefermehl/Casper, WG/ScheckG)

Beurskens, Michael/Fastrich, Lorenz/Haas, Ulrich/Kersting, Christian/Noack, Ulrich/Servatius, Wolfgang (Bearb.), Gesetz betreffend die Gesellschaften mit beschränkter Haftung, 23. Auflage 2022 (zit.: Noack/Servatius/Haas/Bearbeiter, GmbHG)

Bayer, Walter/Schmidt, Jessica, BB-Gesetzgebungs- und Rechtsprechungsreport zum Europäischen Unternehmensrecht 2010/2011, BB 2017, 2114 (zit.: Bayer/J. Schmidt, BB 2017, 2114)

Dies., Das Vale-Urteil des EuGH: Die endgültige Bestätigung der Niederlassungsfreiheit als „Formwechselfreiheit“, ZIP 2012, 1481 (zit.: Bayer/J. Schmidt, ZIP 2012, 1481)

Dies., Die neue Richtlinie über die grenzüberschreitende Verschmelzung von Kapitalgesellschaften – Inhalt und Anregungen zur Umsetzung in Deutschland, NJW 2006, 401 (zit.: Bayer/J. Schmidt, NJW 2006, 401)

Dies., Die neue Richtlinie über die grenzüberschreitende Verschmelzung von Kapitalgesellschaften - Inhalt und Anregungen zur Umsetzung in Deutschland, NZG 2006, 841 (zit.: Bayer/J. Schmidt, NZG 2006, 841)

Behme, Caspar, Europäisches Umwandlungsrecht – Stand und Perspektiven, ZHR 182 (2018) 32-61 (zit.: Behme, ZHR 182 (2018) 32)

Ders., Rechtsformwahrende Sitzverlegung und Formwechsel von Gesellschaften über die Grenze - Ein Beitrag zum Prinzip der gegenseitigen Anerkennung im europäischen Gesellschaftsrecht, zugl.: Heidelberg, Univ., Diss., 2015 (zit.: Behme, Rechtsformwahrende Sitzverlegung und Formwechsel von Gesellschaften über die Grenze)

Ders., Der grenzüberschreitende Rechtsformwechsel von Gesellschaften nach Cartesio und Vale, NZG 2012, 936 (zit.: Behme, NZG 2012, 936)

Behrens, Peter, Connecting factors for the determination of the proper law of companies in: Mankowski, Peter (Hrsg.), Festschrift für Ulrich Magnus zum 70. Geburtstag (2014), S. 353 ff. (zit.: Behrens in FS Magnus (2014))

Ders., Niederlassungsfreiheit/Gesellschaftsrecht: Grenzüberschreitende Umwandlungen von Gesellschaften, EuZW 2012, 621 (zit.: Behrens, EuZW 2012, 621)

Ders., Der Anerkennungsbegriff des Internationalen Gesellschaftsrechts, ZGR 1978, S. 499 ff. (zit.: Behrens, ZGR 1978, 499)

Beitzke, Günther, Internationalrechtliches zur Gesellschaftsfusion, Probleme des europäischen Rechts in: Caemmerer, Ernst von (Hrsg.), Probleme des europäischen Rechts: Festschrift für Walter Hallstein zu seinem 65. Geburtstag (1966), S. 11 ff. (zit.: Beitzke in FS Hallstein)

Benecke, Martina, Auslandsbeurkundung im GmbH-Recht: Anknüpfung und Substitution. RIW 2002, 280, (zit.: *Benecke,* RIW 2002, 280)

Borges, Georg, Der rechtliche Status der im Registerstaat erloschenen Gesellschaft, IPRax 2005, 134 (zit.: Borges, IPRax 2005, 134)

Böttcher, Lars/Habighorst, Oliver/Schulte, Christian (Hrsg.), Umwandlungsrecht, 2. Auflage 2019 (zit.: Bearbeiter in Böttcher/Habighorst/Schulte, UmwR)

Brandi, Tim Oliver/Schmidt, Mike Karl, Die britische Limited nach dem Brexit – RefE zur Änderung des UmwG mit weiteren Handlungsoptionen für betroffene Gesellschaften, DB 2018, 2417 (zit.: Brandi/Schmidt, DB 2018, 2417)

Braun, Tillmann Rudolf/Schonard, Pascal, Der neue deutsch-chinesische Investitionsförderungs- und -–schutzvertrag, RIW 2007, 561 (zit.: Braun/Schonard, RIW 2007, 561)

Brocker, Moritz, Die grenzüberschreitende Verschmelzung von Kapitalgesellschaften, BB 2010, 971 (zit.: Brocker, BB 2010, 971)

Bülow, Peter (Hrsg.), Wechselgesetz, Scheckgesetz: mit AGB-Sparkassen, AGB-Banken, AGB-Postbank und Scheckbedingungen, 5. Auflage 2013 (zit.: Bülow, WG/ScheckG/ABG)

Bungert, Hartwin, Grenzüberschreitende Verschmelzungsmobilität - Anmerkung zur Sevic-Entscheidung des EuGH, BB 2006, 53 (zit.: Bungert, BB 2006, 53)

Ders., Grenzüberschreitendes Umwandlungsrecht: Gesamtrechtsnachfolge für im Ausland belegene Immobilien bei Verschmelzung deutscher Gesellschaften in:Lorenz, Stephan (Hrsg.), Festschrift für Andreas Heldrich zum 70. Geburtstag (2005), S. 527 ff. (zit.: Bungert in FS Heldrich)

Bungert, Hartwin/Schneider, *Christof Alexander,* Grenzüberschreitende Verschmelzung unter Beteiligung von Personengesellschaften in:Hutter, Stephan (Hrsg.), Gedächtnisschrift für Michael Gruson (2009), S. 37 ff. (zit.: Bungert/Schneider in GS Gruson)

Calliess, Christian/Ruffert, Matthias (Hrsg.), EUV/AEUV – Das Verfassungsrecht der Europäischen Union mit Europäischer Grundrechtcharta, 6. Auflage 2022 (zit.: Bearbeiter in Calliess/Ruffert, EUV/AEUV)

Coester-Waltjen, Dagmar/Coester, Michael, Rechtswahlmöglichkeit im Europäischen Kollisionsrecht in: Michaels, Ralf (Hrsg.), Liber amicorum Klaus Schurig: zum 70. Geburtstag (2012), S. 33. (zit.: Coester-Waltjen/Coester in LA Schurig)

Cramer, Carsten, Von der Limited in die Personenhandelsgesellschaft, DStR 2018, 2435 (zit.: Cramer, DStR 2018, 2435)

Cziupka, Johannes, Zur Beurkundung der Gründung einer deutschen GmbH durch einen Schweizer Notar mit Amtssitz im Kanton Bern, EWiR 2018, 137 (zit.: Cziupka, EWiR 2018, 137)

Dauner-Lieb, Barbara/Simon, Stefan (Hrsg.), Kölner Kommentar zum Umwandlungsgesetz, 2009 (zit.: Bearbeiter in KölnKomm zum UmwG)

Dauses, Manfred (Begr.)/*Ludwigs, Markus* (Hrsg.), Handbuch des EU-Wirtschaftsrechts, Band 1, Stand: Juli 2019 (48. Ergänzungslieferung) (zit.: Kalss/Klampfl, Handbuch des EU-WirtschaftsR)

Diehn, Thomas, Beurkundung von Verschmelzungsvorgängen durch Basler Notar - Anmerkungen zu KG, Beschl. v. 26. 7. 2018 – 22 W 2/18 (zit.: Diehn, DNotZ 2019, 146)

Doralt, Maria, Sevic: Traum und Wirklichkeit – die grenzüberschreitende Verschmelzung ist Realität, IPRax 2006, 572 (zit.: Doralt, IPRax 2006, 572)

Dreier, Thomas/Schulze, Gernot (Hrsg.), Urheberrechtsgesetz, 7. Auflage 2022 (zit.: Dreier/Schulze/Bearbeiter, UrhR)

Drinhausen, Florian, Regierungsentwurf eines Zweiten Gesetzes zur Änderung des Umwandlungsgesetzes – ein Gewinn für die Praxis, BB 2006, 2313 (zit.: Drinhausen, BB 2006, 2313)

Drinhausen, Florian/Keinath, Astrid, Referentenentwurf eines Zweiten Gesetzes zur Änderung des Umwandlungsgesetzes – Erleichterung grenzüberschreitender Verschmelzungen für deutsche Kapitalgesellschaften?, BB 2006, 725 (zit.: Drinhausen/Keinath, BB 2006, 725)

Drobnig, Ulrich, Originärer Erwerb und Übertragung von Immaterialgüterrechten im Kollisionsrecht, RabelsZ 40 (1976), 195 (zit.: Drobnig, RabelsZ 40 (1976), 195)

Drygala, Tim/von Bressensdorf, Tobias, Gegenwart und Zukunft grenzüberschreitender Verschmelzungen, NZG 2016, 1161 (zit.: Drygala/von Bressensdorf, NZG 2016, 1161)

Ebke, Werner, Das Internationale Privatrecht der Haftung des gesetzlichen Abschlussprüfers nach der Rom I-VO und der Rom II-VO, ZVglRWiss 109 (2010), 397-444 (zit.: Ebke, ZVglRWiss 109 (2010) 397)

Eckert, Georg, Internationales Gesellschaftsrecht: Das internationale Privatrecht grenzüberschreitend tätiger Gesellschaften, zugl.: Habil-.Schr., 2010, Wien (zit.: Eckert, Internationales Gesellschaftsrecht)

Ege, Reinhard/Klett, Sabine, Praxisfragen bei grenzüberschreitenden Verschmelzungen im Konzern, GWR 2011, 399 (zit.: Ege/Klett, GWR 2011, 399)

Eidenmüller, Horst (Hrsg.), Ausländische Kapitalgesellschaften im deutschen Recht, 1. Auflage 2004 (zit.: Eidenmüller, GesR)

Ders., Die Dogmatik der Zession vor dem Hintergrund der internationalen Entwicklung, AcP 204 (2004) 457 (zit.: Eidenmüller, AcP 204 (2004) 457)

Einsele, Dorothee, Die Drittwirkung von Forderungsübertragungen im Kollisionsrecht, IPRax 2019, 477 (zit.: Einsele, IPRax 2019, 477)

Dies., Bank- und Kapitalmarktrecht: nationale und internationale Bankgeschäfte, 4. Auflage 2018 (zit.: Einsele, Bank- und KapitalR)

Dies., Das Kollisionsrecht Intermediär-verwahrter Wertpapiere, EuZW 2018, 402 (zit.: Einsele, EuZW 2018, 402)

Dies., Die Forderungsabtretung nach der Rom I-Verordnung; sind ergänzende Regelungen zur Drittwirksamkeit zu empfehlen?, RabelsZ 74 (2010) 91 (zit.: Einsele, RabelsZ 74 (2010) 91)

Dies., Wertpapiere im elektronischen Bankgeschäft, WM 2001, 7 (zit.: Einsele, WM 2001, 7)

Dies., Die internationalprivatrechtlichen Regelungen der Finalitätsrichtlinie und ihre Umsetzung in der Europäischen Union, WM 2001, 2415 (zit.: Einsele, WM 2001, 2415)

Dies., Rechtswahlfreiheit im Internationalen Privatrecht, RabelsZ 60 (1996) 417 (zit.: Einsele, RabelsZ 60 (1996) 417)

Dies., Kollisionsrechtliche Behandlung von Wertpapieren und Reichweite der Eigentumsvermutung des § 1006 BGB, IPRax 1995, 163 (zit.: Einsele, IPRax 1995, 163)

Dies., Wertpapierrecht als Schuldrecht. Funktionsverlust von Effektenurkunden im internationalen Rechtsverkehr (1995) Tübingen (zit.: Einsele, Wertpapierrecht als Schuldrecht)

Emmerich, Volker/Habersack, Mathias (Hrsg.), Aktien- und GmbH-Konzernrecht, 8. Auf. 2016 (zit.: Bearbeiter in Emmerich/Habersack)

Engelen, Th.C.J.A. (Dick) van, Jurisdiction and Applicable Law in Matters of Intellectual Property, Electr. J. Comp. L. 14.3 (December 2010), http://www.ejcl.org (zit.: van Engelen, El.J. Comp.Law, vol. 14.3 (December 2010), http://www.ejcl.org)

Erman, Walter/Grunewald, Barbara/Maier-Reimer, Georg (Hrsg.) Bürgerliches Gesetzbuch, Band 2, 16. Auflage 2020 (zit.: Erman/Bearbeiter)

Fawcett, James J (Hrsg.), Intellectual Property and Private International Law, 2. Auflage 2011 (zit.: Fawcett/Torremanns, Intellectual Property and Private International Law)

Feldhaus, Heiner, Das Erfordernis wirtschaftlicher Inlandstätigkeit beim grenzüberschreitenden (Herein-) Formwechsel nach "Polbud" BB 2017, 2819 (zit.: Feldhaus, BB 2017, 2819)

Ferrari, Franco/Leible, Stefan (Hrsg.), Rome I Regulation (2009) (zit.: Bearbeiter in Ferrari/Leible (Hrsg.) Rome I)

Ferrari, Franco/Kieninger, Eva-Maria/Mankowski, Peter et. al. (Hrsg.), Internationales Vertragsrecht, 3. Auflage 2018 (zit.: Bearbeiter in Ferrari/Kieninger et. al., IntVertragsR)

Fisch, Markus, Der Übergang ausländischen Vermögens bei Verschmelzungen und Spaltungen – Eine Analyse aus Sicht der Praxis, NZG 2016, 448 (zit.: Fisch, NZG 2016, 448)

Fleischer, Holger/Schmolke, Klaus Ulrich, Die Rechtsprechung zum deutschen Internationalen Gesellschaftsrecht seit 1991, JZ 2008, 233 (zit.: Fleischer/Schmolke, JZ 2008, 233)

Flessner, Axel, Rechtswahl im internationalen Sachenrecht – neue Anstöße aus Europa in: Apathy, Peter (Hrsg.), Festschrift für Helmut Koziol zum 70. Geburtstag (2010), S. 125 ff. (zit.: Flessner in FS Koziol)

Ders., Privatautonomie und Interessen im internationalen Privatrecht – am Beispiel der Forderungsabtretung, in: Heldrich, Andreas (Hrsg.), Festschrift für Claus-Wilhelm Canaris zum 70. Geburtstag, Band II (2007), S. 545 ff. (zit.: Flessner in FS Canaris II)

Ders., Die internationale Forderungsabtretung nach der Rom I-Verordnung, IPRax 2009, 35 (zit: Flessner, IPRax 2009, 35)

Forsthoff, Ulrich, Die Bedeutung der Rechtsprechung des EuGH zur Mobilität von Gesellschaften über das Gesellschaftsrecht hinaus, EuZW 2015, 248 (zit.: Forsthoff, EuZW 2015, 248)

Ders., Internationale Verschmelzungsrichtlinie: Verhältnis zur Niederlassungsfreiheit und Vorwirkung; Handlungszwang für Mitbestimmungsreform, DStR 2006, 613 (zit.: Forsthoff, DStR 2006, 613)

Ders., Niederlassungsfreiheit für Gesellschaften - Europarechtliche Grenzen für die Erstreckung deutschen (Mitbestimmungs-)Rechts, zugl.: Berlin, Freie Univ., Diss., 2006, (zit.: Forsthoff, Niederlassungsfreiheit für Gesellschaften, 2006)

Freitag, Robert, Die Rom-Verordnungen und die §§ 25 – 28 HGB, ZHR 174 (2010), 429-448 (zit.: Freitag, ZHR 174 (2010), 429)

Frenzel, Ralf, Grenzüberschreitende Verschmelzung von Kapitalgesellschaften – Nach der Umsetzungsfrist, RIW 2008, 12 (zit.: Frenzel, RIW 2008, 12)

Fromm, Friedrich Karl/Nordemann, Wilhelm (Begr.), Kommentar zum Urheberrechtsgesetz, zum Verlagsgesetz und zum Urheberrechtswahrnehmungsgesetz, 12. Auflage 2018, (zit.: Fromm/Nordemann/Bearbeiter, UrhR)

Garcimartín Alférez, Francisco, The Rome I Regulation: Much ado about nothing?, EuLF Issue 2-2008, I-61 (zit.: Garcimartín Alférez, EuLF 2008, I-61)

Gaster, Jens, Das urheberrechtliche Territorialitätsprinzip aus der Sicht des Europäischen Gemeinschaftsrecht, ZUM 2006, 8 (zit.: Gaster, ZUM 2006, 8)

Geyrhalter, Volker/Weber, Thomas, Transnationale Verschmelzungen – im Spannungsfeld zwischen SEVIC Systems und der Verschmelzungsrichtlinie, DStR 2006, 146 (zit.: Geyrhalter/Weber, DStR 2006, 146)

Ginsburg, Jane C., Die Rolle des nationalen Urheberrechts im Zeitalter der internationalen Urheberrechtsnormen, GRUR Int 2000, 97 (zit.: Ginsburg, GRUR Int 2000, 97)

Girsberger, Daniel, Revolution des Internationalen Wertpapiersachenrechts? – Dynamik der Rechtsvereinheitlichung durch die Haager Konferenz in: Berti, Stephen/Girsberger, Daniel (Hrsg.), Festgabe für Anton Schnyder zum 50. Geburtstag (2002) S. 77 ff. (zit.: Girsberger in FG Schnyder)

Goette, Wulf/Habersack, Mathias/Kalss, Susanne (Hrsg.) Münchener Kommentar zum Aktiengesetz, 4. Band - §§ 179-277, 5. Auflage 2021 (zit.: Bearbeiter in MüKo-AktG)

Ders., Auslandsbeurkundungen im Kapitalgesellschaftsrecht in: Ebenroth, Carsten Thomas (Hrsg.), Verantwortung und Gestaltung: Festschrift für Karlheinz Boujong zum 65. Geburtstag (1996), S. 131 ff. (zit.: Goette in FS Boujong)

Göthel, Stephan (Hrsg.), Grenzüberschreitende M&A-Transaktionen, 4. Auflage 2015 (zit.: Bearbeiter, Grenzüberschreitende M&A-Transaktionen)

Gottschalk, Eckart, Grenzüberschreitende Verschmelzungen und Ablehnung ihrer Eintragung in nationales Handelsregister, EuZW 2006, 83 (zit.: Gottschalk, EuZW 2006, 83)

Grabitz, Eberhard (Begr.)/*Hilf, Meinhard (*ehem. Hrsg.*)/Nettesheim, Martin* (Hrsg.), Das Recht der Europäischen Union, Band I, EUV/AEUV (Loseblatt, Stand: 75. Ergänzungslieferung Januar 2022) (zit.: Grabitz/Hilf/Nettesheim/Bearbeiter)

Großfeld, Bernhard, Die Anerkennung der Rechtsfähigkeit der juristischen Personen, RabelsZ, Bd. 31 (1967), S. 1 ff. (zit.: Großfeld, RabelsZ 1967, 1)

Grüneberg, Christian et. al. (Bearb.) (vormals: Palandt*)*, Bürgerliches Gesetzbuch, 81. Auflage 2022 (zit.: Grüneberg/Bearbeiter)

Grünberger, Michael, Das Urheberrechtsstatut nach der Rom II-VO, ZVglRWiss 108 (2009), 134 (zit.: Grünberger, ZVglRWiss 108 (2009), 134)

Gsell, Beate/Krüger, Wolfgang/Lorenz, Stephan/Reymann, Christoph (Gesamt-Hrsg.-Zivilrecht), beck-online.GROSSKOMMENTAR zum Zivilrecht, München 2022 (zit.: BeckOGK-BGB/Bearbeiter)

Habersack, Mathias/Henssler, Martin (Bearb.), Mitbestimmungsrecht, Kommentierung des MitbestG, des DrittelbG, des SEBG und des MgVG, 4. Auflage 2018 (zit: Habersack/Henssler/Bearbeiter)

Haritz, Detlef/von Wolff, Bodo, Internationalisierung des deutschen Umwandlungsrechts – Zum Entwurf eines Zweiten Gesetzes zur Änderung des Umwandlungsgesetzes, GmbHR 2006, 340 (zit.: Haritz/von Wolff, GmbHR 2006, 340)

Hartley, Trevor C, Choice of Law Regarding the Voluntary Assignment of Contractual Obligations under the Rome I Regulation, Int. Comp. L. Q. 60 (2011) 29 (zit.: Hartley, Int. Comp. L. Q. 60 (2011) 29)

Hau, Wolfgang/ Poseck, Roman (Hrsg.-Zivilrecht), Beck'scher Online-Kommentar BGB, 62. Edition Stand: 01.05.2022 (zit.: BeckOK-BGB/Bearbeiter)

Hay, Peter, From Rule-Orientation to "Approach" in German Conflicts Law, 47 AmJCompL 633 (1999) (zit.: Hay, 47 AmJCompL (1999), 633)

Heckschen, Heribert, Grenzüberschreitender Formwechsel, ZIP 2015, 2049 (zit.: Heckschen, ZIP 2015, 2049)

Ders., Die Reform des Umwandlungsrechts, DNotZ 2007, 444 (zit.: Heckschen, DNotZ 2007, 444)

Heidel, Thomas/Hüßtege, Rainer/Mansel, Heinz-Peter/Noack, Ulrich (Hrsg.), Bürgerliches Gesetzbuch: Allgemeiner Teil – EGBGB, 4. Auflage 2021 (zit.: Bearbeiter in Heidel/Hüßtege/Mansel/Noack, BGB)

Hein, Jan von, Der Vorschlag der GEDIP für eine EU-Verordnung zum Internationalen Gesellschaftsrecht in: Hess, Burkard/Jayme, Erik/ Mansel, Heinz-Peter (Hrsg.), Europa als Rechts- und Lebensraum, Liber amicorum für Christian Kohler zum 75. Geburtstag (2018), S. 351 ff. (zit.: v. Hein in LA Kohler)

Ders., Party Autonomy in International Property Law: A German Perspektive in: Westrik/van der Weide (Hrsg.), Party Autonomy in International Property Law (2012), S. 103 ff. (zit.: v. Hein in Westrik/van der Weide (Hrsg.), Party Autonomy in International Property Law)

Hein, Jan von/Brunk, Bastian, Zur Wirksamkeit eines Herausformwechsels aus Deutschland, IPRax 2018, 46 (zit.: v. Hein/Brunk, IPRax 2018, 46)

Henssler, Martin/Strohn, Lutz (Hrsg.), Gesellschaftsrecht, 5. Auflage 2022 (zit.: Bearbeiter in Henssler/Strohn, GesR)

Henssler, Martin (Gesamt-Hrsg. Handels- und Gesellschaftsrecht) beck-online.GROSSKOMMENTAR zum Umwandlungsgesetz, München 2022 (zit.: BeckOGK-UmwG/Bearbeiter)

Herberger, Maximilian/Martinek, Michael/Rüßmann, Helmut/Weth, Stephan/Würdinger, Markus (Gesamthrsg.), juris Praxiskommentar BGB, Band 6 - Internationales Privatrecht und UN-Kaufrecht, 9. Auflage 2020, Stand: 01.03.2020 (zit.: JurisPK-BGB/Bearbeiter)

Herrler, Sebastian, Ermöglichung grenzüberschreitender Verschmelzungen von Kapitalgesellschaften durch Änderung des Umwandlungsgesetzes - Umsetzung der Verschmelzungsrichtlinie unter Vernachlässigung der primärrechtlichen Rahmenbedingungen, EuZW 2007, 295 (zit.: Herrler, EuZW 2007, 295)

Hoffmann, Bernd von/Thorn, Karsten, Internationales Privatrecht, 9. Auflage 2007 (zit.: von Hoffmann/Thorn, IPR)

Hohloch, Gerhard, Die „Bereichsausnahmen" der Rom II-VO, Zum Internationalen Privatrecht in und um Art. 1, Abs. 2 Rom II-VO, IPRax 2012, 110 (zit.: Hohloch, IPRax 2012, 110)

Holzborn, Timo/Mayston, Christopher, Grenzüberschreitender „Downstream Merger" bei Streubesitz und Börsenhandel, ZIP 2012, 2380 (zit.: Holzborn/ Mayston, ZIP 2012, 2380)

Hommelhoff, Peter, Die Rolle der nationalen Gerichte bei der Europäisierung des Privatrechts in: 50 Jahre Bundesgerichtshof in: Canaris, Claus-Wilhelm/Heldrich, Andreas/Hopt, Klaus, J., et. al. (Hrsg.), Festgabe aus der Wissenschaft, Band 2, Handels- und Wirtschaftsrecht, Europäisches und Internationales Recht (2000) S. (zit.: Hommelhoff in FG 50 Jahre BGH)

Höpfner, Clemens/Rüthers, Bernd, Grundlagen einer europäischen Methodenlehre, AcP 209 (2009) 1 (zit.: Höpfner/Rüthers, AcP 209 (2009) 1)

Hübner, Leonhard, EuGH: Niederlassungsfreiheit erlaubt isolierte Verlegung des Satzungssitzes, LMK 2017, 400167 (zit.: Hübner, LMK 2017, 400167)

Ders., Auswirkungen einer grenzüberschreitenden Verschmelzung auf Anleiheverträge, IPRax 2016, 553, (zit.: Hübner, IPRax 2016, 553)

Hüffer, Uwe/Koch, Jens (Hrsg.), Aktiengesetz, 16. Auflage 2022 (zit.: Bearbeiter in Hüffer/Koch, AktG)

Hushahn, Johannes, Grenzüberschreitende Formwechsel im EU/EWR-Raum, RNotZ 2014, 137 (zit.: Hushahn, RNotZ 2014, 137)

Hüßtege, Rainer/Mansel, Heinz-Peter (Hrsg.), BGB, Rom-Verordnungen, EuErbVO – HUP, Band 6, 3. Auflage 2019 (zit.: Bearbeiter in Hüßtege/Mansel, BGB)

Jauernig, Othmar (Begr.), Bürgerliches Gesetzbuch: BGB, 18 Auflage 2021, (zit.: Bearbeiter in Jauernig, BGB)

Kadner Graziano, Thomas, Das auf außervertragliche Schuldverhältnisse anzuwendende Recht nach Inkrafttreten der Rom II-Verordnung, RabelsZ 73 (2009) 1 (zit.: Kadner Graziano, RabelsZ 73 (2009) 1)

Kallmeyer, Harald (Hrsg.), Umwandlungsgesetz, 7. Auflage 2020 (zit.: Bearbeiter in Kallmeyer, UmwG)

Kallmeyer, Harald, Der gemeinsame Verschmelzungsplan für grenzüberschreitende Verschmelzungen, AG 2007, 472 (zit.: Kallmeyer, AG 2007, 472)

Ders., Grenzüberschreitende Verschmelzungen und Spaltungen?, ZIP 1996, 535 (zit.: Kallmeyer, ZIP 1996, 535)

Kallmeyer, Harald/Kappes, Stephan, Verschmelzungen und Spaltungen nach SEVIC Systems und der EU-Verschmelzungsrichtlinie, AG 2006, 224 (zit.: Kallmeyer/Kappes, AG 2006, 224)

Kalss, Susanne, Gläubigerschutz bei Verschmelzungen von Kapitalgesellschaften, ZGR 2009, 74-125 (zit.: Kalss, ZGR 2009, 74)

Kegel, Gerhard/Schurig, Klaus (Hrsg.), Internationales Privatrecht, 9. Auflage 2004 (zit.: Kegel/Schurig, IPR)

Keller, Christoph, Die EG-Richtlinie 98/26 vom 19.5.1998 über die Wirksamkeit von Abrechnungen in Zahlungs- sowie Wertpapierliefer- und

-abrechnungssystemen und ihre Umsetzung in Deutschland, WM 2000, 1269 (zit.: Keller, WM 2000, 1269)

Kiem, Roger, Die Regelung der grenzüberschreitenden Verschmelzung im deutschen Umwandlungsgesetz, WM 2006, 1091 (zit.: Kiem, WM 2006, 1091)

Kieninger, Eva-Maria, Das auf die Drittwirkung der Abtretung anwendbare Recht, NJW 2019, 3353 3355 (zit: Kieninger, NJW 2019, 3353)

Dies., Internationales Gesellschaftsrecht zwischen Polbud, Panama und Paradise, ZEuP 2018, 309 (zit.: Kieninger, ZEuP 2018, 309)

Dies., Niederlassungsfreiheit als Freiheit der nachträglichen Rechtswahl, die Polbud-Entscheidung des EuGH, NJW 2017, 3624 (zit.: Kieninger, NJW 2017, 3624)

Dies., Rechtswahlfreiheit im Sachenrecht? in: Witzleb, Normann (Hrsg.), Festschrift für Dieter Martiny zum 70. Geburtstag (2014), S. 391 ff. (zit.: Kieninger in FS Martiny)

Dies., Grenzüberschreitende Verschmelzungen in der EU – das SEVIC-Urteil des EuGH, EWS 2006, 49 (zit.: Kieninger, EWS 2006, 49)

Kindler, Peter, Auf dem Weg zur Europäischen Briefkastengesellschaft? - Die „Überseering"-Entscheidung des EuGH und das internationale Privatrecht, NJW 2003, 1073 (zit.: Kindler, NJW 2003, 1073)

Kindler, Peter, Unternehmensmobilität nach „Polbud": Der grenzüberschreitende Formwechsel in Gestaltungspraxis und Rechtspolitik, NZG 2018, 1 (zit.: Kindler, NZG 2018, 1)

Ders., Internationale Zuständigkeit bei der Geschäftsführerhaftung gegenüber der Gesellschaft, IPRax 2016, 115 (zit.: Kindler, IPRax 2016, 115)

Ders., Der reale Niederlassungsbegriff nach dem VALE-Urteil des EuGH, EuZW 2012, 888 (zit.: Kindler, EuZW 2012, 888)

Ders., Internationales Gesellschaftsrecht 2009: MoMiG, Trabrennbahn, Cartesio und die Folgen, IPRax 2009, 189 (zit.: Kindler, IPRax 2009, 189)

Ders., Ende der Diskussion über die so genannte Wegzugsfreiheit, NZG 2009, 130 (zit.: Kindler, NZG 2009, 130)

Klass, Nadine, Das Urheberkollisionsrecht der ersten Inhaberschaft – Plädoyer für einen universalen Ansatz, GRUR Int 2007, 373 (zit.: Klass, GRUR Int 2007, 373)

Klein, Stefan, Grenzüberschreitende Verschmelzung von Kapitalgesellschaften, RNotZ 2007, 565 (zit.: Klein, RNotZ 2007, 565)

Klett, Sabine, Das Vierte Gesetz zur Änderung des Umwandlungsgesetzes, NZG 2019, 292 (zit.: Klett, NZG 2019, 292)

Klöhn, Lars/Schwarz, Philip, Das Gesellschaftsstatut der Restgesellschaft, IPRax 2015, 412 (zit.: Klöhn/Schwarz, IPRax 2015, 412)

Knaier, Ralf, Das Verfahren der grenzüberschreitenden Hineinverschmelzung, ZNotP 2018, 341 (zit.: Knaier, ZNotP 2018, 341)

Knaier, Ralf/Pfleger, Jochen, Der grenzüberschreitende Herausformwechsel einer deutschen GmbH, GmbHR 2017, 859 (zit.: Knaier/Pfleger, GmbHR 2017, 859)

Kollmorgen, Alexander/Feldhaus, Heiner, Probleme der Übertragung von Vermögen mit Auslandsbezug nach dem Umwandlungsgesetz, BB 2007, 2189 (zit.: Kollmorgen/Feldhaus, BB 2007, 2189)

König, David/Bormann, Jens, „Genuine Link" und freie Rechtsformwahl im Binnenmarkt – Trendwende bei der Anerkennung von „Scheinauslandsgesellschaften" durch die VALE-Entscheidung des EuGH, NZG 2012, 1241 (zit.: König/Bormann, NZG 2012, 1241)

König, Mirko, Verschmelzungsbedingte Übertragbarkeit von einem Abtretungsverbot unterliegenden Forderungen - Anmerkung zu BGH, 22.09.2016 - VII ZR 298/14, BB 2016, 3090 (zit.: König, BB 2016, 3092)

Korch, Stefan/Thelen, Martin Konstantin, Von der Niederlassungsfreiheit zur Freiheit der Rechtsformwahl – Die praktischen Folgen der Polbud-Entscheidung des EuGH, IPRax 2018, 248 (zit.: Korch/Thelen, IPRax 2018, 248)

Krause, Nils/Kulpa, Norman, Grenzüberschreitende Verschmelzungen, ZHR 171 (2007), 38-78 (zit.: Krause/Kulpa, ZHR 171 (2007) 38)

Kronke, Herbert/Melis, Werner/Kuhn, Hans, Handbuch internationales Wirtschaftsrecht, 2. Auflage 2017 (zit: Bearbeiter in: Kronke/Melis/Kuhn, Handbuch Internationales Wirtschaftsrecht)

Kröll, Stefan, Beurkundung gesellschaftsrechtlicher Vorgänge durch einen ausländischen Notar, ZGR 2000, 111(zit.: Kröll, ZGR 2000, 111)

Krömker, Michael/Otte, Sabine, Die gelöschte Limited mit Restvermögen in Deutschland: Stehen Gläubiger und Gesellschafter im Regen?, BB 2008, 964 (zit.: Krömker/Otte, BB 2008, 964)

Kropholler, Jan, Internationales Privatrecht, 6. Auflage 2006 (zit.: Kropholler, IPR)

Krüger, Astrid, Das auf den Verschmelzungsplan nach § 122c UmwG anwendbare Recht, Spannungsfeld zwischen Europarecht und IPR in: Hutter, Stephan (Hrsg.), Gedächtnisschrift für Michael Gruson (2009), S. 265 (zit.: Krüger in GS Gruson)

Kumpan, Christoph/Pauschinger, Philipp, Entwicklung des europäischen Gesellschaftsrechts 2017, EuZW 2018, 353 (zit.: Kumpan/Pauschinger, EuZW 2018, 353)

Kusserow, Berthold/Prüm, Thomas, Die Gesamtrechtsnachfolge bei Umwandlungen mit Auslandsbezug, WM 2005, 633 (zit.: Kusserow/Prüm, WM 2005, 633)

Land, Volker, Rechtsfragen des Internationalen Unternehmenskaufs, DB 2013, 2697 (zit.: Land, DB 2013, 2697)

Lehmann, Matthias/Hoffmann, Stefan, Bankenrestrukturierung mit Hindernissen: Die Übertragung im Ausland belegener systemrelevanter Funktionen, WM 2013, 1389 (zit.: Lehmann/Hoffmann, WM 2013, 1389)

Leible, Stefan/Müller Michael F., Die Anknüpfung der Drittwirkung von Forderungsabtretungen in der Rom I-Verordnung, IPRax 2012, 491 (zit.: Leible/Müller, IPRax 2012, 491)

Leydecker, Maximilian, Gläubigerschutz bei grenzüberschreitenden Verschmelzungen, 2021, zugl. Heidelberg, Univ. Diss. 2021 (zit: *Leydecker*, Gläubigerschutz bei grenzüberschreitenden Verschmelzungen)

Lieder, Jan, Beurkundung der Gesellschaftsgründung durch einen schweizerischen Notar – Zugleich Besprechung KG v. 24. 1. 2018 – 22 W 25/16, ZIP 2018, 805 (zit.: Lieder, ZIP 2018, 805)

Ders., Auslandsbeurkundung umwandlungsrechtlicher Strukturmaßnahmen, ZIP 2018, 1517 (zit.: Lieder, ZIP 2018, 1517)

Lieder, Jan/Bialluch, Martin, Brexit-Prophylaxe durch das 4. UmwG-ÄndG, NJW 2019, 805 (zit.: Lieder/Bialluch, NJW 2019, 805)

Link, Sandra, Formerfordernisse des § 15 GmbHG bei internationalen Transaktionen, BB 2014, 579 (zit.: Link, BB 2014, 579)

Loewenheim, Ulrich (Hrsg.), Handbuch des Urheberrechts, 3. Auflage 2021 (zit.: Bearbeiter in Loewenheim, Handbuch des UrhR)

Lone L. Hansen, Merger, Moving and Division Across National Borders – When Case Law Breaks through Barriers and Overtakes Directives (2007) 18 EBLR 181 (zit.: Hansen, EBLR 2007, 181)

Looschelders, Dirk, Internationales Privatrecht, Art. 3 – 46 EGBGB, 2. Auflage 2013 (zit.: Looschelders, IPR)

Lorenz, Stephan, Zur Abgrenzung von Wertpapierrechtsstatut und Wertpapiersachstatut im internationalen Wertpapierrecht, NJW 1995, 176 (zit.: S. Lorenz, NJW 1995, 176)

Lutter, Marcus (Begr.) Umwandlungsgesetz, 6. Auflage 2019 (zit.: Bearbeiter in Lutter, UmwG)

Lutter, Marcus/Bayer, Walter/Schmidt, Jessica (Hrsg.) Europäisches Unternehmens- und Kapitalmarktrecht: Grundlagen, Stand und Entwicklung nebst Texten und Materialien, 6. Auflage 2018 (zit.: Lutter/Bayer/J. Schmidt, EU Unternehmens- und KapitalmarktR)

Lüttringhaus, Jan, Die Haftung von Gesellschaftsorganen im internationalen Privat- und Prozessrecht, EuZW 2015, 904 (zit.: Lüttringhaus, EuZW 2015, 904)

Ders., Das internationale Privatrecht der culpa in contrahendo nach den EG-Verordnungen „Rom I" und „Rom II", RIW 2008, 193 (zit.: Lüttringhaus, RIW 2008, 193)

Luy, Theo, Grenzüberschreitende Umwandlungen nach dem Company Law Package, NJW 2019, 1905 (zit.: Luy, NJW 2019, 1905)

Magnus, Ulrich, Die Rom I – Verordnung, IPRax 2010, 27 (zit.: Magnus, IPRax 2010, 27)

Mankowski, Peter, Die Belegenheit von Globalurkunden – Neue Welt grüßt alte Welt, IPRax 2021, 352 (zit: Mankowski, IPRax 2021, 352)

Ders., IPR – keine Regelung der Drittwirkung von Zession durch die Rom I-VO, RIW 2019, 725 (zit: Mankowski, RIW 2019, 725)

Ders., EuGH: Zuständigkeit für Abfindungsklage eines Minderheitsaktionärs, LMK 2018, 405156 (zit.: Mankowski, LMK 2018, 405156)

Ders., Anmerkung zu EuGH, Urteil v. 10.9.2015 – Rs. C-47/14, Holterman Ferho Exploitatie BV u.a.. /. Friedrich Leopold Freiherr Spies von Büllesheim (abgedruckt ebenda), RIW 2015, 821 (zit.: Mankowski, RIW 2015, 821)

Ders., Zessionsgrundstatut v. Recht des Zedentensitzes – Ergänzende Überlegungen zur Anknüpfung der Drittwirkung von Zessionen, IPRax 2012, 298 (zit.: Mankowski, IPRax 2012, 298)

Ders., Organpersonen und Internationales Arbeitsrecht, RIW 2004, 167 (zit.: Mankowski, RIW 2004, 167)

Mann, Marius/Nagel, Alexander, Zession und Drittwirkung im internationalen Kreditsicherungsgeschäft, WM 2011, 1499 (zit.: Mann/Nagel, WM 2011, 1499)

Mansel, Heinz-Peter, Methoden des internationalen Privatrechts - Personalstatut: Verweisung und Anerkennung, in: Mansel, Heinz-Peter/Gebauer, Martin/Schulze, Götz (Hrsg.), Die Person im Internationalen Privatrecht - Liber amicorum Erik Jayme (2019), S. 27 ff. (zit.: Mansel in LA Jayme)

Ders., Gesellschaften, Unternehmen und Kaufleute und ihr Niederlassungsaufenthalt im internationalen Vertragsrecht – Auslegungsfragen des Art. 19 Abs. 2 Rom I-VO in: Brinkmann, Moritz/Effer-Uhe, Daniel Oliver/Völzmann-Stickelbrock, Barbara/Wesser, Sabine /Weth, Stephan (Hrsg.), Festschrift für Hanns Prütting (2018), S. 51 ff. (zit.: Mansel in FS Prütting)

Ders., Negotium und instrumentum - Zur Urkundenanerkennung und Urkundenannahme im Europäischen Kollisionsrecht, in: Hess, Burkard/Jayme, Erik/ Mansel, Heinz-Peter (Hrsg.), Europa als Rechts- und Lebensraum,

Liber amicorum für Christian Kohler zum 75. Geburtstag (2018), S. 301 ff. (zit.: Mansel in LA Kohler)

Ders., Zum Verhältnis von Vorfrage und Substitution – Am Beispiel einer unterhaltsrechtlichen Vorfrage des iranischen Scheidungsrechts in: Baetge, Dietmar (Hrsg.), Die richtige Ordnung: Festschrift für Jan Kropholler zum 70.Geburtstag (2008), S. 353 ff. (zit.: Mansel in FS Kropholler)

Ders., Anerkennung als Grundprinzip des Europäischen Rechtsraums, RabelsZ 70 (2006) 651 (zit.: Mansel, RabelsZ 70 (2006) 651)

Ders., Staatlichkeit des Internationalen Privatrechts und Völkerrecht in Leible/ Ruffert (Hrsg.) Völkerrecht und IPR, 2006 (zit.: Mansel in Völkerrecht und IPR)

Ders., Zum Kollisionsrecht der Eigenhaftung des Vertreters und des Vertragsabschluss-helfers wegen Verletzung von Informationspflichten in: Bachmann, Birgit (Hrsg.), Grenzüberschreitungen: Beiträge zum Internationalen Verfahrensrecht und zur Schiedsgerichtsbarkeit; Festschrift für Peter Schlosser zum 70. Geburtstag (2005), S. 545 ff. (zit.: Mansel in FS Schlosser)

Ders., Internationalrechtliche Anpassung bei Liquidationsgesellschaften im deutsch-englischen Rechtsverkehr, in: Krüger, Hilmar/Mansel, Heinz-Peter (Hrsg.), Liber amicorum Gerhard Kegel (2002), S. 111 ff. (zit.: Mansel in LA Kegel)

Ders., Substitution im deutschen Zwangsvollstreckungsrecht – Zur funktionellen Rechtsvergleichung bei der Sachrechtsauslegung in: Pfister, Bernhard (Hrsg.), Festschrift für Werner Lorenz zum siebzigsten Geburtstag (1991), S. 689 ff. (zit.: Mansel in FS Lorenz)

Mansel, Heinz-Peter/Thorn, Karsten/Wagner, Rolf, Europäisches Kollisionsrecht 2017: Morgenstunde der Staatsverträge?, IPRax 2018, 121 (zit.: Mansel/ Thorn/Wagner, IPRax 2018, 121)

Dies., Europäisches Kollisionsrecht 2015: Neubesinnung, IPRax 2016, 1 (zit.: Mansel/Thorn/Wagner, IPRax 2016, 1)

Dies., Europäisches Kollisionsrecht 2012: Voranschreiten des Kodifikationsprozesses – Flickenteppich des Einheitsrecht, IPRax 2013, 1 (zit.: Mansel/Thorn/ Wagner, IPRax 2013, 1)

Martiny, Dieter, Lex rei sitae as a connecting factor in EU Private International Law, IPRax 2012, 119 (zit.: Martiny, IPRax 2012, 119)

Maulbetsch, Hans-Christoph /Klumpp, Axel/Rose, Klaus-Dieter (Hrsg.), Heidelberger Kommentar zum Umwandlungsgesetz, 2. Auflage 2017 (zit.: Bearbeiter in HeidelKomm zum UmwG)

Meeusen, Johan, Polbud: new perspectives for corporate mobility in the internal market in: Hess, Burkard/Jayme, Erik/ Mansel, Heinz-Peter (Hrsg.), Europa als Rechts- und Lebensraum, Liber amicorum für Christian Kohler zum 75. Geburtstag (2018), S. 313 ff. (zit.: Meeusen in LA Kohler)

Michlalski, Lutz (Begr.), Kommentar zum Gesetz betreffend die Gesellschaften mit beschränkter Haftung, 3. Auflage 2017 (zit.: Bearbeiter in Michalski-GmbHG)

Mörsdorf, Oliver, Nun also doch! – Die überraschende Umdeutung der Niederlassungsfreiheit zur Rechtswahlfreiheit durch den EuGH im Urteil Polbud, ZIP 2017, 2381 (zit.: Mörsdorf, ZIP 2017, 2381)

Müller, Hans-Friedrich, Der Schutz der Minderheitsgesellschafter bei der grenzüberschreitenden Verschmelzung, Der Konzern 2007, 81 (zit.: Müller, Der Konzern 2007, 81)

Ders., Internationalisierung des deutschen Umwandlungsrechts: Die Regelung der grenzüberschreitenden Verschmelzung, ZIP 2007, 1081 (zit.: Müller, ZIP 2007, 1081)

Ders., Die grenzüberschreitende Verschmelzung nach dem Referentenentwurf des Bundesjustizministeriums, NZG 2006, 286 (zit.: Müller, NZG 2006, 286)

Oechsler, Jürgen, Die Richtlinie 2005/56/EG über die Verschmelzung von Kapitalgesellschaften aus verschiedenen Mitgliedstaaten, NZG 2006, 161 (zit.: Oechsler, NZG 2006, 161)

Otte-Gräbener, Sabine, Fortbestand einer im Ausland gelöschten Gesellschaft als Restgesellschaft für ihr in Deutschland belegenes Vermögen, GWR 2017, 139 (zit.: Otte-Gräbener, GWR 2017, 139)

Pahlow, Louis, Josef Kohler und der Begriff des Immaterialgüterrechts, ZGE 6 (2014), 429 (zit.: Pahlow, ZGE 6 (2014), 429)

Papadopoulos, Thomas, The Magnitude of EU Fundamental Freedoms: Application of Freedom of Establishment to the Cross-Border Mergers Directive, EBLR 2012, 517 (zit.: Papadopoulos, EBLR 2012, 517)

Passarge, Malte/Stark, Mario, Gläubigerschutz bei grenzüberschreitenden Verschmelzungen nach dem Zweiten Gesetz zur Änderung des Umwandlungsgesetzes, GmbHR 2007, 803 (zit.: Passarge/Stark, GmbHR 2007, 803)

Paulus, David, Außervertragliche Gesellschafter- und Organwalterhaftung im Lichte des Unionskollisionsrechts, 2013, zugl.: München, Univ. Diss. 2012 (zit.: Paulus, Außervertragliche Gesellschafter- und Organwalterhaftung)

Perakis, Evangelos (Hrsg.), Das Recht der Aktiengesellschaften [To dikaion ton anonymon etairion], Band 2, 3. Auflage 2013 (zit.: Bearbeiter in Das Recht der Aktiengesellschaft)

Petanidis, Georgios-Victor, Die grenzüberschreitende Umstrukturierung von Gesellschaften, 2020, zugl.: zugl.: Kiel, Univ. Diss. 2019 (zit: Petanidis, Die grenzüberschreitende Umstrukturierung von Gesellschaften)

Philipp, Otmar, Gesellschaftsrecht: Mobilität von Unternehmen auf EU-Ebene umfassend regeln, EuZW 2017, 547 (zit.: Philipp, EuZW 2017, 547)

Primaczenko, Vladimir/Fröhlich, Martin, BGH: Löschung einer Gesellschaft ausländischen Rechts im Heimatstaat, DNotZ 2017, 551 (zit.: Primaczenko/Fröhlich, DNotZ 2017, 551)

Verschraegen, Bea (Gesamthrsg.), International encyclopaedia for Private International Law, 2. Bd., 2011, Greece, (zit.: Bearbeiter in: Private International Law, International Encyclopedia of Laws)

Prütting, Hanns/Wegen, Gerhard/Weinreich, Gerd (Hrsg.), Bürgerliches Gesetzbuch, 17. Auflage 2022 (zit.: Bearbeiter in PWW)

Racky, Klaus, Die Behandlung von im Ausland belegenen Gesellschaftsvermögen bei Verschmelzungen, DB 2003, 923 (zit.: Racky, DB 2003, 923)

Rauscher, Thomas (Hrsg.), Europäisches Zivilprozess- und Kollisionsrecht, 5. Auflage 2022 (zit.: Bearbeiter in Rauscher, EuZPR/EuIPR)

Reithmann, Christoph, Urkunden ausländischer Notare in inländischen Verfahren, IPRax 2012, 133 (zit.: Reithmann, IPRax 2012, 133)

Ders., Substitution bei Anwendung der Formvorschriften des GmbH-Gesetzes, NJW 2003, 385 (zit.: Reithmann, NJW 2003, 385)

Reithmann, Christoph/Martiny, Dieter, Internationales Vertragsrecht, 9. Auflage 2022 (zit.: Bearbeiter in Reithmann/Martiny, IntVertragsR)

Renner, Moritz/ Hesselbarth, Marie, Unternehmensverträge und die Rom I-Verordnung, IPRax 2014, 117 (zit.: Renner/Hesselbarth, IPRax 2014, 117)

Rokas, Nikolaos, Handelsgesellschaften, [Emporikes Etairies], 8. Auflage 2018 (zit.: Rokas, GesR)

Roth, Wulf-Henning, Internationales Gesellschaftsrecht nach Überseering, IPRax 2003, 117 (zit.: Roth, IPRax 2003, 117)

Röthel, Anne, Internationales Sachenrecht im Binnenmarkt, JZ 2003, 1027 (zit.: Röthel, JZ 2003, 1027)

Rubner, Daniel/Leuering, Dieter, Die grenzüberschreitende Verschmelzung auf eine OHG oder KG, NJW-Spezial 2019, 335 (zit.: Rubner/Leuering, NJW-Spezial 2019, 335)

Sack, Rolf, Das internationale Wettbewerbs- und Immaterialgüterrecht nach der EGBGB-Novelle, WRP 2000, 269 (zit.: Sack, WRP 2000, 269)

Säcker, Franz Jürgen/Rixecker, Roland/Oetker, Hartmut/Limperg, Bettina (Hrsg.), Münchener Kommentar zum Bürgerlichen Gesetzbuch, Band 12, Internationales Privatrecht I, Europäisches Kollisionsrecht, Einführung zum Bürgerlichen Gesetzbuche, Art. 1-26, 8. Auflage 2020 (zit.: Bearbeiter in MüKo-BGB)

Dies., Münchener Kommentar zum Bürgerlichen Gesetzbuch, Band 13, Internationales Privatrecht II, Internationales Wirtschaftsrecht, Einführung zum Bürgerlichen Gesetzbuche, Art. 50-253, 8. Auflage 2021 (zit.: Bearbeiter in MüKo-BGB)

Schack, Haimo, Urheber- und Urhebervertragsrecht, 9. Auflage 2019 (zit.: Schack, UrhR)

Ders., Internationale Urheber, Marken und Wettbewerbsrechtsverletzungen im Internet Internationales Privatrecht, MMR 2000, 59 (zit.: Schack, MMR 2000, 59)

Schall, Alexander, Die Pfändung von Anteilen an einer englischen Kapitalgesellschaft (private/public company limited by shares), WM 2011, 2249 (zit.: Schall, WM 2011, 2249)

Schanze, Erich/Jüttner, Andreas, Anerkennung und Kontrolle ausländischer Gesellschaften – Rechtslage und Perspektiven nach der Überseering-Entscheidung des EuGH, AG 2003, 30 (zit.: Schanze/Jüttner, AG 2003, 30)

Schefold, Dietrich, Grenzüberschreitende Wertpapierübertragungen und Internationales Privatrecht, IPRax 2000, 468 (zit.: Schefold, IPRax 2000, 468)

Schervier, Joachim, Beurkundung GmbH-rechtlicher Vorgänge im Ausland, NJW 1992, 593 (zit.: Schervier, NJW 1992, 593)

Schmidt, Jessica, Coming soon: „Company Law Package Part 2 – Implementation", EuZW 2019, 801 (zit.: J. Schmidt, EuZW 2019, 801)

Dies., Fortbestand einer Gesellschaft ausländischen Rechts, die ihre Rechtsfähigkeit verloren hat, für ihr in Deutschland belegenes Vermögen; Bestellung eines Nachtragsliquidators, WM 2017, 329 (zit.: J. Schmidt, WM 2017, 329)

Dies., Grenzüberschreitende Mobilität von Gesellschaften, ZVglRWiss 116 (2017) 319 (zit.: J. Schmidt, ZVglRWiss 116 (2017) 313)

Dies., Directorate General For Internal Policies, Policy Department C: Citizens' Rights And Constitutional Affairs Legal Affairs, Cross-border mergers and divisions, transfers of seat: Is there a need to legislate?, 2016 (zit.: J. Schmidt, Cross-border mergers and divisions, 2016)

Dies., Verfahren und Gefahren bei der Liquidation einer „Rest-Limited", ZIP 2008, 2400 (zit.: J. Schmidt, ZIP 2008, 2400)

Schmidt, Karsten (Hrsg.), Münchener Kommentar zum Handelsgesetzbuch, Band 6, Bankvertragsrecht, 4. Auflage 2019 (zit.: Bearbeiter in MüKo-HGB)

Schmitt, Joachim/Hörtnagl, Robert (Hrsg.), Umwandlungsgesetz/Umwandlungssteuergesetz, 9. Auflage 2020 (zit.: Bearbeiter in Schmitt/Hörtnagl, UmwG/UmwSt)

Schollmeier, Eberhard, Wirksamkeit einer inländischen Registereintragung nach ausländischem Recht: Kann das neue Spaltungsrecht funktionieren?, IPRax 2020, 297 (zit: *Schollmeier,* IPRax 2020, 297)

Schön, Wolfgang, Das System der gesellschaftsrechtlichen Niederlassungsfreiheit nach Vale, ZGR 2013, 333 (zit.: Schön, ZGR 2013, 333)

Schröder, Albert, Neue Umwandlungsmöglichkeiten – Notausgang für die Limited mit Verwaltungssitz in Deutschland?, BB 2018, 2755 (zit.: Schröder, BB 2018, 2755)

Schulz, Martin/Wasmeier, Oliver, Geschäftsleiterhaftung bei Auslandsgesellschaften, RIW 2010, 657 (zit.: Schulz/Wasmeier, RIW 2010, 657)

Schurig, Klaus, Der Anlauf zu einem Paradigmenwechsel im internationalen Gesellschaftsrecht in: Hilbig-Lugani, Katharina (Hrsg.), Zwischenbilanz: Festschrift für Dagmar Coester-Waltjen zum 70. Geburtstag am 11. Juli 2015 (2015), S. 745 ff. (zit.: Schurig in FS Coester-Waltjen (2015))

Schwarze, Jürgen/Becker, Ulrich/Hatje, Armin/Schoo, Johann (Hrsg.), EU-Kommentar, 4. Auflage 2019 (zit.: Bearbeiter in Schwarze/Becker/Hatje/Schoo, EU-Kommentar)

Semler, Johannes/Stengel, Arndt/Leonard, Nina (Hrsg.), Umwandlungsgesetz, 5. Auflage 2021 (zit.: Bearbeiter in Semler/Stengel/Leonard, UmwG)

Simon, Stefan/Rubner, Daniel, Die Umsetzung der Richtlinie über grenzüberschreitende Verschmelzungen ins deutsche Recht, Der Konzern 2006, 835 (zit.: Simon/Rubner, Der Konzern 2006, 835)

Sonnenberger, Hans Jürgen /Bauer, Frank, Vorschlag des Deutschen Rates für Internationales Privatrecht für eine Regelung des Internationales Gesellschaftsrechts auf europäischer/nationaler Ebene, RIW Beilage 1 zu Heft 4/ 2006, S. 1 ff. (zit.: Sonnenberger/Bauer, RIW 2006, Beil. zu Heft 4)

Staudinger, Julius von (Begr.), Kommentar zum Bürgerlichen Gesetzbuch, Internationales Privatrecht (Einleitung zum IPR) (Neubearbeitung 2019), (zit.: Staudinger/Bearbeiter (2019) Einl. IPR)

Ders., Kommentar zum Bürgerlichen Gesetzbuch, Art 7-12, 47, 48 EGBGB (Internationales Recht der natürlichen Personen und der Rechtsgeschäfte) (Neubearbeitung 2019), (zit.: Staudinger/Bearbeiter (2019) EGBGB Art. 11)

Ders., Kommentar zum Bürgerlichen Gesetzbuch, Art 1-10 Rom I-VO (Internationales Vertragsrecht 1 – Internationales Devisenrecht) (2021) (zit.: Staudinger/Bearbeiter (2021) Rom I-VO)

Ders., Kommentar zum Bürgerlichen Gesetzbuch, Art 11-20 Rom I-VO; Art 46b-d_EGBGB; IntVertrVerfR (Internationales Vertragsrecht 2 - Internationaler Verbraucherschutz und Internationales Vertragsverfahrensrecht) (2021) (zit.: Staudinger/Bearbeiter (2021) Rom I-VO Art. 14)

Ders., Kommentar zum Bürgerlichen Gesetzbuch, Internationales Wirtschaftsrecht (Kollisionsrecht des Kartell-, Lauterkeits-, Marken-, Patent- und Urheberrechts) (2019) (zit.: Staudinger/Bearbeiter (2019) IntImmatGütR)

Ders., Kommentar zum Bürgerlichen Gesetzbuch, Internationales Sachenrecht (Neubearbeitung 2015) (zit.: Staudinger/Bearbeiter (2015) IntSachenR)

Ders., Kommentar zum Bürgerlichen Gesetzbuch, Internationales Gesellschaftsrecht (1998), (zit.: Staudinger/Bearbeiter, IntGesR (1998))

Stefer, Dominik, Drittwirkung der Abtretung – Kein Fall für Rom I, IPRax 2021, 155 (zit: Stefer, IPRax 2021, 155)

Stelmaszczyk, Peter, Beurkundung einer inländischen Verschmelzung im Ausland – Zugleich Besprechung von KG, Beschluss vom 26.7.2018 – 22 W 2/18 –, RNotZ 2019, 177 (zit.: Stelmaszczyk, RNotZ 2019, 177)

Ders., Beurkundung einer GmbH-Gründung im Ausland – Zugleich Besprechung von KG, Beschluss vom 24.1.2018, 22 W 25/16, GWR 2018, 103 (zit.: Stelmaszczyk, GWR 2018, 103)

Ders., Grenzüberschreitender Formwechsel durch isolierte Verlegung des Satzungssitzes EuZW 2017, 890 (zit.: Stelmaszczyk, EuZW 2017, 890)

Stenzel, Roman, Formfragen des internationalen Gesellschaftsrechts, GmbHR 2014, GmbHR 2014, 1024 (zit.: Stenzel, GmbHR 2014, 1024)

Stimmel, Ulrike, Die Beurteilung von Lizenzverträgen unter der Rom I-Verordnung, GRUR Int 2010, 783 (zit.: Stimmel, GRUR Int 2010, 783)

Streinz, Rudolf (Hrsg.), EUV/AEUV – Vertrag über die Europäische Union, Vertrag über die Arbeitsweise der Europäischen Union, Charta der Grundrechte der Europäischen Union, Band 57, 3. Auflage 2018 (zit.: Streinz/Bearbeiter, AEUV)

Tebben, Joachim, Zur Substitution der notariellen Beurkundung bei Umwandlungsvorgängen, GmbHR 2018, 1190 (zit.: Tebben, GmbHR 2018, 1190)

Teichmann, Christoph, Grundlinien eines europäischen Umwandlungsrechts: Das "EU-Company Law Package 2018", NZG 2019, 241 (zit.: Teichmann, NZG 2019, 241)

Ders., Binnenmarktmobilität von Gesellschaften nach „Sevic", ZIP 2006, 356 (zit.: Teichmann, ZIP 2006, 356)

Thévenoz, Luc, Intermediated Securities, Legal Risk, and the International Harmonization of Commercial Law, 13 Stan. J.L. Bus. & Fin. 2007-2008, 384 (zit.: Thévenoz, 13 Stan. J.L. Bus. & Fin. 2007-2008, 384)

Ullrich, Hanns, Technologieschutz nach TRIPS: Prinzipien und Probleme, GRUR Int 1995, 623 (zit.: Ulrich, GRUR Int 1995, 623)

Veil, Rüdiger, Kollisionsrechtliche und sachrechtliche Lösungen für eine Verschmelzung und eine Spaltung über die Grenze, Der Konzern 2007, S. 98 (zit.: Veil, Der Konzern 2007, 98)

Verhagen, Hendrik Le/van Dongen, Sanne, Cross-Border Assignment under Rome I, Priv. Int. L. 6 (2010) 1 (zit.: Verhagen/van Dongen, J. Priv. Int. L. 6 (2010) 1)

Vetter, Jochen, Die Regelung der grenzüberschreitenden Verschmelzung im UmwG, AG 2006, 613 (zit.: Vetter, AG 2006, 613)

Vrellis, Spyridon, The EC Court Case Law on the Right of Establishment of Companies and its Impact on the Law Applicable to Legal Persons, in:Arkan, Sabih (Hrsg.), Festschrift Tugrul Ansay zum 75. Geburtstag (2006), S. 461 ff. (zit.: Vrellis in FS Ansay)

Wachter, Thomas, Verstoß einer die Sitzverlegung von vorheriger Auflösung der Gesellschaft abhängig machender innerstaatlicher Regelungen gegen die Niederlassungsfreiheit – Polbud, NZG 2017, 1308 (zit.: Wachter, NZG 2017, 1308)

Wagner, Gerhard, Die neue Rom II-Verordnung, IPRax 2008, 1 (zit.: Wagner, IPRax 2008, 1)

Wagner, Rolf, Der Grundsatz der Rechtswahl und das mangels Rechtswahl anwendbare Recht (Rom I-Verordnung). Ein Bericht über die Entstehungsgeschichte und den Inhalt der Artikel 3 und 4 Rom I-Verordnung IPRax 2008, 377 (zit: Wagner, IPRax 2008, 377)

Ders./Timm, Birte, Der Referentenentwurf eines Gesetzes zum Internationalen Privatrecht der Gesellschaften, Vereine und juristische Personen, IPRax 2008, 81 (zit.: Wagner/Timm, IPRax 2008, 81)

Weber, Johannes, GmbH-Gründung und Auslandsbeurkundung - Zugleich Anmerkung zum Beschluss des KG vom 24.1.2018, 22 W 25/16, MittBayNot 2018, 215 (zit.: J. Weber, MittBayNot 2018, 215)

Ders., Die Geschäftsführerhaftung aus der Perspektive des Europäischen Zivilprozessrechts, IPRax 2013, 69 (zit.: Weber, IPRax 2013, 69)

Wegen, Gerhard/Spahlinger, Andreas/Barth, Marcel (Hrsg.) Gesellschaftsrecht des Auslands: in Einzeldarstellungen (Loseblatt, Stand: 2. Ergänzungslieferung Januar 2018 (zit.: Bearbeiter in GesR des Auslands)

Weller, Marc-Philippe, GmbH-Anteilsabtretungen in Basel, ZGR 2014, 865 (zit.: Weller, ZGR 2014, 865)

Ders., Unternehmensmobilität im Binnenmarkt in: Jung, Peter (Hrsg.), Einheit und Vielheit im Unternehmensrecht: Festschrift für Uwe Blaurock zum 70. Geburtstag (2013), S. 497 ff. (zit.: Weller in FS Blaurock)

Ders., Die Übertragung von GmbH-Geschäftsanteilen im Ausland: Auswirkungen von MoMiG und Schweizer GmbH-Reform, Der Konzern 2008, 253 (zit.: Weller, Der Konzern 2008, 253)

Weller, Marc-Philippe/Rentsch, Bettina, Die Kombinationslehre beim grenzüberschreitenden Rechtsformwechsel – Neue Impulse durch das Europarecht, IPRax 2013, 530 (zit.: Weller/Rentsch, IPRax 2013, 530)

Weppner, Simon, Internationale Zuständigkeit für die spruchverfahrensrechtliche Durchsetzung von Zuzahlungs- und Barabfindungsansprüchen bei grenzüberschreitender Verschmelzung von Kapitalgesellschaften, RIW 2011, 144 (zit.: Weppner, RIW 2011, 144)

Widmann, Siegfried/Mayer, Dieter (Hrsg.), Umwandlungsgesetz/Umwandlungssteuergesetz, (Loseblatt, Stand: 182. Aktualisierungslieferung, Februar 2020) (zit.: Bearbeiter in Widmann/Mayer, UmwG/UmwStG)

Wilhelmi, Rüdiger, Haftung bei der Verschmelzung einer überbewerteten und insolvenzreifen GmbH, DZWIR 2019, 251 (zit: Wilhelmi, DZWIR 2019, 251)

Winter, Michael, Grenzüberschreitende Verschmelzungen – ein Update, GmbHR 2008, 532 (zit.: Winter, GmbHR 2008, 532)

Ders., Planung und Vorbereitung einer grenzüberschreitenden Verschmelzung, Der Konzern 2007, 24 (zit.: Winter, Der Konzern 2007, 24)

Winter, Michael/Marx, Eric/De Decker, Nadine, Von Frankfurt nach Rom – zur Praxis grenzüberschreitender „Hinausformwechsel" – Zugleich eine Anmerkung zu OLG Frankfurt a. M. v. 3.1.2017 – 20 W 88/15, DStR 2017, 1664 (zit.: Winter/Marx/De Decker, DStR 2017, 1664)

Abkürzungsverzeichnis

a. A	andere Ansicht
ABl.	Amtsblatt der Europäischen Gemeinschaften
Abs.	Absatz
AcP	Archiv für die civilistische Praxis (Zeitschrift)
AEUV	Vertrag über die Arbeitsweise der Europäischen Union
AG	Aktiengesellschaft
AG	(deutsches) Amtsgericht
AG	Die Aktiengesellschaft (Zeitschrift für deutsches, europäisches und internationales Aktien-, Unternehmens- und Kapitalmarktrecht)
AK	Astikos Kodikas (griechisches bürgerliches Gesetzbuch)
AktG	Aktiengesetz
Alt.	Alternative
AmJCompL	The American journal of comparative law
ÄndG	Änderungsgesetz
Anm.	Anmerkung(en)
AnwBl	Anwaltsblatt (Zeitschrift)
AP	Areios Pagos (Griechenlands Oberster Gerichtshof für Zivil- und Strafsachen)
Art.	Artikel
AT	Allgemeiner Teil
Aufl.	Auflage
BB	Betriebs-Berater (Zeitschrift)
Bd.	Band
BeckOK	Beck'scher Online-Kommentar
BeckOGK	Beck'scher Online-Grosskommentar
Begr.	Begründer
Beil.	Beilage
Beschl.	Beschluss
BGB	Bürgerliches Gesetzbuch
BGBl.	Bundesgesetzblatt

BGH	Bundesgerichtshof
BGHZ	Entscheidungen des Bundesgerichtshofes in Zivilsachen
BnotO	Bundesnotarordnung
bspw.	beispielsweise
BT-Drucks. oder BT-Ds.	Drucksache des deutschen Bundestages
Bzw.	Beziehungsweise
DB	Der Berater (Zeitschrift)
DepotG	Gesetz über die Verwahrung und Anschaffung von Wertpapieren
Ders.	Derselbe
Dies.	Dieselbe(n)
Diss.	Dissertation
DNotI-Report	Informationsdienst des Deutschen Notarinstituts
DNotV	Deutsche Notarverein
DNotZ	Deutsche Notar-Zeitschrift
DStR	Deutsches Steuerrecht (Zeitschrift)
DZWIR	Deutsche Zeitschrift für Wirtschafts- und Insolvenzrecht
EBLR	European Business Law Review
EG	Europäische Gemeinschaft
EGBGB	Einführungsgesetz zum BGB (Neubekanntmachung vom 21.09.1994, BGBl. I 1994 S. 2494, Berichtigung BGBl. I 1997 S. 1061)
Einl.	Einleitung
El.J. Comp.Law	Electronic Journal of Comparative Law
endg	endgültig
et. al.	et alii
EU	Europäische Union
EuErbVO	Verordnung (EU) Nr. 650/2012 des Europäischen Parlaments und des Rates vom 4. Juli 2012 über die Zuständigkeit, das anzuwendende Recht, die Anerkennung und Vollstreckung von Entscheidungen und die Annahme und Vollstreckung öffentlicher Urkunden in Erbsachen sowie zur Einführung eines Europäischen Nachlasszeugnisses

EuGH	Europäischer Gerichtshof
EuIPR	Europäisches Kollisionsrecht
EuLF	The European Legal Forum
EUV	Vertrag über die Europäische Union
EuZPR	Europäisches Zivilprozessrecht
EuZW	Europäische Zeitschrift für Wirtschaftsrecht
EVÜ	Europäisches Übereinkommen über das auf vertragliche Schuldverhältnisse anzuwendende Recht
EWR	Europäischer Wirtschaftsraum
EWS	Europäisches Wirtschafts- und Steuerrecht
f.	folgende(r)
ff.	fortfolgende(r)
FG	Festgabe
Fn.	Fußnote
FS	Festschrift
G.	Gesetz
GbR	Gesellschaft bürgerlichen Rechts
GEDIP	Europäische Gruppe für Internationales Privatrecht
Gesamthrsg.	Gesamtherausgeber
GmbH	Gesellschaft mit beschränkter Haftung
GmbHG	Gesetz betreffend Gesellschaften mit beschränkter Haftung
GmbHR	GmbH-Rundschau
gr.	griechisch
GRUR	Gewerblicher Rechtsschutz und Urheberrecht (Zeitschrift)
GRUR Int.	Gewerblicher Rechtsschutz und Urheberrecht Internationaler Teil (Zeitschrift)
GS	Gedächtnisschrift
GWR	Gesellschafts- und Wirtschaftsrecht (Zeitschrift)
Habil-.Schr.	Habilitationsschrift
HGB	Handelsgesetzbuch (RGBl. 1897 I S. 219)
Hinweisbeschl.	Hinweisbeschluss
Hrsg.	Herausgeber
hrsg.	herausgegeben
HS	Halbsatz
HUP	Haager Unterhaltsprotokoll

i. V. m	in Verbindung mit
Int. Comp. L.Q.	The International and Company Law Quarterly
IntGesR	Internationales Gesellschaftsrecht
IntImmatGütR	Internationales Immaterialgüterprivatrecht
IntSachenR	Internationales Sachenrecht
IntVertragsR	Internationales Vertragsrecht
IPR	Internationales Privatrecht
IPRax	Praxis des Internationalen Privat- und Verfahrensrechts
IPRspr	Die deutsche Rechtsprechung auf dem Gebiet des Internationalen Privatrechts
J. Priv. Int. L.	Journal of private international law
JurisPK	juris Praxiskommentar BGB
JZ	Juristenzeitung (Zeitschrift)
Kap.	Kapitel
KG	Kammergericht
KOM	Kommission
LA	Liber Amicorum
LG	Landgericht
lit.	littera (Buchstabe)
LMK	Lindenmaier/Möhring – Kommentierte BGH-Rechtsprechung
M&A	Mergers and Acquisitions
m.	mit
m. w. N.	mit weiteren Nachweisen
MittBayNot	Mitteilungen des Bayerischen Notarvereins, der Notarkasse und der Landesnotarkammer Bayern (Zeitschrift)
MüKo	Münchener Kommentar
NJW	Neue Juristische Wochenschrift
Nr.	Nummer
NZG	Neue Zeitschrift für Gesellschaftsrecht
OHG	Offene Handelsgesellschaft
OLG	Oberlandesgericht
Plc.	Public liability company
RabelsZ	Rabels Zeitschrift für ausländisches und internationales Privatrecht

RIW	Recht der Internationalen Wirtschaft
Rn.	Randnummer
RNotZ	Rheinische Notar-Zeitschrift
Rs.	Rechtssache
S.	Seite oder Satz
ScheckG	Scheckgesetz
Slg.	Sammlung der Rechtsprechung des [Europäischen] Gerichtshofes
Stan. J.L. Bus. & Fin.	Stanford Journal of Law, Business & Finance
Syst. Dar.	Systematische Darstellung
u.	und
u.a.	unter anderem; und andere
UmwG	Umwandlungsgesetz
UmwStG	Umwandlungssteuergesetz
v.	von oder vom
vgl.	vergleiche
VO	Verordnung
Vol.	Volume
Vorbem.	Vorbemerkung oder Vorbemerkungen
VRiLi	Erste Richtlinie 68/151/EWG des Rates vom 9. März 1968 zur Koordinierung der Schutzbestimmungen, die in den Mitgliedstaaten den Gesellschaften im Sinne des Artikels 58 Absatz 2 des Vertrages im Interesse der Gesellschafter sowie Dritter vorgeschrieben sind, um diese Bestimmungen gleichwertig zu gestalten
WechselG	Wechselgesetz (zuletzt geändert durch Verordnung vom 31.08.2015 (BGBl. I S. 1474) m.W.v. 08.09.2015)
WM	Wertpapier-Mitteilungen, Zeitschrift für Wirtschafts- und Bankrecht
WRP	Wettbewerb in Recht und Praxis (Zeitschrift)
z.B.	zum Beispiel
ZEuP	Zeitschrift für europäisches Privatrecht
ZGE	Zeitschrift für geistiges Eigentum
ZGR	Zeitschrift für Unternehmens- und Gesellschaftsrecht

ZHR	Zeitschrift für das gesamte Handelsrecht und Wirtschaftsrecht
ZIP	Zeitschrift für Wirtschaftsrecht und Insolvenzpraxis
ZNotP	Zeitschrift für die Notarpraxis
zugl.	zugleich
ZUM	Zeitschrift für Urheber- und Medienrecht
ZVglRWiss	Zeitschrift für Vergleichende Rechtswissenschaft

A. Einleitung

I. Problemaufriss

1. Der grenzüberschreitende Verschmelzungsvorgang

Die Gesellschaften werden in der Regel von wirtschaftlichen Gründen getrieben, Zusammenschlüsse miteinander zu bilden und gemeinsam auf dem Markt zu agieren.[1] Diese Zusammenschlüsse können in der Form einer Verschmelzung erfolgen; wenn Gesellschaften aus unterschiedlichen Rechtsordnungen an dem Vorgang beteiligt sind, so hat diese Verschmelzung einen grenzüberschreitenden Bezug.[2] Diese gesellschaftsrechtlichen Zusammenschlüsse im Wege der Verschmelzung sind ebenso geeignet, Synergien zu generieren, Kosten zu sparen oder gar eine Marktführung zu erreichen.[3] Ferner können Verschmelzungen auch steuerlich motiviert sein.[4]

Aus unionsrechtlicher Sicht ist unter dem Begriff „Verschmelzung" derjenige Vorgang zu verstehen, in dem eine oder mehrere Gesellschaften (sog. übertragende Gesellschaft(en)) ihr gesamtes Vermögen als Ganzes auf einen bestehenden (sog. Verschmelzung zur Aufnahme) oder neu zu gründenden (sog. Verschmelzung zur Neugründung) Rechtsträger (aufnehmenden Rechtsträger) übertragen.[5] Als Gegenleistung erhalten die Anteilsinhaber der übertragenden Gesellschaften Anteile an dem aufnehmenden bzw. neu gegründeten Rechtsträger, während die übertragenden Gesellschaften ohne Abwicklung untergehen und als Rechtssubjekt erlöschen.[6]

Bei grenzüberschreitenden Verschmelzungen wird zwischen Hinein- und Hinausverschmelzungen differenziert.[7] Hiermit wird das Vorhaben einer

---

1 Vgl. *Dauner-Lieb* in KölnKomm zum UmwG, Einl. A, Rn. 10 ff.

2 *Drinhausen* in Semler/Stengel/Leonard, UmwG, § 122a, Rn. 10.

3 *Dauner-Lieb* in KölnKomm zum UmwG, Einl. A, Rn. 10 ff.; *Stengel* in Semler/Stengel/Leonard, UmwG, Einl. A Rn. 4.

4 *Moszka* in Semler/Stengel/Leonard, UmwG, Einl. B, Rn. 4.

5 EuGH, Urteil v. 7.4.2016 – Rs. C483/14, KG Finanz = IPRax 2016, 589 = ZIP 2016, 712, Rn. 57; vgl. statt aller *Marsch-Barner/Wilk* in Kallmeyer, UmwG, § 122a, Rn. 7; *Behme*, ZHR 182 (2018) 32 33; *Hübner*, IPRax 2016, 553 555; *J. Schmidt*, ZIP 2016, 841.

6 *Stengel* in Semler/Stengel/Leonard, UmwG, § 2, Rn. 40; *Simon* in KölnKomm zum UmwG, § 2, Rn. 78.

7 Statt aller vgl. *Drinhausen* in Semler/Stengel/Leonard, UmwG, Einl. C, Rn. 25 ff.

Gesellschaft bezeichnet, im Wege der Verschmelzung in einen Staat zuzuziehen (Hineinverschmelzung) oder einen Staat zu verlassen (Hinausverschmelzung).[8] Ferner ist eine Unterscheidung zwischen Binnenmarkt- und Drittstaatenkonstellationen erforderlich.[9] In Binnenmarktkonstellationen haben zum einen die bisher erfolgten Harmonisierungen auf Ebene des sekundären Unionsrechts und zum anderen das primäre Unionsrecht sowie die maßgebliche EuGH-Rechtsprechung zur Erleichterung der Ermittlung des anwendbaren Rechts und zur reibungslosen Durchführung der Verschmelzung im Binnenmarkt ansatzweise beigetragen.[10] Handelt es sich hingegen um Konstellationen, die nicht von dem im Binnenmarkt geltenden rechtlichen Rahmen gedeckt werden, ist auf die Grundsätze des nationalen autonomen Rechts zurückzugreifen.[11]

2. Unvollständige Harmonisierung

Durch die Beteiligung verschiedener Rechtsordnungen an dem Verschmelzungsvorgang stellt sich die Frage nach dem anzuwendenden Recht.[12] Grundsätzlich werden Fragen, die grenzüberschreitende Verschmelzungen betreffen, gesellschaftsrechtlich qualifiziert; das anwendbare Recht richtet sich somit nach dem Gesellschaftsstatut der beteiligten Gesellschaften.[13] Das Gesellschaftsstatut der beteiligten Gesellschaften bestimmt die Anforderungen im Zusammenhang mit der Gründung und der Struktur der Gesellschaft, der Rechts- und Parteifähigkeit sowie ihrer Fähigkeit, sich an Umwandlungsmaßnahmen zu beteiligen.[14] Bei grenzüberschreitenden Verschmelzungen ist das Gesellschaftsstatut zugleich das Übertragungsstatut, nämlich das für die Übertragung des Vermögens maßgebliche Statut.[15] Dennoch kann nicht ausgeschlossen werden, dass im Zuge der Verschmelzung auf das Vertrags- oder Sachstatut abgestellt werden muss.

---

8 Vgl. *Behme*, ZHR 182 (2018) 32 48 m. w. N. zur Herausverschmelzung als Alternative zur isolierten Satzungssitzverlegung vor der EuGH-Entscheidung in der Rechtssache „Polbud".

9 Staudinger/*Großfeld*, IntGesR (1998), Rn. 26 ff.; *Kindler* in MüKo-BGB, Bd. 13, IntGesR, Rn. 429 ff.

10 *Marsch-Barner/Wilk* in Kallmeyer, UmwG, Vor §§ 122a-122m, Rn. 1 ff.; *Bayer* in Lutter, UmwG, § 122a, Rn. 1.

11 *Simon/Rubner* in KölnKomm zum UmwG, Vor § 122a, Rn. 13 ff.

12 Vgl. statt aller *Kropholler*, IPR § 3 I, S. 16 ff.

13 Staudinger/*Großfeld*, IntGesR (1998), Rn. 26 ff.; Grüneberg/*Thorn*, BGB, Anh. Art. 12 EGBGB, Rn. 21.

14 Grüneberg/*Thorn*, BGB, Anh. Art. 12 EGBGB, Rn. 14 f.

15 *Göthel* in M&A-Transaktionen, § 29, Rn. 16.

Dies ist beispielsweise dann der Fall, wenn die Übertragung eines Vermögensbestandteils (z. B. eines Grundstücks) des Gesellschaftsvermögens nicht nach dem maßgeblichen Gesellschaftsstatut, sondern nach dem Sachstatut erfolgt, das sich nach dem Recht des Belegenheitsorts der Sache richtet.[16]

Zwar gewährleisten die bereits erfolgten Harmonisierungen im Bereich des Gesellschaftsrechts eine gewisse Vereinheitlichung und haben somit zur Erleichterung der Durchführung von grenzüberschreitenden Verschmelzungen beigetragen, dennoch haben sie keine vollständige Harmonisierung im Binnenmarkt erreicht.[17] Die bisherigen Versuche, das Europäische Gesellschaftsrecht vollständig zu vereinheitlichen, sind gescheitert.[18] Das Europäische Gesellschaftsrecht und das auf gesellschaftsrechtliche Fragen anwendbare Recht sind auf die EuGH-Rechtsprechung angewiesen.[19] Zwar wurden materiell-rechtlich die grenzüberschreitenden Verschmelzungen auf Unionsebene geregelt, dennoch blieben einige Punkte, wie beispielsweise die Form des aufzustellenden Verschmelzungsplans oder die Beteiligung von Personengesellschaften an grenzüberschreitenden Verschmelzungen, offen.[20] So ist beispielsweise nach deutschem und griechischem Recht die notarielle Beurkundung des Verschmelzungsplans erforderlich, nicht jedoch in Rumänien.[21] Diese uneinheitliche Regelung auf Unionsebene hat

16 Vgl. beispielsweise statt aller Staudinger/*Mansel* (2015) IntSachenR Art. 43 EGBGB, Rn. 313 f. zur Abweichung von der Gesamtrechtsnachfolge kraft Verschmelzung für das im Ausland belegene Vermögen der übertragenden Gesellschaften; so auch *Göthel* in M&A-Transaktionen, § 29, Rn. 17.

17 Erwägungsgrund 55, Richtlinie (EU) 2017/1132 des Europäischen Parlaments und des Rates vom 14. Juni 2017 über bestimmte Aspekte des Gesellschaftsrechts (im Folgenden: „GesRiLi"), die die Richtlinie 2005/56/EG des Europäischen Parlaments und Rates v. 26.10.2005 über die Verschmelzung von Kapitalgesellschaften aus verschiedenen Mitgliedstaaten (im Folgenden: „IntVRiLi") inkorporiert hat.

18 Vgl. *Kropholler*, IPR § 55 I, S. 568 f; *J. Schmidt*, ZVglRWiss 116 (2017) 313 318.

19 Vgl. *v. Hein* in LA Kohler, S. 554.

20 Art. 122 GesRiLi; infolgedessen ist beispielsweise die Form des gemeinsam aufzustellenden Verschmelzungsplans in jeder mitgliedstaatlichen Rechtsordnung unterschiedlich geregelt: siehe auch *Petanidis*, Die grenzüberschreitende Umstrukturierung von Gesellschaften, S. 33, der auf den fragmentarischen Charakter der geschaffenen Regelungen seitens des europäischen und deutschen Gesetzgebers verweist.

21 § 122c Abs. 4 UmwG; Art. 11 Abs. 1 G. 3777/2009 betreffend die grenzüberschreitenden Verschmelzungen zwischen Kapitalgesellschaften; *Bech-Bruun*, Study on the Application of the Cross-border Mergers Directive, 2013 (online abrufbar unter: http://ec.europa.eu/internal_market/company/docs/mergers/131007_study-cross-border-merger-directive_en.pdf), RO-12, S. 819 für Rumänien, vorausgesetzt, dass das zu übertragende Vermögen keine Grundstücke umfasst [zuletzt aufgerufen am 28.02.2020].

zu einer Rechtszersplitterung geführt und im Ergebnis die bestrebte Harmonisierung teilweise verhindert.

Der Europäische Gesetzgeber hat bereits erkannt, dass Regelungsbedarf in Bezug auf Fragen betreffend das Gesellschaftsrecht für grenzüberschreitende Verschmelzungen besteht.[22] Hierfür wurden von der Europäischen Kommission beispielsweise Studien in Auftrag gegeben, die darauf abzielten, die bestehenden Problemkreise zu eruieren und Lösungsansätze zu erarbeiten.[23] Ferner wurden legislative Schritte zur Durchführung von grenzüberschreitenden Verschmelzungen im Rahmen eines sog. *Company Law Package* unternommen.[24] Nach der Verabschiedung durch den Rat der Europäischen Union sowie der Veröffentlichung im EU-Amtsblatt sind die Mitgliedstaaten verpflichtet, die Richtlinie zur Änderung der Richtlinie (EU) 2017/1132 im Hinblick auf grenzüberschreitende Umwandlungen, Verschmelzungen und Spaltungen innerhalb von drei Jahren umzusetzen und bis zum 31. Januar 2023 in nationales Recht zu transformieren.[25]

Mit dem *Company Law Package* wird zum einen ein breiter Anwendungsbereich des Europäischen Gesellschaftsrechts geschaffen, der, neben den grenzüberschreitenden Verschmelzungen, Bestimmungen für Spaltungen sowie

22 *v. Hein* in MüKo-BGB, Bd. 12, Art. 4 EGBGB, Rn. 163; *ders.* in LA Kohler, S. 552; *J. Schmidt*, Cross-border mergers and divisions, 2016, S. 15.

23 Mitteilung der Kommission an das Europäische Parlament, den Rat, den Europäischen Wirtschafts- und Sozialausschuss und den Ausschuss der Regionen vom 12. Dezember 2012 COM (2012) 740, 4.2., 4.3.; *Bech-Bruun*, Study on the Application of the Cross-border Mergers Directive, 2013 (online abrufbar unter:http://ec.europa.eu/internal_market/company/docs/mergers/131007_study-cross-border-merger-directive_en.pdf) [zuletzt aufgerufen am 28.02.2020]; vgl. *Kalss/Klampfl* in Handbuch des EU-WirtschaftsR, Rn. 146; *J. Schmidt*, Cross-border mergers and divisions, 2016, S. 15 m. w. N.

24 Entschließung des Europäischen Parlaments vom 13.6.2017 zur Durchführung grenzüberschreitender Unternehmensverschmelzungen und -spaltungen, P8_TA (2017)0248; Legislative Entschließung des Europäischen Parlaments vom 18. April 2019 zu dem Vorschlag für eine Richtlinie des Europäischen Parlaments und des Rates zur Änderung der Richtlinie (EU) 2017/1132 im Hinblick auf grenzüberschreitende Umwandlungen, Verschmelzungen und Spaltungen (COM(2018)0241 – C8-0167/2018 – 2018/0114(COD)), P8_TA-PROV(2019)0429 (im Folgenden: „P8_TA-PROV(2019)0429“); vgl. *Philipp*, EuZW 2017, 547; *Kumpan/Pauschinger*, EuZW 2018, 353 356; *Luy*, NJW 2019, 1905.

25 Richtlinie (EU) 2019/2121 des Europäischen Parlaments und des Rates vom 27. November 2019 zur Änderung der Richtlinie (EU) 2017/1132 in Bezug auf grenzüberschreitende Umwandlungen, Verschmelzungen und Spaltungen.

Formwechsel vorsehen wird.[26] Der Begriff eines Verschmelzungsvorgangs sowie der Kern der Rechtsfolgen einer Verschmelzung zwischen Kapitalgesellschaften im Binnenmarkt bleibt aber mit minimalen Klarstellungen unverändert.[27] Zudem wird bezweckt, die Regelungslücken, die die GesRiLi aufweist, zu schließen und die Interessen von der Verschmelzung betroffener Dritter, wie beispielsweise der Arbeitnehmer, der Minderheitsgesellschafter sowie der Gläubiger zu schützen.[28] Dennoch sind einige Fragen, wie beispielsweise die Form des gemeinsamen Verschmelzungsplans, nach wie vor offen gelassen.[29] Auf diese Fragen wird sogleich eingegangen.

II. Herangehensweise

Die vorliegende Untersuchung fokussiert sich ausschließlich auf die international-privatrechtlichen Fragen, die im Zuge einer grenzüberschreitenden Verschmelzung im Binnenmarkt auftreten können, für die entweder keine oder mangelhafte Regelungen auf Unionsebene existieren. Rein gesellschaftsrechtliche Fragen oder Fragen zur Arbeitnehmermitbestimmung[30] sowie zum Gläubigerschutz[31] im Zusammenhang mit der grenzüberschreitenden Verschmelzung werden in der vorliegenden wissenschaftlichen Arbeit nicht bzw. nur am Rande untersucht.

---

26 *Teichmann*, NZG 2019, 241.

27 P8_TA-PROV(2019)0429, Erwägungsgrund (48), Art. 131: „(1) Die gemäß Artikel 119 Nummer 2 Buchstaben a, c **und d** vollzogene grenzüberschreitende Verschmelzung bewirkt ab dem in Artikel 129 genannten Zeitpunkt Folgendes: a) Das gesamte Aktiv- und Passivvermögen der übertragenden Gesellschaft, **einschließlich aller Verträge, Kredite, Rechte und Pflichten**, wird auf die übernehmende Gesellschaft **übertragen und von ihr weitergeführt**. b) Die Gesellschafter der übertragenden Gesellschaft werden Gesellschafter der übernehmenden Gesellschaft**, es sei denn, sie üben das Austrittsrecht nach Artikel 126a Absatz 1 aus. c) Die übertragende Gesellschaft erlischt.**" *(Hervorhebung im Original).*

28 *Luy*, NJW 2019, 1905; *Teichmann*, NZG 2019, 241 243.

29 Vgl. auch *Petanidis*, Die grenzüberschreitende Umstrukturierung von Gesellschaften, S. 33 f. zu der Frage nach der Zulässigkeit grenzüberschreitender Umstrukturierungen unter Beteiligung deutscher Gesellschaften, darunter auch unter Beteiligung von Drittstaatgesellschaften.

30 Zur Arbeitnehmermitbestimmung im Rahmen einer grenzüberschreitenden Verschmelzung siehe statt aller Habersack/Henssler/*Habersack*, MgVG, Einl. Rn. 1, MgVG, § 4, Rn. 1.

31 Zum Gläubigerschutz vgl. ausführlicher *Leydecker*, Gläubigerschutz bei grenzüberschreitenden Verschmelzungen, passim.

Zunächst wird der aktuell geltende rechtliche Rahmen der grenzüberschreitenden Verschmelzungen im Binnenmarkt erörtert. In diesem Zusammenhang werden zuerst die prägenden Grundsätze des Europäischen Gesellschaftsrechts und insbesondere die Grundsätze der primär- und sekundärrechtlichen Bestimmungen zu grenzüberschreitenden Verschmelzungen dargelegt. Anschließend wird auf die international-privatrechtlichen Fragen eingegangen, die in konkreten Verschmelzungsphasen auftreten. Die drei Wesensmerkmale der Verschmelzung[32] – Übertragung im Wege der Gesamtrechtsnachfolge, Auflösung ohne Abwicklung und Mitgliedschaftsperpetuierung – dienen als Orientierungsgrundlage. Des Weiteren werden die Problemfelder bei den einzelnen Verschmelzungsphasen aufgezeigt und erörtert, wie die Kautelarpraxis mit diesen Fragen umgeht. Abschließend werden die Ergebnisse der Untersuchung zusammengefasst, anhand derer ein Lösungsvorschlag für weitere Harmonisierungsversuche erarbeitet wird.

---

32 *Simon* in KölnKomm zum UmwG, § 2, Rn. 31 ff.

B. Der rechtliche Rahmen grenzüberschreitender Verschmelzungen im Binnenmarkt

I. Primärrecht

1. AEUV

a) *Einleitung*

Grenzüberschreitende Verschmelzungen sind Ausdruck der Unternehmensmobilität im Binnenmarkt.[33] Die Mobilität von mitgliedstaatlichen Gesellschaften über die Grenzen hinweg wird auf Unionsebene zunächst in Art. 49 i. V. m. Art. 54 AEUV statuiert. Damit wird das Recht auf freie Niederlassung im Binnenmarkt begründet, das ausweislich des Art. 54 AEUV auch für juristische Personen gilt. Der Umfang der Niederlassungsfreiheit der mitgliedstaatlichen Gesellschaften sowie eventuelle Schranken wurden durch die Auslegung der vorgenannten Normen in der EuGH-Rechtsprechung konkretisiert.[34] In seinen Leitentscheidungen hatte der EuGH zum einen die in Art. 49 i. V. m. Art. 54 AEUV begründete Niederlassungsfreiheit näher erläutert und zum anderen Grenzen bei deren Ausübung gesetzt.

Die EuGH-Rechtsprechung hat sich zum einen mit allgemeinen Fragen zur Niederlassungsfreiheit im Hinblick auf das Internationale Gesellschaftsrecht im Binnenmarkt befasst. Dabei wurde konkretisiert, welche Aktivitäten der Gesellschaften von der Niederlassungsfreiheit erfasst werden. In diesem Zusammenhang wurde auch festgelegt, wann eine Gesellschaft sich auf ihr Recht auf Niederlassungsfreiheit berufen kann und welche Beschränkungen bei der Ausübung der Niederlassungsfreiheit gelten. Zum anderen ergingen Urteile spezifisch zu den grenzüberschreitenden Umwandlungsvorgängen. Dabei wurden nicht nur die Umstände erläutert, wann ein Umwandlungsvorgang zulässig ist, sondern auch, welche Grundsätze in solchen Fällen zu beachten sind. Damit

---

33 EuGH, Urteil v. 13.12.2005 – Rs. C-411/03, SEVIC Systems AG, Slg. 2005, I-10805; Grabitz/Hilf/Nettesheim/*Forsthoff*, Art. 54 AEUV, Rn. 52; siehe auch *Bungert*, BB 2006, 53 ff.; *Kieninger*, EWS 2006, 49 ff.

34 Dazu siehe sogleich unter B. II. 1. b).

legte der EuGH – wenn auch nur teilweise[35] – die Grundsätze fest, die das Europäische Gesellschaftsrecht und – spezifischer – die grenzüberschreitenden Verschmelzungen prägen.[36]

b) Art. 49 i. V. m. Art. 54 AEUV

i) Inhalt

Art. 49 AEUV verbietet es den Mitgliedstaaten, Beschränkungen dann vorzusehen, wenn Angehörige eines anderen Mitgliedstaates vorhaben, sich in deren Hoheitsgebiet niederzulassen. Klarstellend werden in Art. 54 Abs. 1 AEUV die juristischen Personen den natürlichen Personen gleichgestellt und von dem Beschränkungsverbot des Art. 49 AEUV erfasst.[37] Art. 54 Abs. 2 AEUV definiert, welche Gesellschaften als juristische Personen den natürlichen Personen des Art. 49 AEUV gleichgestellt werden und Gebrauch von der Niederlassungsfreiheit machen dürfen. Dieser Begriff ist unionsautonom auszulegen und beschränkt sich nicht auf eine bestimmte Rechtsform bzw. -erscheinung, die in der einen oder anderen mitgliedstaatlichen Rechtsordnung für rechtliche Gebilde dieser Art vorgesehen wird, sondern auf die Verfolgung eines Erwerbszwecks durch die Gesellschaft.[38] Als Ausdruck der unionsrechtlich in Art. 49 AEUV verankerten Niederlassungsfreiheit werden solche Vorgänge erfasst, die die Mobilität der Gesellschaften einschließlich der grenzüberschreitenden Verschmelzungen umfassen.[39]

ii) Voraussetzungen

aa) Wirksame Errichtung nach dem Gründungsrecht

Das Recht auf Niederlassungsfreiheit gemäß Art. 49 AEUV i. V. m. Art. 54 AEUV und dementsprechend das Verbot, diese zu beschränken, kann den Mitgliedstaaten dann entgegengehalten werden, wenn die juristische Person bestimmte Voraussetzungen erfüllt. Eine dieser Voraussetzungen ist, dass es sich um eine

35 EuGH, Urteil v. 13.12.2005 – Rs. C-411/03, SEVIC Systems AG, Slg. 2005, I-10805; zu offenen Fragen aus der Entscheidung vgl. *Drinhausen* in Semler/Stengel/Leonard, UmwG, Einl. C, Rn. 27; siehe auch *Doralt*, IPRax 2006, 572 576; *Hansen*, EBLR 2007, 181 188; *Bayer/J. Schmidt*, ZIP 2006, 210 212.

36 Vgl. *J. Schmidt*, ZVglRWiss 116 (2017) 313 326.

37 Siehe *Jung* in Schwarze/Becker/Hatje/Schoo, EU-Kommentar, Art. 54, Rn. 20; Calliess/Ruffert/*Korte*, AEUV Art. 54, Rn. 3.

38 Vgl. *Jung* in Schwarze/Becker/Hatje/Schoo, EU-Kommentar, Art. 54, Rn. 2.

39 Statt aller siehe Grabitz/Hilf/Nettesheim/*Forsthoff*, Art. 54 AEUV, Rn. 52 ff.

Gesellschaft handelt, die nach den Rechtsvorschriften eines Mitgliedstaates gegründet worden ist. Art. 54 Abs. 1 AEUV verweist auf Vorschriften, die jeweils in den mitgliedstaatlichen Rechtsordnungen gelten und für die Gründung der Gesellschaft maßgeblich sind (Verweisungsvorschrift).[40] Damit wird der persönliche Anwendungsbereich zur Ausübung der Niederlassungsfreiheit für Gesellschaften eröffnet. Art. 54 Abs. 1 AEUV verweist daher nicht auf das Recht des jeweiligen Mitgliedstaates in seiner Gesamtheit (reine Sachnormverweisung).[41] Einbezogen werden solche Gesellschaften, die nach den materiell-rechtlichen Vorschriften des jeweiligen Mitgliedstaates wirksam gegründet worden sind.[42] Aus dem Wortlaut der Norm ergibt sich also, dass jene Vorschriften der mitgliedstaatlichen Rechtsordnung in Betracht kommen, die die Gründung der Gesellschaft betreffen.[43] Somit sind Weiterverweisungen auf andere Rechtsordnungen ausgeschlossen.[44] Gesellschaften im Sinne des Art. 54 AEUV, die sich auf die in Art. 49 AEUV normierte Niederlassungsfreiheit berufen können, sind also jene Gesellschaften, die nach dem Sachrecht und insbesondere nach den für Gesellschaften geltenden Gründungsvorschriften des jeweiligen Mitgliedstaates wirksam gegründet worden sind.[45] Diese Gesellschaften dürfen dann an grenzüberschreitenden Verschmelzungen im Binnenmarkt teilnehmen. Dies gilt auch in den sogenannten *NewCo*-Fällen. In solchen Fällen werden eine oder mehrere Gesellschaften auf eine neue Gesellschaft verschmolzen, die erst im Zuge des Verschmelzungsvorgangs gegründet wird. Auch diese neugegründete Gesellschaft muss die Gründungsvorschriften eines Mitgliedstaates eingehalten haben.

bb) Unionszugehörigkeit

Die nach den Rechtsvorschriften eines Mitgliedstaates gegründete Gesellschaft muss zudem ihren satzungsmäßigen Sitz, ihre Hauptverwaltung oder ihre Hauptniederlassung im Hoheitsgebiet eines Mitgliedstaates haben.[46] Dies betrifft

---

40 Vgl. Grabitz/Hilf/Nettesheim/*Forsthoff*, Art. 54 AEUV, Rn. 4, 20.

41 Calliess/Ruffert/*Korte*, AEUV Art. 54, Rn. 5; *Forsthoff*, Niederlassungsfreiheit für Gesellschaften, 2006, S. 35 ff.

42 Grabitz/Hilf/Nettesheim/*Forsthoff*, Art. 54 AEUV, Rn. 18 f., 20.

43 Vgl. Grüneberg/*Thorn*, BGB, Anh. Art. 12 EGBGB, Rn. 12; a. A. *Hoffmann* in Heidel/Hüßtege/Mansel/Noack, BGB AT, Anh. zu Art. 12 EGBGB, Rn. 79 ff., der im Ergebnis zur gleichen Schlussfolgerung kommt.

44 Calliess/Ruffert/*Korte*, AEUV Art. 54, Rn. 4 f.

45 EuGH, Urteil v. 5.11.2002 – Rs C-208/00, Überseering, Rn. 62, 71.

46 Art. 54 Abs. 1 AEUV; statt aller vgl. *Jung* in Schwarze/Becker/Hatje/Schoo, EU-Kommentar, Art. 54, Rn. 9.

sowohl die an einer Verschmelzung beteiligten Gesellschaften, die im Wege der Aufnahme in einer anderen Gesellschaft verschmolzen werden, als auch die neugegründete Gesellschaft, die im Zuge des Verschmelzungsvorgangs entstehen soll. Nach Maßgabe des Art. 54 Abs. 1 AEUV wird also von den Gesellschaften, die von der Niederlassungsfreiheit gemäß Art. 49 AEUV Gebrauch machen wollen, vorausgesetzt, dass diese Unionszugehörigkeit aufweisen.[47] Diese Unionszugehörigkeit kann dann erreicht werden, wenn mindestens einer der genannten Anknüpfungspunkte erfüllt wird.[48]

Aus der alternativen Anknüpfung an die vorgenannten Merkmale kann abgeleitet werden, dass die Unionszugehörigkeit einer nach dem Recht eines Mitgliedstaates gegründeten Gesellschaft auch dann vorliegen kann, wenn die Gesellschaft ihren effektiven Verwaltungssitz in einem Drittstaat hat, während ihr satzungsmäßiger Sitz im Hoheitsgebiet eines Mitgliedstaates liegt oder umgekehrt.[49] Erfasst werden auch solche Gesellschaften, die zwar ihren Satzungssitz zulässigerweise nach dem Recht eines Mitgliedstaates außerhalb der Union, zugleich aber ihren Verwaltungssitz im Hoheitsgebiet eines Mitgliedstaates haben.[50] Dieser Fall betrifft beispielsweise die Schifffahrtsgesellschaften griechischen Rechts, die zwar ihren Verwaltungssitz oder ihre Niederlassung im griechischen Hoheitsgebiet haben, deren Satzungssitz jedoch zulässigerweise in einem Drittstaat liegt.[51]

cc) Verfolgung eines Erwerbszwecks

Ein zusätzliches Merkmal der zur Ausübung der unionsrechtlichen Niederlassungsfreiheit berechtigten Gesellschaften ist die Verfolgung eines Erwerbszwecks.[52] Dieser Tatbestand lässt sich aus der Definition der Gesellschaften herauslesen, die Art. 54 Abs. 2 AEUV enthält. Die Ausübung der Niederlassungsfreiheit in einem Mitgliedstaat (nachfolgend: Aufnahmestaat) muss mit dem Zweck verbunden sein, einer wirtschaftlichen Tätigkeit in diesem Mitgliedstaat nachgehen zu wollen.[53] Dieses Vorhaben muss mit einer tatsächlichen

---

47 Vgl. Streinz/*Müller-Graff*, AEUV Art. 54, Rn. 10.

48 Grabitz/Hilf/Nettesheim/*Forsthoff*, Art. 54 AEUV, Rn. 21 f.

49 Streinz/*Müller-Graff*, AEUV Art. 54, Rn. 11.

50 Grabitz/Hilf/Nettesheim/*Forsthoff*, Art. 54 AEUV, Rn. 15.

51 Vgl. *Pamboukis*, in: Private International Law, International Encyclopedia of Laws, S. 67.

52 Streinz/*Müller-Graff*, AEUV Art. 54, Rn. 2.

53 Vgl. *Jung* in Schwarze/Becker/Hatje/Schoo, EU-Kommentar, Art. 54, Rn. 7.

Ansiedlung in dem Aufnahmestaat einhergehen und durch Anhaltspunkte untermauert werden, die für einen objektiven Dritten erkennbar sind.[54] Solche Anhaltspunkte können Geschäftsräume oder Personal sein.[55] Die Gesellschaft muss also eine erkennbare Verbindung zu dem Mitgliedstaat aufweisen, in dem sie wirtschaftlich tätig wird.[56] Welche Merkmale eine solche Verbindung begründen, lässt sich jedoch weder aus der Norm noch aus der EuGH-Rechtsprechung konkretisieren. Grundsätzlich ist jegliche Verbindung zu einer Rechtsordnung, die das Bestehen einer wirtschaftlichen Tätigkeit in dieser Rechtsordnung beweisen könnte, in der Lage, die Verfolgung eines Erwerbszwecks zu bejahen.[57]

iii) Rechtsfolgen

Sind die vorgenannten Voraussetzungen erfüllt, so treten die in Art. 49 Abs. 1 AEUV normierten Rechtsfolgen ein. Für den Mitgliedstaat, dem die Ausübung der Niederlassungsfreiheit entgegengehalten wird, bedeutet dies zum einen ein Beschränkungsverbot. Dies ergibt sich explizit aus dem Wortlaut der Norm.[58] Zum anderen entsteht eine Anerkennungspflicht für die beteiligten Mitgliedstaaten. Darauf ist sogleich einzugehen.[59]

Art. 49 i. V. m. Art. 54 AEUV untersagt den Mitgliedstaaten, das Recht auf Niederlassungsfreiheit zu beschränken, das denjenigen Gesellschaften zusteht, die die Kriterien des Art. 54 AEUV erfüllen. Als Beschränkungen können solche Regelungen der beteiligten Mitgliedstaaten interpretiert werden, die die Ausübung der Niederlassungsfreiheit durch Gesellschaften in irgendeiner Weise beeinträchtigen.[60] Diese Pflicht, nämlich von Beschränkungen der Niederlassungsfreiheit abzusehen, trifft die Rechtsordnungen aller Gesellschaften, die sich

---

54 EuGH, Urteil v. 12.7.2012 – Rs. C-378/10, VALE Építési kft, Rn. 34; EuGH, Urteil v. 12.9.2006 – Rs. C-196/04, Cadbury Schweppes, Rn. 66 f.; siehe dazu noch *Kindler*, EuZW 2012, 888 891; a. A. *Verse*, ZEuP 2013, 458 471.

55 EuGH, Urteil v. 12.9.2006 – Rs. C-196/04, Cadbury Schweppes, Rn. 54; vgl. *König/Bormann*, NZG 2012, 1241 1242.

56 EuGH, Urteil v. 12.7.2012 – Rs. C-378/10, VALE Építési kft, Rn. 34, 39 ; *Forsthoff*, EuZW 2015, 248 251.

57 Vgl. *Kindler*, NZG 2018, 1 3; *König/Bormann*, NZG 2012, 1241 1243.

58 Art. 49 Abs. 1 Satz 1 AEUV: „Die Beschränkungen der freien Niederlassung von Staatsangehörigen eines Mitgliedstaats im Hoheitsgebiet eines anderen Mitgliedstaats sind nach Maßgabe der folgenden Bestimmungen verboten."

59 Siehe ausführlicher unter B. I. 2. a) ii).

60 *Jung* in Schwarze/Becker/Hatje/Schoo, EU-Kommentar, Art. 54, Rn. 21.

an dem Verschmelzungsvorgang beteiligen, unabhängig davon, ob es sich um eine Verschmelzung durch Aufnahme oder durch Neugründung handelt.

Der EuGH hat in seiner Rechtsprechung diese Beschränkungen dahingehend konkretisiert, dass daraus grundsätzlich ein Diskriminierungsverbot abgeleitet wird.[61] Damit ist das Verbot der ungleichen Behandlung gemeint, die eine Gesellschaft bei der Ausübung ihres Rechts auf Niederlassungsfreiheit erfährt.[62] Die ungleiche Behandlung einer Gesellschaft in diesem Zusammenhang ist nicht unbedingt ein negativ behafteter Begriff. Mit dem in Art. 49 AEUV normierten Diskriminierungsverbot wird einerseits den Mitgliedstaaten untersagt, solche Maßnahmen für ausländische mitgliedstaatliche Gesellschaften vorzusehen, die die Ausübung der Niederlassungsfreiheit erschweren oder unmöglich machen.[63] Andererseits ist den Mitgliedstaaten untersagt, den ausländischen Gesellschaften Erleichterungen zu gewähren, die sonst für die inländischen Gesellschaften nicht gelten.[64] Folglich sind die mitgliedstaatlichen Gesellschaften, die sich im Binnenmarkt an Verschmelzungsvorgängen beteiligen wollen, im Hinblick auf die Ausübung ihrer Niederlassungsfreiheit rechtlich gleich zu behandeln, also weder schlechter noch besser als die Gesellschaften des Staates, dem sie ihr Recht auf freie Niederlassung entgegenhalten wollen.

Die Gleichbehandlung der zu verschmelzenden Gesellschaften bei der Ausübung der Niederlassungsfreiheit im Binnenmarkt, die aus dem Beschränkungs- bzw. Diskriminierungsverbot resultiert, führt dazu, dass eine gegenseitige Anerkennungspflicht für die Mitgliedstaaten entsteht.[65] Die Anerkennung bezieht sich auf die Gesellschaften, die sich an einer grenzüberschreitenden Verschmelzung im Binnenmarkt als Ausübung ihres Rechts auf Niederlassungsfreiheit beteiligen. Art. 54 AEUV definiert, welche Gesellschaften berechtigt sind, von der Niederlassungsfreiheit Gebrauch zu machen. Damit diese Gesellschaften Zugang zum Recht auf Niederlassungsfreiheit erlangen können, muss der aufnehmende Mitgliedstaat diesen Zugang der ausländischen Gesellschaft auch gewähren. Eine Gleichstellung der ausländischen Gesellschaften

61 Vgl. Grabitz/Hilf/Nettesheim/*Forsthoff*, Art. 49 AEUV, Rn. 88.

62 *Jung* in Schwarze/Becker/Hatje/Schoo, EU-Kommentar, Art. 54, Rn. 23.

63 EuGH, Urteil v. 12.7.2012 – Rs. C-378/10, VALE Építési kft = IPRax 2013, 566, Rn. 48; EuGH, Urteil v. 13.12.2005 – Rs. C-411/03, SEVIC Systems AG, Slg. 2005, I-10805, Rn. 28 f.

64 Vgl. *Winter/Marx/De Decker*, DStR 2017, 1664 1667 zur günstigeren Behandlung einer ausländischen zuziehenden Gesellschaft; siehe auch *Weller/Rentsch*, IPRax 2013, 530 534 f. zum Diskriminierungsverbot.

65 Vgl. statt aller *Mansel*, RabelsZ 70 (2006) 651 672.

mit den inländischen bedeutet, dass der Aufnahmestaat die rechtliche Existenz der ausländischen Gesellschaft akzeptiert, und zwar in dem von ihrem Gründungsstaat gewährten Umfang.[66] Die ausländische Gesellschaft ist mithin als ein rechtliches Gebilde anzuerkennen, das nach den Rechtsvorschriften eines Mitgliedstaates gegründet worden und Träger von Rechten und Pflichten ist, die ihr Gründungsrecht ihr zugesprochen hat.[67] Die Anerkennung bedeutet in diesem Zusammenhang die Anwendung der Gründungsvorschriften auf die ausländische Gesellschaft, um das Recht auf Ausübung der Niederlassungsfreiheit begründen zu können.[68] Es handelt sich in diesem Fall also um die Anwendung des ausländischen Rechts, nämlich der materiell-rechtlichen Vorschriften des anderen Mitgliedstaates.[69]

2. EuGH-Rechtsprechung zu Art. 49 i. V. m. Art. 54 AEUV

a) Rechtsprechung zur Unternehmensmobilität im Allgemeinen

i) Daily Mail and General Trust

aa) Sachverhalt

In der Rechtssache Daily Mail and General Trust[70] handelte es sich um eine Verwaltungssitzverlegung einer nach englischem Recht gegründeten Gesellschaft in die Niederlande unter Beibehaltung ihrer Rechtspersönlichkeit. Das englische Finanzministerium verweigerte seine Zustimmung und verwies auf die Vorschriften des englischen Rechts, die solche Sitzverlegungen beschränken.[71] Der EuGH sah darin keine Verletzung der Niederlassungsfreiheit. Nach Ansicht des Gerichtshofs seien die juristische Personen Geschöpfe der jeweiligen Rechtsordnung, die nur in dem vom Gründungsstaat gewährten Umfang und nach Maßgabe seiner Vorschriften existieren.[72] Ein Mitgliedstaat kann somit zulässigerweise die Verwaltungssitzverlegung einer nach seinem Recht gegründeten Gesellschaft beschränken oder diese mit deren Liquidation verknüpfen.[73] Eine

66 EuGH, Urteil v. 5.11.2002 – Rs. C-208/00, Überseering, Slg. 1999, I – 1459 = IPRax 2003, 65, Rn. 80; siehe dazu *Roth*, IPRax 2003, 117 119.

67 EuGH, Urteil v. 27.9.1988, Rs. 81/87, Daily Mail and General Trust, Rn. 19.

68 Vgl. *Mansel* in LA Jayme S. 41 zur Anerkennung als Verweisung auf das Recht des Erststaates; *Schanze/Jüttner*, AG 2003, 30 33.

69 Vgl. *Mansel*, RabelsZ 70 (2006) 651 672.

70 EuGH, Urteil v. 27.9.1988, Rs. 81/87, Daily Mail and General Trust = IPRax 1989, 381.

71 EuGH, Urteil v. 27.9.1988, Rs. 81/87, Daily Mail and General Trust, Rn. 18.

72 EuGH, Urteil v. 27.9.1988, Rs. 81/87, Daily Mail and General Trust, Rn. 19.

73 EuGH, Urteil v. 27.9.1988, Rs. 81/87, Daily Mail and General Trust, Rn. 20.

nach dem Recht eines Mitgliedstaates gegründete Gesellschaft hat also keinen Anspruch auf Niederlassungsfreiheit gegenüber ihrem Gründungsstaat, sofern dieser Staat solche Vorgänge verwehrt.[74]

bb) Rechtsfolgen

Der EuGH hat in dem ausgeführten Urteil die Grenzen für die Ausübung der Niederlassungsfreiheit der auszuwandernden Gesellschaften gesetzt. Eine Gesellschaft, die nach den Gründungsvorschriften eines Mitgliedstaates gegründet worden ist und nach seinem Recht existiert, darf von der unionsrechtlich verankerten Niederlassungsfreiheit immer dann Gebrauch machen, wenn dies von ihrem Gründungsstaat gestattet ist.[75] Der EuGH betonte, dass die Gesellschaften im Vergleich zu den natürlichen Personen die Besonderheit aufweisen, dass sie ihre rechtliche Existenz demjenigen Mitgliedstaat schulden, nach dessen Vorschriften sie gegründet worden sind. Jenseits dieses Staates genießt die Gesellschaft keine rechtliche Existenz.[76] Mit diesen Ausführungen legte der EuGH den Grundstein für die Durchsetzung der Gründungstheorie in der späteren Entscheidung in der Rechtssache Überseering.

ii) Überseering

aa) Sachverhalt

In der Rechtssache Überseering[77] hatte eine niederländische Gesellschaft mit beschränkter Haftung (B.V.) zuvor ihren Verwaltungssitz nach Deutschland verlegt. Im Zuge eines Rechtsstreits hat das OLG Düsseldorf die Klage der niederländischen Gesellschaft abgewiesen, denn diese sei als niederländische Gesellschaft in Deutschland nicht aktiv parteifähig, weil ihr nach deutschem Recht die Rechtsfähigkeit fehle.[78] Die Parteifähigkeit resultiere aus der Rechtsfähigkeit einer Gesellschaft, welche wiederum nach dem Gesellschaftsstatut der Gesellschaft zu ermitteln sei. Für die Ermittlung des Gesellschaftsstatuts knüpfte das angerufene deutsche Gericht an den Ort der Hauptverwaltung der Gesellschaft an, sodass deutsches Recht Anwendung fand. Daraufhin legte die niederländische

---

74 EuGH, Urteil v. 27.9.1988, Rs. 81/87, Daily Mail and General Trust, Rn. 24.

75 EuGH, Urteil v. 27.9.1988, Rs. 81/87, Daily Mail and General Trust, Rn. 20.

76 EuGH, Urteil v. 27.9.1988, Rs. 81/87, Daily Mail and General Trust, Rn. 19.

77 EuGH, Urteil v. 5.11.2002 – Rs. C-208/00, Überseering, Slg. 1999, I – 1459 = IPRax 2003, 65.

78 BGH, Beschl. v. 30. 3. 2000 - VII ZR 370/98 = DNotZ 2000, 782 783, verweisend auf die Ausführungen des Berufungsgerichts.

Gesellschaft Revision beim Bundesgerichtshof ein, die aufgrund des Vorabentscheidungsersuchens vor dem EuGH ausgesetzt wurde.

Zunächst hat der EuGH darauf hingewiesen, dass das Fehlen abgeleiteten Unionsrechts zur Harmonisierung der Unternehmensmobilität von Gesellschaften kein Hindernis für die Ausübung der Niederlassungsfreiheit darstellen kann.[79] Die Niederlassungsfreiheit erfasst das Recht einer mitgliedstaatlichen Gesellschaft auf Gleichbehandlung im Hinblick auf die für inländische Gesellschaften geltenden Bestimmungen, soweit diese in einem anderen Mitgliedstaat wirtschaftliche Tätigkeit zu entfalten vorhat.[80] Unmittelbare Folge der Niederlassungsfreiheit und des Gleichbehandlungserfordernisses ist die gegenseitige Anerkennung der Gesellschaften aus den anderen Mitgliedstaaten.[81] Verweisend auf das Urteil in der Rechtssache Daily Mail and General Trust betonte der Gerichtshof noch einmal, dass es von dem Gründungsstaat der Gesellschaft abhängt, inwieweit diese von der Niederlassungsfreiheit Gebrauch machen kann, ohne dabei ihre einmal erlangte Rechtspersönlichkeit zu verlieren.[82] Dabei wurde offengelassen, wie der Aufnahmestaat mit der Ausübung der Niederlassungsfreiheit durch eine in einem anderen Mitgliedstaat gegründete und nach dessen Vorschriften rechtlich existente Gesellschaft umzugehen hat, solange ihr der Gründungsstaat ihre Rechtspersönlichkeit nicht abspricht.[83] Diese Frage wurde nun in dem vorliegenden Fall aufgegriffen und dahin gehend beantwortet, dass eine nach dem Recht eines Mitgliedstaates wirksam gegründete Gesellschaft von dem Aufnahmestaat als solche anzuerkennen ist, solange ihr Gründungsstaat ihr Rechtspersönlichkeit zuerkennt.[84]

bb) Rechtsfolgen

Mit seiner Entscheidung unterstrich der EuGH zunächst die Tatsache, dass Gesellschaften ihre rechtliche Existenz und somit ihr Recht auf Niederlassungsfreiheit dem Gründungsstaat schulden.[85] Der Aufnahmestaat hat die durch den Gründungsstaat verliehene Rechtspersönlichkeit der Gesellschaft anzuerkennen,

---

79 EuGH, Urteil v. 5.11.2002 – Rs. C-208/00, Überseering, Slg. 1999, I – 1459, Rn. 55.

80 EuGH, Urteil v. 5.11.2002 – Rs. C-208/00, Überseering, Slg. 1999, I – 1459, Rn. 56.

81 EuGH, Urteil v. 5.11.2002 – Rs. C-208/00, Überseering, Slg. 1999, I – 1459, Rn. 57.

82 EuGH, Urteil v. 5.11.2002 – Rs. C-208/00, Überseering, Slg. 1999, I – 1459, Rn. 70.

83 EuGH, Urteil v. 5.11.2002 – Rs. C-208/00, Überseering, Slg. 1999, I – 1459, Rn. 71.

84 EuGH, Urteil v. 5.11.2002 – Rs. C-208/00, Überseering, Slg. 1999, I – 1459, Rn. 80; siehe dazu *Roth*, IPRax 2003, 117 119.

85 EuGH, Urteil v. 5.11.2002 – Rs. C-208/00, Überseering, Slg. 1999, I – 1459, Rn. 81.

sonst beschränkt er unzulässigerweise die unionsrechtlich verankerte Niederlassungsfreiheit der ausländischen Gesellschaft.[86] Dies ist insbesondere dann der Fall, wenn der Aufnahmestaat das Vorliegen der bereits durch den Gründungsstaat zuerkannten Rechtspersönlichkeit der Gesellschaft anhand der eigenen kollisionsrechtlichen Normen bestimmt und diese dann zur Neugründung nach eigenen Normen zwingt.[87]

Infolgedessen wurde also eine gegenseitige Anerkennungspflicht für die Mitgliedstaaten begründet. Diese Anerkennungspflicht basiert auf der Prämisse, dass für die Qualifikation einer Gesellschaft, die zur Niederlassungsfreiheit berechtigt ist, nicht die allgemeinen Kollisionsregeln des Aufnahmestaates gelten, sondern hierfür die materiell-rechtlichen Vorschriften ihres Gründungsstaates maßgeblich sind.[88] Damit wird also der Sitztheorie eine Absage erteilt, die in einigen Mitgliedstaaten, wie beispielsweise in Griechenland oder in Deutschland, gilt.[89] Entscheidender Anknüpfungspunkt für die Beurteilung, ob und inwieweit eine Gesellschaft zur Ausübung der Niederlassungsfreiheit berechtigt ist, ist nunmehr nicht das Recht des Aufnahmestaates, sondern das Sachrecht des jeweiligen Mitgliedstaates, nach dessen Recht die Gesellschaft gegründet worden ist und das das Vorliegen sowie den Umfang des Rechts auf Niederlassungsfreiheit für die besagte Gesellschaft bestimmt.

iii) Cartesio Oktató és Szolgáltató bt

aa) Sachverhalt

In der Rechtssache Cartesio musste sich der EuGH mit einer Verwaltungssitzverlegung einer Kommanditgesellschaft ungarischen Rechts befassen.[90] Die ungarische Kommanditgesellschaft Cartesio Oktató és Szolgáltató bt wollte ihren effektiven Verwaltungssitz nach Italien (Gallarate) verlegen und stellte infolgedessen einen Antrag beim ungarischen Handelsregister, die Verlegung ihres

86 EuGH, Urteil v. 5.11.2002 – Rs. C-208/00, Überseering, Slg. 1999, I – 1459, Rn. 82; vgl. *Kindler*, NJW 2003, 1073 1076.

87 EuGH, Urteil v. 5.11.2002 – Rs. C-208/00, Überseering, Slg. 1999, I – 1459, Rn. 81; siehe auch *Fleischer/Schmolke*, JZ 2008, 233 234.

88 Vgl. bereits *Mansel*, RabelsZ 70 (2006) 651 672.

89 *Fleischer/Schmolke*, JZ 2008, 233; *Kindler*, NJW 2003, 1073 1076; *Roth*, IPRax 2003, 117 119.

90 EuGH, Urteil v. 16.12.2008 – Rs C-210/06, Cartesio Oktató és Szolgáltató bt, Slg. 2008, I – 9641 = NZG 2009, 61.

Sitzes zu bestätigen und die neue Geschäftsadresse entsprechend zu ändern.[91] Das Handelsregister wies den Antrag zurück und führte in diesem Zusammenhang aus, dass die Verlegung des effektiven Verwaltungssitzes einer nach ungarischem Recht gegründeten Gesellschaft unter Beibehaltung des ungarischen Gesellschaftsstatuts nicht stattfinden kann.[92]

bb) Rechtsfolgen

In diesem Fall erweiterte der EuGH seine frühere Rechtsprechung in der Rechtssache Daily Mail and General Trust.[93] Er hat seine Ausführungen aus dem Urteil Daily Mail and General Trust wiederholt und hob in diesem Zusammenhang hervor, dass der Gründungsstaat bestimmt, ob eine nach seinem Recht gegründete Gesellschaft von dem Recht auf Niederlassungsfreiheit Gebrauch machen kann und wann ihr dieses Recht verwehrt wird.[94] Solange also die Gesellschaft vorhat, dem Recht ihres Gründungsstaates zu unterliegen, richtet sich ihr Recht auf Niederlassungsfreiheit nach seinen Vorgaben.[95] Sollte sie jedoch durch die Sitzverlegung beabsichtigen, sich dem Gesellschaftsstatut des Aufnahmestaates zu unterwerfen, darf diese Sitzverlegung von ihrem Gründungsstaat nicht verhindert werden, solange der Aufnahmestaat eine solche Sitzverlegung gestattet.[96]

Überdies setzte der EuGH Grenzen bei der gegenseitigen Anerkennungspflicht der Mitgliedstaaten, die er zuvor in der Rechtssache Überseering begründet hat. Die Anerkennungspflicht besteht nämlich dann, wenn der Gründungsstaat die nach seinem Recht gegründete Gesellschaft weiterhin als wirksam existent betrachtet.[97] Bevor also die Frage beantwortet wird, ob das Recht auf Niederlassungsfreiheit in einem Mitgliedstaat entgegengehalten werden kann, ist auf die Frage einzugehen, ob die Gesellschaft, die von der Niederlassungsfreiheit

---

91 EuGH, Urteil v. 16.12.2008 – Rs C-210/06, Cartesio Oktató és Szolgáltató bt, Slg. 2008, I - 9641, Rn. 23.

92 EuGH, Urteil v. 16.12.2008 – Rs C-210/06, Cartesio Oktató és Szolgáltató bt, Slg. 2008, I - 9641, Rn. 24.

93 *Kindler*, IPRax 2009, 189 190 f.

94 EuGH, Urteil v. 16.12.2008 – Rs C-210/06, Cartesio Oktató és Szolgáltató bt, Slg. 2008, I - 9641, Rn. 110; vgl. *Schön*, ZGR 2013, 333 343.

95 EuGH, Urteil v. 16.12.2008 – Rs C-210/06, Cartesio Oktató és Szolgáltató bt, Slg. 2008, I - 9641, Rn. 110; siehe auch *Kindler*, NZG 2009, 130 132.

96 EuGH, Urteil v. 16.12.2008 – Rs C-210/06, Cartesio Oktató és Szolgáltató bt, Slg. 2008, I - 9641, Rn. 111 f.; vgl. statt vieler *Behme*, ZHR 182 (2018) 32 39.

97 EuGH, Urteil v. 16.12.2008 – Rs C-210/06, Cartesio Oktató és Szolgáltató bt, Slg. 2008, I - 9641, Rn. 107 ff.

Gebrauch machen will, dazu überhaupt berechtigt ist. Dies ist eine Vorfrage, die sich in Ermangelung eines unionsweit einheitlichen Begriffs für Gesellschaften, die zur Ausübung der Niederlassungsfreiheit berechtigt sind, nach den Vorgaben des Gründungsstaates richtet.[98]

b) Rechtsprechung spezifisch zu grenzüberschreitenden Umwandlungsvorgängen

i) SEVIC Systems AG

aa) Sachverhalt

In der Rechtssache SEVIC Systems AG ging es konkret um einen grenzüberschreitenden Verschmelzungsvorgang.[99] In dem der Entscheidung zugrunde liegenden Sachverhalt schlossen Security Vision Concept SA, eine Gesellschaft luxemburgischen Rechts, und SEVIC Systems AG, eine Gesellschaft deutschen Rechts, einen Verschmelzungsvertrag ab, der vorsah, dass die Security Vision Concept SA ohne Abwicklung aufgelöst werden und ihr Vermögen als Ganzes auf die SEVIC Systems AG übergehen sollte.[100] Das deutsche Handelsregister in Neuwied wies den Antrag auf Eintragung der Verschmelzung zurück und führte dabei aus, dass Verschmelzungen immer dann eingetragen werden dürfen, wenn die beteiligten Rechtsträger ihren Sitz gemäß § 1 Abs. 1 Nr. 1 UmwG im Inland haben.[101]

Der EuGH hat in seinem Urteil klargestellt, dass auch die grenzüberschreitenden Verschmelzungen von dem Anwendungsbereich der Niederlassungsfreiheit erfasst werden.[102] Er stellte fest, dass die Verweigerung der deutschen Behörde, die Eintragung der hineinverschmelzenden Gesellschaft vorzunehmen, gegen Art. 49 und Art. 54 AEUV und die damit gewährleistete Niederlassungsfreiheit

98 EuGH, Urteil v. 16.12.2008 – Rs C-210/06, Cartesio Oktató és Szolgáltató bt, Slg. 2008, I - 9641, Rn. 109.

99 EuGH, Urteil v. 13.12.2005 - Rs. C-411/03, SEVIC Systems AG, Slg. 2005, I-10805 = IPRax 2006, 596; vgl. dazu *Bayer/J. Schmidt*, ZIP 2006, 210; *Müller*, NZG 2006, 286; *Veil*, Der Konzern 2007, 98.

100 EuGH, Urteil v. 13.12.2005 - Rs. C-411/03, SEVIC Systems AG, Slg. 2005, I-10805, Rn. 6.

101 EuGH, Urteil v. 13.12.2005 - Rs. C-411/03, SEVIC Systems AG, Slg. 2005, I-10805, Rn. 7.

102 EuGH, Urteil v. 13.12.2005 – Rs. C-411/03, SEVIC Systems AG, Slg. 2005, I-10805, Rn. 16.

verstoße.[103] Grenzüberschreitende Verschmelzungen stellen eine wirtschaftliche Tätigkeit dar, die im Rahmen der Niederlassungsfreiheit schützenswert ist.[104] Sie gehören zu den Umwandlungsmaßnahmen, die zur Kontinuität der wirtschaftlichen Aktivitäten einer Gesellschaft in einem anderen Mitgliedstaat beitragen, ohne dabei die Auflösung und Abwicklung dieser Gesellschaft und die Einzelübertragung ihrer Vermögensgegenstände vorauszusetzen.[105] Sieht ein Mitgliedstaat vor, dass solche Umwandlungsmaßnahmen nur den inländischen Gesellschaften vorbehalten sind, während Gesellschaften aus anderen Mitgliedstaaten aus solchen Vorgängen ausgeschlossen sind, so stellen entsprechende Bestimmungen einen Verstoß gegen Art. 49 i. V. m. Art. 54 AEUV und die daraus resultierende Niederlassungsfreiheit dar.[106]

Nach Auffassung des Gerichtshofs sind Beschränkungen solcher Vorgänge an den allgemein festgesetzten Regeln zur zulässigen und gerechtfertigten Beschränkung der Niederlassungsfreiheit zu messen.[107] Eine grenzüberschreitende Verschmelzung kann mithin dann beschränkt werden, wenn zwingende Gründe des Allgemeininteresses, wie beispielsweise der Schutz der Interessen von Gläubigern, Minderheitsgesellschaftern und Arbeitnehmern sowie die Wahrung der Wirksamkeit der Steueraufsicht und der Lauterkeit des Handelsverkehrs dies gebieten.[108] Die zu ergreifenden Maßnahmen müssen zur Erreichung der verfolgten Ziele geeignet sein und dürfen nicht über das hinausgehen, was hierzu, nämlich zur Wahrung des Allgemeininteresses, erforderlich ist.[109] Daraus folgt, dass die pauschale Ablehnung der Durchführung einer grenzüberschreitenden Verschmelzung, nämlich einer Umwandlungsmaßnahme, die ohne Abwicklung einer Gesellschaft die Übertragung ihres Gesamtvermögens an eine

---

103 EuGH, Urteil v. 13.12.2005 – Rs. C-411/03, SEVIC Systems AG, Slg. 2005, I-10805, Rn. 22.

104 EuGH, Urteil v. 13.12.2005 – Rs. C-411/03, SEVIC Systems AG, Slg. 2005, I-10805, Rn. 19.

105 EuGH, Urteil v. 13.12.2005 – Rs. C-411/03, SEVIC Systems AG, Slg. 2005, I-10805, Rn. 21.

106 EuGH, Urteil v. 13.12.2005 – Rs. C-411/03, SEVIC Systems AG, Slg. 2005, I-10805, Rn. 22.

107 EuGH, Urteil v. 13.12.2005 – Rs. C-411/03, SEVIC Systems AG, Slg. 2005, I-10805, Rn. 29.

108 EuGH, Urteil v. 13.12.2005 – Rs. C-411/03, SEVIC Systems AG, Slg. 2005, I-10805, Rn. 28 m. w. N.

109 EuGH, Urteil v. 13.12.2005 – Rs. C-411/03, SEVIC Systems AG, Slg. 2005, I-10805, Rn. 29.

andere Gesellschaft vorsieht und dabei die wirtschaftliche Tätigkeit außerhalb des Sitzstaates erleichtert, dem vorbeschriebenen Verhältnismäßigkeitsgrundsatz nicht gerecht wird.[110] Beschränkungsmaßnahmen stellen einen Verstoß gegen die Niederlassungsfreiheit dar, soweit die Durchführung der grenzüberschreitenden Verschmelzung keinen kausalen Zusammenhang mit der Bedrohung des Allgemeininteresses aufweist.[111]

bb) Rechtsfolgen

(a) Hineinverschmelzungen

Mit seiner Entscheidung hat der EuGH unmittelbar festgehalten, dass grenzüberschreitende Verschmelzungen, zumindest Hereinverschmelzungen, von der primärrechtlichen Niederlassungsfreiheit geschützt werden, unabhängig davon, ob nationale Vorgaben im Zuge einer Harmonisierung zur Verfügung stehen.[112] Dies bedeutet für den Mitgliedstaat (Aufnahmestaat), der Adressat des Anspruchs auf Niederlassungsfreiheit bei Hineinverschmelzung ist, dass er den mitgliedstaatlichen Gesellschaften den Zuzug im Wege einer grenzüberschreitenden Verschmelzung mangels harmonisierten Rechts nicht beschränken darf, sofern der Aufnahmestaat solche Vorgänge für inländische Gesellschaften kennt.[113] Die für inländische Gesellschaften geltenden Vorschriften für die Durchführung des Verschmelzungsvorgangs sind entsprechend auf Gesellschaften aus mitgliedstaatlichen Rechtsordnungen anzuwenden, sofern bestimmte Voraussetzungen erfüllt sind.[114]

(b) Hinausverschmelzungen

Mittelbar hat der EuGH mit seinem Urteil aber auch die Hinausverschmelzungen dem Prinzip der Niederlassungsfreiheit unterstellt.[115] Die Rechtsgrundlage

---

110 EuGH, Urteil v. 13.12.2005 – Rs. C-411/03, SEVIC Systems AG, Slg. 2005, I-10805, Rn. 30.

111 EuGH, Urteil v. 13.12.2005 – Rs. C-411/03, SEVIC Systems AG, Slg. 2005, I-10805, Rn. 30.

112 Vgl. *Drinhausen* in Semler/Stengel/Leonard, UmwG, Einl. C, Rn. 30; so auch *Behme*, ZHR 182 (2018) 32 47; vgl. hierzu noch *Gottschalk*, EuZW 2006, 83 84; *Teichmann*, ZIP 2006, 356 357 f.

113 Vgl. *Behme*, ZHR 182 (2018) 32 47.

114 EuGH, Urteil v. 13.12.2005 – Rs. C-411/03, SEVIC Systems AG, Slg. 2005, I-10805, Rn. 31.

115 Vgl. *Behme*, ZHR 182 (2018) 32 47.

bei einer rechtsformwechselnden Sitzverlegung, die zunächst als *obiter dictum* in der Rechtssache Cartesio angedeutet und neulich in der Rechtssache Polbud[116] bestätigt wurde, ist mit der Rechtsgrundlage bei Hinausverschmelzungen vergleichbar, sodass die in den vorgenannten Entscheidungen ausgeführten Argumente auch im Falle einer Hinausverschmelzung übertragbar sind.[117]

In der Cartesio-Entscheidung hat der EuGH in *obiter dictum* ausgeführt, dass, solange eine in einem Mitgliedstaat (Gründungsstaat) wirksam gegründete Gesellschaft beabsichtigt, ihren Satzungssitz in einen anderen Staat (Aufnahmestaat) zu verlegen und sich damit dem Recht dieses anderen Staates zu unterstellen, der Gründungsstaat diese Satzungssitzverlegung zu gestatten hat, vorausgesetzt, dass der Aufnahmestaat einen solchen Zuzug anerkennt und die zuziehende Gesellschaft die in dem Aufnahmestaat geltenden Anforderungen erfüllt.[118] Der Gründungsstaat ist nach der wirksamen Satzungssitzverlegung verpflichtet, die Gesellschaft als „solche" anzuerkennen, nämlich wie diese nach den Vorgaben des Aufnahmestaates besteht.[119]

cc) Offene Punkte und Stellungnahme

(a) Persönlicher Anwendungsbereich

Mit diesem Urteil wurde zwar Klarheit geschaffen, was die Einbeziehung der grenzüberschreitenden Verschmelzungen in den Anwendungsbereich der Art. 49 i. V. m. 54 AEUV anbelangt. Dabei wurden jedoch einige Punkte offengelassen. Der EuGH ist in seinen Ausführungen zum einen nicht darauf eingegangen, welche Gesellschaften vom persönlichen Anwendungsbereich der Niederlassungsfreiheit erfasst werden.[120] Es könnte der Gedanke naheliegen, dass diese Entscheidung die Personengesellschaften aus dem Anwendungsbereich der Niederlassungsfreiheit in Bezug auf die grenzüberschreitenden Verschmelzungen ausklammern wollte, denn Gegenstand der Vorlage zur Vorabentscheidung war ein Verschmelzungsvorgang zwischen Kapitalgesellschaften.[121]

---

116 EuGH, Urteil v. 25.10.2017 – C-106/16, Polbud – Wykonawstwo sp. z o.o = IPRax 2018, 266.

117 So auch vgl. *Behme*, ZHR 182 (2018) 32 48.

118 EuGH, Urteil v. 16.12.2008 – Rs C-210/06, Cartesio Oktató és Szolgáltató bt, Slg. 2008, I - 9641, Rn. 111 f.

119 *Behme*, ZHR 182 (2018) 32 48.

120 Vgl. *Drinhausen* in Semler/Stengel/Leonard, UmwG, Einl. C, Rn. 27.

121 Vgl. *Doralt*, IPRax 2006, 572 576; *Hansen*, EBLR 2007, 181 188; *Bayer/J. Schmidt*, ZIP 2006, 210 212.

Der EuGH hat jedoch stets den rechtsformneutralen Begriff der Gesellschaft verwendet. Die Gesellschaft, die die unionsrechtlich verankerte Niederlassungsfreiheit in Anspruch nehmen darf, ist in Art. 54 AEUV definiert. Dieser Begriff ist unabhängig von jener Begrifflichkeit zu verwenden, die in der jeweiligen mitgliedstaatlichen Rechtsordnung gilt. Maßgeblich sind hierfür lediglich die bereits beschriebenen Voraussetzungen, nämlich die Gründung nach den Vorschriften eines Mitgliedstaates, die Unionszugehörigkeit sowie die Verfolgung eines Erwerbszwecks.[122] Dementsprechend darf jede Gesellschaft, die die vorgenannten Kriterien erfüllt, von ihrem Recht auf Niederlassungsfreiheit im Binnenmarkt Gebrauch machen. Darüber hinaus hat der EuGH in seiner früheren Rechtsprechung judiziert, dass eine Gesellschaft von der Niederlassungsfreiheit Gebrauch machen kann, sofern und soweit ihr Gründungsstaat dies gestattet.[123] In der Rechtssache SEVIC wies der Gerichtshof zudem darauf hin, dass die die grenzüberschreitende Verschmelzung betreffenden Handlungen auch für ausländische Gesellschaften gelten, soweit dies auch für inländische Gesellschaften der Fall ist.[124]

Aus den vorstehenden Ausführungen ergibt sich also, dass der persönliche Anwendungsbereich der grenzüberschreitenden Verschmelzungen im Binnenmarkt von den Rechtsvorschriften des jeweiligen Mitgliedstaates abhängt. Ob dies auch Personengesellschaften betrifft, richtet sich nach dem Gesellschaftsstatut der jeweiligen Gesellschaft.[125] Darüber hinaus sind die Vorgaben der jeweiligen mitgliedstaatlichen Rechtsordnung zu beachten, die bestimmt, welche Gesellschaften vom persönlichen Anwendungsbereich der inländischen Verschmelzungsvorgänge erfasst werden. Ausländische Rechtsformen unterliegen also nach dem Gleichbehandlungsgrundsatz den gleichen Bedingungen wie die äquivalenten inländischen Rechtsformen. Daher sind die Personengesellschaften von der Niederlassungsfreiheit immer dann erfasst, wenn der Gründungsstaat ihnen die Verschmelzungsfähigkeit zuspricht und der Aufnahmestaat

---

122 Siehe ausführlicher dazu unter B. I. 1. b) ii); siehe dazu statt vieler *Jung* in Schwarze/Becker/Hatje/Schoo, EU-Kommentar, Art. 54, Rn. 2; vgl. *Bayer* in Lutter, UmwG, § 122a, Rn. 11.

123 EuGH, Urteil v. 27.9.1988, Rs. 81/87, Daily Mail and General Trust, Rn. 24; EuGH, Urteil v. 5.11.2002 – Rs. C-208/00, Überseering, Slg. 1999, I – 1459, Rn. 80 f.

124 EuGH, Urteil v. 13.12.2005 – Rs. C-411/03, SEVIC Systems AG, Slg. 2005, I-10805, Rn. 31.

125 *J. Schmidt*, ZVglRWiss 116 (2017) 313 326; *Doralt*, IPRax 2006, 572 576; *Hansen*, EBLR 2007, 181 188; *Papadopoulos*, EBLR 2012, 517 530; *Bungert* in GS Gruson, S. 51.

entsprechende Bestimmungen für inländische Verschmelzungsvorgänge ebenfalls vorsieht.

(b) Zu erfüllende Voraussetzungen und Durchführung der Verschmelzung

In der Entscheidung zur Rechtssache SEVIC hat der EuGH keine konkrete Aussage dazu getroffen, wie die grenzüberschreitenden Verschmelzungen durchzuführen sind. Für die Durchführung der grenzüberschreitenden Verschmelzung im Rahmen der Ausübung der Niederlassungsfreiheit wies der EuGH lediglich auf die Erfüllung bestimmter Voraussetzungen hin, die im jeweiligen Mitgliedstaat bei inländischen Verschmelzungsvorgängen gelten.[126] Demzufolge bestimmt die jeweilige mitgliedstaatliche Rechtsordnung, welche Rechtsform die an der Verschmelzung beteiligten Gesellschaften haben dürfen und wie der Verschmelzungsvorgang durchzuführen ist. Dies gilt insbesondere für Verschmelzungen unter Beteiligung von Personengesellschaften, da die Durchführung von grenzüberschreitenden Verschmelzungen zwischen Kapitalgesellschaften im Wege der Umsetzung der einschlägigen Richtlinie[127] im Binnenmarkt geregelt wurde.[128]

In diesem Zusammenhang sei nochmals auf die ergangene Rechtsprechung des EuGH im Hinblick auf die Zulassung der grenzüberschreitenden Mobilität von Gesellschaften verwiesen.[129] Die Unternehmensmobilität über die Grenze hinweg ist zwar unionsrechtlich im Rahmen der Niederlassungsfreiheit geschützt, der Anspruch auf Niederlassungsfreiheit besteht aber nur in dem Umfang, der von dem jeweiligen Gründungsstaat gewährt wird.[130] Solange der Gründungsstaat einer Gesellschaft Verschmelzungsfähigkeit einräumt, so ist diese Eigenschaft von den anderen Mitgliedstaaten „als solche" anzuerkennen und sie als

126 EuGH, Urteil v. 13.12.2005 – Rs. C-411/03, SEVIC Systems AG, Slg. 2005, I-10805, Rn. 32.

127 Richtlinie 2005/56/EG des Europäischen Parlaments und Rates v. 26.10.2005 über die Verschmelzung von Kapitalgesellschaften aus verschiedenen Mitgliedstaaten (im Folgenden: IntVRiLi).

128 Art. 118 ff. der Richtlinie (EU) 2017/1132 des Europäischen Parlaments und des Rates vom 14. Juni 2017 über bestimmte Aspekte des Gesellschaftsrechts. Ausführlich dazu nachfolgend unten B. II. 1.

129 Insbesondere siehe EuGH, Urteil v. 27.9.1988, Rs. 81/87, Daily Mail and General Trust, Rn. 24; EuGH, Urteil v. 5.11.2002 – Rs. C-208/00, Überseering, Slg. 1999, I – 1459, Rn. 80.

130 EuGH, Urteil v. 27.9.1988, Rs. 81/87, Daily Mail and General Trust, Rn. 20.

verschmelzungsfähige Gesellschaft zu behandeln.[131] Ob die Verschmelzung in dem anerkennungspflichtigen Mitgliedstaat durchgeführt werden kann, hängt davon ab, ob auch seine inländischen Gesellschaften der entsprechenden Rechtsform die Verschmelzungsfähigkeit besitzen.[132] Ist beispielsweise nach dem Recht eines Mitgliedstaates eine Personengesellschaft verschmelzungsfähig, so muss die andere mitgliedstaatliche Rechtsordnung die Verschmelzung mit einer nach ihrem Recht gegründeten Gesellschaft zulassen, solange die letztere Rechtsordnung Verschmelzungen unter Beteiligung von Personengesellschaften im Inland kennt. Die ausländischen Gesellschaften müssen mit den inländischen Gesellschaften gleichbehandelt und den gleichen Anforderungen unterstellt werden.[133]

Demzufolge ist das Recht der Rechtsordnungen anzuwenden, dem die an der Verschmelzung beteiligten Gesellschaften unterliegen, unter Beachtung des Diskriminierungsverbots.[134] Diese Anknüpfung an das Gesellschaftsstatut aller beteiligten Gesellschaften bedeutet die Heranziehung der sogenannten modifizierten Vereinigungstheorie, die schon vor der EuGH-Rechtsprechung und Einbeziehung der Verschmelzungen in den Anwendungsbereich der Niederlassungsfreiheit bei grenzüberschreitenden Verschmelzungen Anwendung fand.[135] Dabei wird zwischen Voraussetzungen, Verfahren und Wirkung der Verschmelzung unterschieden und für jeden dieser Abschnitte kommt das Recht derjenigen Rechtsordnung zur Anwendung, die für die Durchführung des jeweiligen Vorgangs zuständig ist.[136] Somit entscheidet das Gesellschaftsstatut jeder beteiligten Gesellschaft im Einzelnen, ob die Voraussetzungen für die Beteiligung an der grenzüberschreitenden Verschmelzung gegeben sind und dementsprechend, ob die Gesellschaft verschmelzungsfähig ist.[137] Zudem ist zwischen Verfahrensschritten zu unterscheiden, die von der jeweiligen Gesellschaft im Einzelnen zu unternehmen sind und solchen, die der gemeinsamen Handlung aller beteiligten

131 EuGH, Urteil v. 5.11.2002 – Rs. C-208/00, Überseering, Slg. 1999, I – 1459, Rn. 82.

132 *Behme*, Rechtsformwahrende Sitzverlegung und Formwechsel von Gesellschaften über die Grenze, 2015, S. 175 ff.

133 Statt vieler vgl. *Behme*, ZHR 182 (2018) 32 52.

134 *Kropholler*, IPR, § 20 IV, S.144.

135 Grundlegend *Beitzke* in FS Hallstein, S. 21 f.; siehe noch *Heckschen* in Widmann/Mayer, UmwG/UmwStG (Stand: Juli 2019), § 122a UmwG, Rn. 22; *Drinhausen* in Semler/Stengel/Leonard, UmwG, Einl. C, Rn. 16; Staudinger/*Großfeld*, IntGesR (1998), Rn. 686 ff.

136 Vgl. *Göthel* in M&A-Transaktionen, § 29, Rn. 10; so auch *Behme*, ZHR 182 (2018) 32 52.

137 Vgl. *Kindler* in MüKo-BGB, Bd. 13, IntGesR, Rn. 805.

Gesellschaften bedürfen.[138] Im ersten Fall wird gemäß dem Gesellschaftsstatut jeder Gesellschaft im Einzelnen entschieden und im zweiten Fall wird das Recht aller beteiligten Rechtsordnungen kumulativ angewendet.[139]

Infolgedessen wird eine Mindestübereinstimmung der beteiligten Rechtsordnungen vorausgesetzt, sodass die Mitgliedstaaten nicht dazu gezwungen werden, Vorgänge zu tolerieren, mit denen ihre Rechtsordnung nicht vertraut ist.[140] Diese Mindestübereinstimmung bezieht sich auf die materiell-rechtlichen Vorschriften der jeweiligen Rechtsordnung im Hinblick auf den Verschmelzungsvorgang.[141] Diese Rechtsvorschriften müssen ähnlich, jedoch nicht identisch sein. Kommt es bei der kumulativen Anwendung des Rechts der beteiligten mitgliedstaatlichen Rechtsordnungen trotzdem zu Abweichungen, so setzt sich die strengste Rechtsordnung durch.[142] Schließlich lassen sich das Wirksamwerden der Verschmelzung sowie die daraus resultierenden Rechtsfolgen nach dem Gesellschaftsstatut jener Gesellschaft bestimmen, die aus der Verschmelzung hervorgeht.[143]

ii) VALE Építési kft

aa) Sachverhalt

In der Rechtssache VALE Építési kft befasste sich der EuGH mit der rechtsformwechselnden Sitzverlegung.[144] Die VALE Costruzioni Srl, eine italienische Gesellschaft mit beschränkter Haftung beantragte ihre Löschung aus dem italienischen Handelsregister, da sie beabsichtigte, ihren satzungsmäßigen Sitz und ihre Tätigkeit nach Ungarn zu verlegen. Daraufhin hatte das italienische Handelsregister ihre Löschung erfolgreich mit dem Vermerk vorgenommen, sie habe ihren Sitz nach Ungarn verlegt. Die VALE Costruzioni Srl schloss gemeinsam mit einer natürlichen Person einen Gesellschaftsvertrag nunmehr als VALE Építési kft, eine Gesellschaft beschränkter Haftung ungarischen Rechts, ab und versuchte, die Eintragung ins ungarische Handelsregister zu erwirken.

138 *Drinhausen* in Semler/Stengel/Leonard, UmwG, Einl. C, Rn. 16.

139 *Simon/Rubner* in KölnKomm zum UmwG, Vor § 122a, Rn. 24.

140 *Hoffmann* in Heidel/Hüßtege/Mansel/Noack, BGB AT, Anh. zu Art. 12 EGBGB, Rn. 195.

141 Vgl. *Göthel* in M&A-Transaktionen, § 29, Rn. 7 m. w. N.

142 Vgl. statt aller *Marsch-Barner/Wilk* in Kallmeyer, UmwG, Vor §§ 122a-122m, Rn. 12.

143 *Simon/Rubner* in KölnKomm zum UmwG, Vor § 122a, Rn. 26 f.

144 EuGH, Urteil v. 12.7.2012 – Rs. C-378/10, VALE Építési kft = IPRax 2013; vgl. *Weller/Rentsch*, IPRax 2013, 530; siehe auch *Schön*, ZGR 2013, 333; *König/Bormann*, NZG 2012, 1241; *Behme*, NZG 2012, 936; *Behrens*, EuZW 2012, 621.

Der Antrag wurde jedoch sowohl vom erstinstanzlichen als auch vom zweitinstanzlichen Handelsregistergericht abgelehnt, die ausführten, dass das Gesetz für den Rechtsformwechsel abschließende Angaben enthalte, die ausschließlich auf Gesellschaften ungarischen Rechts Anwendung finden und mithin könne eine Gesellschaft ursprünglich ausländischen Rechts nicht als Rechtsvorgängerin einer ungarischen Gesellschaft angemeldet werden. Dagegen hat sich VALE Építési kft vor dem Kassationsgericht gewehrt und verwies dabei auf die Unterscheidung zwischen Sitzverlegung einer Gesellschaft ohne Änderung des anwendbaren nationalen Rechts einerseits und der grenzüberschreitenden Umwandlung einer Gesellschaft andererseits.[145]

Der EuGH führte in seinem Urteil aus, dass grenzüberschreitende Umwandlungen grundsätzlich von der Niederlassungsfreiheit erfasst werden.[146] Demgemäß gehören Umwandlungen von Gesellschaften grundsätzlich zu den wirtschaftlichen Tätigkeiten, hinsichtlich derer die Mitgliedstaaten die Niederlassungsfreiheit beachten müssen.[147] In diesem Zusammenhang wiederholte der Gerichtshof sein Vorbringen aus der Rechtssache SEVIC, dass das Fehlen abgeleiteten Unionsrechts hierzu die Beschränkung der Niederlassungsfreiheit nicht rechtfertigen kann.[148] Daher ist auf die nationalen Vorschriften der jeweiligen Rechtsordnung abzustellen, die aufgrund der Besonderheit der grenzüberschreitenden Umwandlungsvorgänge sukzessiv im Lichte der Unionsvereinbarkeit anzuwenden sind.[149]

bb) Rechtsfolgen

(a) Diskriminierungsverbot

Aufgrund des Fehlens harmonisierter Vorschriften zu grenzüberschreitenden Umwandlungen wird also auf die nationalen Vorschriften der Mitgliedstaaten hierzu zurückgegriffen.[150] Der EuGH stellte mit seinem Urteil zu VALE Építési

---

145 EuGH, Urteil v. 12.7.2012 – Rs. C-378/10, VALE Építési kft, Rn. 14.

146 EuGH, Urteil v. 13.12.2005 – Rs. C-411/03, SEVIC Systems AG, Slg. 2005, I-10805, Rn. 19; vgl. statt aller *Bayer* in Lutter, UmwG, § 122a, Rn. 11 ff.

147 EuGH, Urteil v. 13.12.2005 – Rs. C-411/03, SEVIC Systems AG, Slg. 2005, I-10805, Rn. 19; EuGH, Urteil v. 12.7.2012 – Rs. C-378/10, VALE Építési kft, Rn. 24.

148 EuGH, Urteil v. 12.7.2012 – Rs. C-378/10, VALE Építési kft, Rn. 38 mit Verweis auf EuGH, Urteil v. 13.12.2005 – Rs. C-411/03, SEVIC Systems AG, Slg. 2005, I-10805, Rn. 22 f.

149 EuGH, Urteil v. 12.7.2012 – Rs. C-378/10, VALE Építési kft, Rn. 44; EuGH, Urteil v. 13.12.2005 – Rs. C-411/03, SEVIC Systems AG, Slg. 2005, I-10805, Rn. 27 sowie 47, 49.

150 EuGH, Urteil v. 12.7.2012 – Rs. C-378/10, VALE Építési kft, Rn. 38.

kft fest, dass ein Mitgliedstaat einen Umwandlungsvorgang allein aufgrund seines grenzüberschreitenden Charakters nicht untersagen darf, solange solche Vorgänge in seiner nationalen Rechtsordnung auch für innerstaatliche Sachverhalte vorgesehen werden.[151] Damit betonte der Gerichtshof noch einmal das mit der Niederlassungsfreiheit einhergehende Diskriminierungsverbot.[152] Zwar sind die mitgliedstaatlichen Rechtsordnungen nicht verpflichtet, ihnen unbekannte Vorgänge zu tolerieren, dennoch darf ein grenzüberschreitender Vorgang nicht allein deswegen beschränkt werden, weil die daran beteiligte Gesellschaft nach dem Recht eines anderen Mitgliedstaates gegründet worden ist.[153]

(b) Äquivalenz- und Effektivitätsgrundsatz

Der EuGH stellte in seiner Entscheidung ferner klar, dass zwar die grenzüberschreitenden Umwandlungsvorgänge nach den nationalen Vorschriften durchzuführen sind; dennoch dürfen diese Vorschriften nicht ungünstiger sein als diejenigen, die gleichartige innerstaatliche Sachverhalte regeln (Äquivalenzgrundsatz), und die Ausübung der durch die Unionsrechtsordnung verliehenen Rechte nicht praktisch unmöglich machen oder übermäßig erschweren (Effektivitätsgrundsatz).[154]

Soweit eine Gesellschaft vorhat, sich dem Recht eines anderen Mitgliedstaates zu unterstellen, muss sie die nationalen Vorschriften dieses Staates beachten.[155] Der Äquivalenzgrundsatz verpflichtet zwar nicht die Mitgliedstaaten, solche Gesellschaften günstiger im Vergleich zu den inländischen Gesellschaften zu behandeln, dennoch sind die Mitgliedstaaten verpflichtet, ungünstigere Maßnahmen gegenüber diesen Gesellschaften zu unterlassen.[156] Die Mitgliedstaaten sind des Weiteren angehalten, solche Handlungen zu unterlassen, die die Niederlassungsfreiheit für die zuziehende Gesellschaft übermäßig erschweren oder praktisch unmöglich machen.[157] Insbesondere im Hinblick auf die

---

151 EuGH, Urteil v. 12.7.2012 – Rs. C-378/10, VALE Építési kft, Rn. 41; vgl. statt vieler *Behme*, ZHR 182 (2018) 32 51.

152 Vgl. *Weller/Rentsch*, IPRax 2013, 530 534 f.; *Behrens*, EuZW 2012, 621 625; *Schön*, ZGR 2013, 333 347.

153 EuGH, Urteil v. 12.7.2012 – Rs. C-378/10, VALE Építési kft, Rn. 38, 45.

154 EuGH, Urteil v. 12.7.2012 – Rs. C-378/10, VALE Építési kft, Rn. 48.

155 EuGH, Urteil v. 12.7.2012 – Rs. C-378/10, VALE Építési kft, Rn. 52; siehe zuletzt OLG Frankfurt am Main, Beschl. v. 03.01.2017 – 20 W 88/15; dazu vgl. *Winter/Marx/De Decker*, DStR 2017, 1664 1667 zur günstigeren Behandlung einer ausländischen zuziehenden Gesellschaft.

156 EuGH, Urteil v. 12.7.2012 – Rs. C-378/10, VALE Építési kft, Rn. 54.

157 EuGH, Urteil v. 12.7.2012 – Rs. C-378/10, VALE Építési kft, Rn. 58.

Zusammenarbeit der an dem Umwandlungsvorgang beteiligten Rechtsordnungen sind die Mitgliedstaaten verpflichtet, Schritte vorzunehmen und Dokumente aus der anderen Rechtsordnung zu akzeptieren, die für die Durchführung und den Abschluss des grenzüberschreitenden Umwandlungsvorgangs dienlich und die auch für innerstaatliche Sachverhalte erforderlich sind.[158] Diese Pflicht trifft nicht nur den Aufnahmestaat, sondern auch den Herkunftsstaat.[159]

(c) Erfordernis eines genuine link

Die Beschränkung der Niederlassungsfreiheit im vorliegenden Sachverhalt wurde lediglich am Rande der Entscheidung aufgegriffen.[160] Dabei stellte der EuGH auf die Ausübung tatsächlicher wirtschaftlicher Tätigkeit ab, die neben den Gründen des Allgemeininteresses die Beschränkung der Niederlassungsfreiheit rechtfertigen könnte.[161] Verweisend auf die Rechtssache Cadbury-Schweppes[162] hat der EuGH den Missbrauch der Niederlassungsfreiheit durch Briefkastengesellschaften betont. Für die Zulassung der grenzüberschreitenden Umwandlungen wurde die Bedingung der tatsächlichen Ansiedlung der betreffenden Gesellschaft und der Ausübung einer wirklichen wirtschaftlichen Tätigkeit in diesem Staat aufgestellt.[163] Damit wurde das Erfordernis eines *genuine link* begründet, den die Gesellschaft zu demjenigen Mitgliedstaat aufweisen muss, in dem sie von ihrem Recht auf Niederlassungsfreiheit Gebrauch machen will.[164]

---

158 EuGH, Urteil v. 12.7.2012 – Rs. C-378/10, VALE Építési kft, Rn. 59 f.; *Weller/Rentsch*, IPRax 2013, 530 534 f.; *Mansel/Thorn/Wagner*, IPRax 2013, 1 5; *Mansel* in LA Kohler, S. 308 f.

159 OLG Frankfurt am Main, Beschl. v. 03.01.2017 – 20 W 88/15, Rn. 27; vgl. *v. Hein/Brunk*, IPRax 2018, 46; *Winter/Marx/De Decker*, DStR 2017, 1664 1665.

160 Siehe dazu *König/Bormann*, NZG 2012, 1241 1242.

161 EuGH, Urteil v. 13.12.2005 – Rs. C-411/03, SEVIC Systems AG, Slg. 2005, I-10805, Rn. 28 f.; EuGH, Urteil v. 12.7.2012 – Rs. C-378/10, VALE Építési kft, Rn. 34, 39.

162 EuGH, Urteil v. 12.9.2006 – Rs. C-196/04, Cadbury Schweppes, Slg. 2006, I-7995 = NJW 1999, 2027.

163 EuGH, Urteil v. 12.7.2012 – Rs. C-378/10, VALE Építési kft, Rn. 34; vgl. *König/Bormann*, NZG 2012, 1241 1242 f.

164 Vgl. *Böttcher/Kraft*, NJW 2012, 1701 1703; *Roth*, ZIP 2012, 1744 1745; a. A. *Bayer/J. Schmidt*, ZIP 2012, 1481 1486.

iii) Polbud – Wykonawstwo sp. z o.o

aa) Sachverhalt

Die jüngste Entscheidung in Bezug auf grenzüberschreitende Umwandlungen erging in der Rechtssache Polbud – Wykonawstwo sp. z o.o.[165] In diesem Fall ging es um eine Gesellschaft polnischen Rechts in Liquidation (Klägerin), die beschloss, ihren Sitz unter Beibehaltung ihrer Rechtspersönlichkeit nach Luxemburg zu verlegen und sodann diesem Recht zu unterliegen.[166] Offen blieb, ob die Gesellschaft gleichzeitig auch ihren tatsächlichen Verwaltungssitz im Zuge der identitätswahrenden Herausumwandlung zu verlegen beabsichtigte.[167] Hierzu stellte sie einen Antrag auf Löschung aus dem polnischen Handelsregister, mit der Begründung, die Gesellschaft unterliege nunmehr dem luxemburgischen Recht.[168] Das zuständige Registergericht forderte die für das Liquidationsverfahren erforderlichen Unterlagen an; dies wurde von der Gesellschaft mit der Begründung verweigert, dass dies aufgrund des Fortbestehens als Gesellschaft nach luxemburgischen Recht nicht notwendig sei.[169] Daraufhin wies das Registergericht den Antrag zurück. Nachdem die erstinstanzliche und die zweitinstanzliche Klage der Polbud – Wykonawstwo sp. z o.o abgewiesen worden waren, wandte sich die Gesellschaft an das Kassationsgericht, das die Frage im Wege des Vorabentscheidungsersuchens dem EuGH vorgelegt hat.[170]

Der EuGH entschied, dass die Umwandlung einer nach dem Recht eines Mitgliedstaates gegründeten Gesellschaft in eine dem Recht eines anderen Mitgliedstaates unterliegende Gesellschaft vom Recht auf Niederlassungsfreiheit erfasst wird, und zwar unabhängig davon, ob mit der Umwandlung auch der Verwaltungssitz verlegt wird.[171] Hierfür muss die umzuwandelnde Gesellschaft die Voraussetzungen der Rechtsordnung des Zielstaates einhalten und insbesondere die von dieser Rechtsordnung gestellten Anforderungen bezüglich der

---

165 EuGH, Urteil v. 25.10.2017 – C-106/16, Polbud – Wykonawstwo sp. z o.o = IPRax 2018, 266 = NZG 2017, 1308, m. Anm. *Wachter*, NZG 2017, 1312; vgl. hierzu *Kindler*, NZG 2018, 1; *Korch/Thelen*, IPRax 2018, 248; *Kumpan/Pauschinger*, EuZW 2018, 353; *Mansel/Thorn/Wagner*, IPRax 2018, 122 125 ff.; *Kieninger*, ZEuP 2018, 309; *dies.*, NJW 2017, 3624; *Feldhaus*, BB 2017, 2819; *Hübner*, LMK 2017, 400167.

166 EuGH, Urteil v. 25.10.2017 – C-106/16, Polbud – Wykonawstwo sp. z o.o, Rn. 10.

167 EuGH, Urteil v. 25.10.2017 – C-106/16, Polbud – Wykonawstwo sp. z o.o, Rn. 8.

168 EuGH, Urteil v. 25.10.2017 – C-106/16, Polbud – Wykonawstwo sp. z o.o, Rn. 11.

169 EuGH, Urteil v. 25.10.2017 – C-106/16, Polbud – Wykonawstwo sp. z o.o, Rn. 12.

170 EuGH, Urteil v. 25.10.2017 – C-106/16, Polbud – Wykonawstwo sp. z o.o, Rn. 13 f.

171 EuGH, Urteil v. 25.10.2017 – C-106/16, Polbud – Wykonawstwo sp. z o.o, Rn. 33.

Verbundenheit zu dieser Rechtsordnung erfüllen, die sich aufgrund der fehlenden Harmonisierung des Unionsrechts nach dem nationalen autonomen Recht des jeweiligen Mitgliedstaates richten.[172] Laut den Ausführungen des Gerichtshofs umfasse die Niederlassungsfreiheit auch solche Fälle, in denen eine Gesellschaft in einem Mitgliedstaat gegründet werde, um sich später dem Recht eines anderen Mitgliedstaates zu unterstellen.[173] Allein die Absicht, sich einer bestimmten Rechtsordnung zu unterstellen, um den dort günstigeren Vorschriften zu unterliegen, stelle keinen Missbrauch der Niederlassungsfreiheit dar.[174]

Anknüpfend an seine frühere Rechtsprechung hat der EuGH noch einmal ausgeführt, dass das Recht des Gründungsstaates den Anknüpfungspunkt für die wirksame Gründung festlegt.[175] Der Aufnahmestaat ist hingegen dafür verantwortlich, die Kriterien für den Fortbestand der Gesellschaft zu bestimmen, die nach der Umwandlung seinem Recht unterliegen will.[176] Werden seitens des Gründungsstaates weitere Anforderungen zur Durchführung der Herausumwandlung gestellt, wie beispielsweise die Liquidation der herausumwandelnden Gesellschaft, die im Falle einer innerstaatlichen Umwandlung nicht gelten, so verstoßen solche Bestimmungen gegen Art. 49 i. V. m. Art. 54 AEUV.[177] Solche Maßnahmen können abschreckende Wirkung für die Ausübung der Niederlassungsfreiheit entfalten und dementsprechend zu ihrer Beschränkung führen.[178] Diese Beschränkung ist aber nur dann zulässig, wenn sie durch zwingende Gründe des Allgemeininteresses gerechtfertigt ist, geeignet ist, die Erreichung des fraglichen Ziels zu gewährleisten, und nicht über das hinausgeht, was zur Erreichung dieses Ziels erforderlich ist.[179]

---

172 EuGH, Urteil v. 25.10.2017 – C-106/16, Polbud – Wykonawstwo sp. z o.o, Rn. 33 f.

173 EuGH, Urteil v. 25.10.2017 – C-106/16, Polbud – Wykonawstwo sp. z o.o, Rn. 38.

174 EuGH, Urteil v. 25.10.2017 – C-106/16, Polbud – Wykonawstwo sp. z o.o, Rn. 40.

175 EuGH, Urteil v. 25.10.2017 – C-106/16, Polbud – Wykonawstwo sp. z o.o, Rn. 43; EuGH, Urteil v. 27.9.1988, Rs. 81/87, Daily Mail and General Trust, Rn. 20; EuGH, Urteil v. 16.12.2008 – Rs C-210/06, Cartesio Oktató és Szolgáltató bt, Slg. 2008, I – 9641, Rn. 109; EuGH, Urteil v. 12.7.2012 – Rs. C-378/10, VALE Építési kft, Rn. 44.

176 EuGH, Urteil v. 25.10.2017 – C-106/16, Polbud – Wykonawstwo sp. z o.o, Rn. 43; EuGH, Urteil v. 27.9.1988, Rs. 81/87, Daily Mail and General Trust, Rn. 19 ff.; EuGH, Urteil v. 16.12.2008 – Rs C-210/06, Cartesio Oktató és Szolgáltató bt, Slg. 2008, I – 9641, Rn. 109 ff.; EuGH, Urteil v. 12.7.2012 – Rs. C-378/10, VALE Építési kft, Rn. 32.

177 EuGH, Urteil v. 25.10.2017 – C-106/16, Polbud – Wykonawstwo sp. z o.o, Rn. 43.

178 EuGH, Urteil v. 25.10.2017 – C-106/16, Polbud – Wykonawstwo sp. z o.o, Rn. 46 ff.

179 EuGH, Urteil v. 25.10.2017 – C-106/16, Polbud – Wykonawstwo sp. z o.o, Rn. 52, verweisend auf EuGH, Urteil v. 29.11.2011 - C-371/10, National Grid Indus, Rn. 42 m. w. N.

bb) Rechtsfolgen

(a) Rechtswahlfreiheit

Mit seiner Entscheidung hat der EuGH die isolierte Satzungssitzverlegung als Ausdruck der Niederlassungsfreiheit und damit die freie Wahl des auf die Gesellschaft anwendbaren Rechts zugebilligt.[180] Die nach dem Recht eines Mitgliedstaates gegründete Gesellschaft darf jederzeit ihren satzungsmäßigen Sitz frei im Binnenmarkt verlegen und sich damit dem Recht eines anderen Mitgliedstaates unterwerfen, ohne dabei ihren Verwaltungssitz gemeinsam mit dem Satzungssitz verlegen zu müssen.[181]

Bisher war die Rechtswahlmöglichkeit einer Gesellschaft lediglich auf das Gründungsstadium begrenzt.[182] Mit der Wahl des Mitgliedstaates, nach dessen Recht die Gesellschaft errichtet werden sollte, war die Rechtswahlmöglichkeit im Gesellschaftsrecht bereits ausgeschöpft.[183] Mit der in der Rechtssache *Polbud* ergangenen Entscheidung wurde jedoch die Rechtswahlmöglichkeit auch auf den über das Gründungsstadium hinausgehenden Zeitpunkt erstreckt.[184] Es besteht also neben der anfänglichen auch die nachträgliche Rechtswahlmöglichkeit für Gesellschaften, die im Binnenmarkt gegründet worden sind.[185]

Die Gesellschaft kann in einem Mitgliedstaat gegründet werden und sich zu einem beliebigen, späteren Zeitpunkt im Wege der isolierten Satzungssitzverlegung einem anderen Recht unterstellen.[186] Voraussetzung hierfür ist, dass die Rechtsordnung des Aufnahmestaates den rechtsformwahrenden Zuzug zulässt.[187] Mit dem Vollzug der Satzungssitzverlegung in den Aufnahmestaat wird der Aufnahmestaat der Mitgliedstaat, der nunmehr bestimmt, unter welchen Bedingungen die Gesellschaft nach seinem Recht fortbesteht.[188] Ist einmal das rechtliche Fortbestehen der formwahrend umgewandelten Gesellschaft nach

---

180 *Behme*, ZHR 182 (2018) 32 42; a. A. *Meeusen* in LA Kohler, S. 318 f.; *Kindler*, NZG 2018, 1 3; *Mörsdorf*, ZIP 2017, 2381 2385; *Stelmaszczyk*, EuZW 2017, 890 893 f.

181 EuGH, Urteil v. 25.10.2017 – C-106/16, Polbud – Wykonawstwo sp. z o.o, Rn. 40; *Mansel/Thorn/Wagner*, IPRax 2018, 122 126; *Kieninger*, NJW 2017, 3624 3626.

182 *Hoffman* in Heidel/Hüßtege/Mansel/Noack, BGB AT, Anh. zu Art. 12 EGBGB, Rn. 45.

183 Vgl. *Einsele*, RabelsZ 60 (1996) 417 424.

184 *Kieninger*, NJW 2017, 3624 3626 f.; *Hübner*, LMK 2017, 400167.

185 Vgl. statt vieler *v. Hein* in LA Kohler, S. 560 f.; *Mansel/Thorn/Wagner*, IPRax 2018, 122 126;

186 *Mansel/Thorn/Wagner*, IPRax 2018, 122 126.

187 *Behme*, ZHR 182 (2018) 32 41.

188 EuGH, Urteil v. 27.9.1988, Rs. 81/87, Daily Mail and General Trust, Rn. 19; *Behme*, ZHR 182 (2018) 32 41.

dem Recht des Aufnahmestaates gegeben, so ist diese Gesellschaft auf Unionsebene als „solche" anzuerkennen.[189]

Dies hat zur Folge, dass bereits gegründete Gesellschaften ihren statutarischen Sitz in eine mitgliedstaatliche Rechtsordnung mit möglicherweise „vorteilhafteren" rechtlichen Vorgaben verlegen dürfen, während ihr effektiver Verwaltungssitz weiterhin im Gründungsstaat bleiben kann.[190] Laut EuGH stelle allein der Umstand, dass die später gewählte Rechtsordnung günstigere Vorschriften bietet, keinen Missbrauchsgrund dar, der die Niederlassungsfreiheit zulässigerweise beschränken könne.[191] Dies führt wiederum dazu, dass durch die Verlegung des Satzungssitzes der Gesellschaft und die damit einhergehende Änderung des anwendbaren Rechts Rechte Dritter beeinträchtigt werden können.[192] Dritte, deren Interessen durch die Rechtswahl beeinflusst werden, sind in diesem Zusammenhang die Gläubiger der Gesellschaft, ihre Arbeitnehmer und Minderheitsgesellschafter sowie ihre Vertragspartner an jenem Ort, an dem die umzuwandelnde Gesellschaft ihre tatsächliche wirtschaftliche Tätigkeit ausübt.[193] So kann beispielsweise eine deutsche Gesellschaft ihren Satzungssitz in einen Mitgliedstaat verlegen, in dem keine oder weniger strenge Mitbestimmungserfordernisse bestehen und somit das Mitbestimmungsrecht der Arbeitnehmer abschaffen oder beschneiden. Ferner können Rechte von Minderheitsgesellschaftern nach der Satzungssitzverlegung eingeschränkt werden, je nachdem, welche Schutzbestimmungen für sie in der neuen Rechtsordnung gelten bzw. gesellschaftsvertraglich vereinbart werden können.

Auf übergeordneter gesetzlicher Ebene werden Rechte Dritter vor Nachteilen aufgrund der nachträglichen Änderung des anwendbaren Rechts zwar im Europäischen Vertragsrecht geschützt.[194] Art. 3 Abs. 2 Satz 2 Rom I-VO bestimmt, dass „[d]ie Formgültigkeit des Vertrags im Sinne des Artikels 11 und Rechte Dritter durch eine nach Vertragsschluss erfolgende Änderung der Bestimmung

189 EuGH, Urteil v. 6.9.2012 - C-38/10, Kommission/Portugal, Rn. 27 ff.; EuGH, Urteil v. 29.11.2011 - C-371/10, National Grid Indus, Rn. 42; EuGH, Urteil v. 5.11.2002 – Rs. C-208/00, Überseering, Slg. 1999, I – 1459, Rn. 81 f.; *Behme*, ZHR 182 (2018) 32 41.

190 Vgl. *Kindler*, NZG 2018, 1 3.

191 EuGH, Urteil v. 25.10.2017 – C-106/16, Polbud – Wykonawstwo sp. z o.o, Rn. 40.

192 EuGH, Urteil v. 5.11.2002 – Rs C-208/00, Überseering, Slg. 1999, I – 1459, Rn. 92; EuGH, Urteil v. 13.12.2005 - Rs. C-411/03, SEVIC Systems AG, Slg. 2005, I-10805, Rn. 28; EuGH, Urteil v. 12.7.2012 – Rs. C-378/10, VALE, Rn. 39; *Hübner*, LMK 2017, 400167.

193 *Kindler*, NZG 2018, 1 5.

194 Siehe statt aller *Leible* in Hüßtege/Mansel, BGB, Art. 3, Rom I-VO, Rn. 68.

des anzuwendenden Rechts nicht berührt [werden]." Aus dem Anwendungsbereich der Rom-VO werden gesellschaftsrechtliche Fragen jedoch ausgeschlossen, sodass hierfür das nationale autonome Recht Anwendung findet.[195] Für die Gewährleistung des Schutzes der Interessen Dritter ist mithin das Recht der jeweiligen mitgliedstaatlichen Rechtsordnung anzuwenden. In der EuGH-Rechtsprechung werden die Interessen Dritter unter das schutzwürdige Allgemeinwohl subsumiert und die Beeinträchtigung der vorgenannten Interessen als Rechtfertigungsgrund der Beschränkung der Niederlassungsfreiheit festgelegt.[196] Dennoch wird es den Mitgliedstaaten überlassen, zu bestimmen, welche Maßnahmen gegen die Beeinträchtigung des Allgemeinwohls und dementsprechend gegen die Beeinträchtigung der Interessen Dritter zu ergreifen sind.[197]

Der Gerichtshof hat in der Rechtssache Polbud entschieden, dass einerseits der Gründungsstaat die wirksame Gründung der Gesellschaft bestimmt, und andererseits der Aufnahmestaat die Bedingungen festlegt, die die Satzungssitzverlegung in sein Hoheitsgebiet regeln.[198] Daraus kann gefolgert werden, dass die Beurteilung der Zulässigkeit der Niederlassungsfreiheit und der mit diesem Urteil begründeten Rechtswahlfreiheit in diesem Zusammenhang von den Vorgaben des Aufnahmestaates abhängig ist. Der Gründungsstaat kann aber die Ausübung der Niederlassungsfreiheit der nach seinem Recht gegründeten Gesellschaft nur dann zulässigerweise beschränken, wenn dies durch zwingende Gründe des Allgemeininteresses gerechtfertigt wird.[199] Dem EuGH zufolge müssen die Beschränkungsmaßnahmen außerdem geeignet sein, die Erreichung des fraglichen Ziels zu gewährleisten, und dürfen nicht über das hinausgehen, was zur Erreichung dieses Ziels erforderlich ist.[200] Die zu ergreifenden Maßnahmen des Gründungsstaates hinsichtlich der Beschränkung der isolierten Satzungssitzverlegung müssen also stets auf ihre Angemessenheit und ihre Tauglichkeit zur Erreichung des Ziels der Bewahrung der schutzwürdigen Rechte Dritter geprüft werden.

---

195 *Unberath/Cziupka* in Rauscher, EuZPR/EuIPR, Art. 1, Rom II-VO, Rn. 54; *Leible* in Hüßtege/Mansel, BGB, Art. 3, Rom I-VO, Rn. 62 f.

196 Vgl. *Kindler*, NZG 2018, 1 5.

197 Vgl. *J. Schmidt*, ZVglRWiss 116 (2017) 313 329 m. w. N.

198 EuGH, Urteil v. 25.10.2017 – C-106/16, Polbud – Wykonawstwo sp. z o.o, Rn. 43.

199 EuGH, Urteil v. 25.10.2017 – C-106/16, Polbud – Wykonawstwo sp. z o.o, Rn. 52; so *Lutter/Bayer/J. Schmidt*, EU-Unternehmens- und KapitalmarktR, Rn. 4.40 ff.

200 EuGH, Urteil v. 25.10.2017 – C-106/16, Polbud – Wykonawstwo sp. z o.o, Rn. 52; verweisend auf EuGH, Urteil v. 29.11.2011 - C-371/10, National Grind Indus, Rn. 42 m. w. N.; vgl. *Behme*, ZHR 182 (2018) 32 54.

(b) *Genuine link-Erfordernis*

Die Polbud-Entscheidung erging unter der Prämisse, dass die Umwandlung nicht unter gleichzeitiger Verlegung des Verwaltungs- und des Satzungssitzes stattfinden wird.[201] Die Satzungssitzverlegung geschieht isoliert, also ohne Verlegung des effektiven Verwaltungssitzes. Die Gesellschaft kann demzufolge ihren statutarischen Sitz in einen anderen Mitgliedstaat verlegen und ihre wirtschaftliche Tätigkeit im Gründungsstaat, bzw. in dem Staat, in dem ihr effektiver Verwaltungssitz liegt, weiterhin ausüben.[202]

Auf den ersten Blick scheint es, dass der EuGH damit die Ausübung der Niederlassungsfreiheit von dem Erfordernis eines *genuine link* abgekoppelt hat.[203] Die hineinumzuwandelnde Gesellschaft wird von der Pflicht befreit, einen realen Bezug zu dem Niederlassungsort zu haben, der sich mittels fester Einrichtungen im Aufnahmestaat bestätigen lässt.[204] Es wird teilweise bemängelt, dass der EuGH mit seiner Entscheidung in der Rechtssache Polbud von seiner früheren Rechtsprechung abkehre, in der er für die Begründung des Rechts auf Niederlassungsfreiheit die Ausübung einer tatsächlichen wirtschaftlichen Tätigkeit im Aufnahmemitgliedstaat fordert.[205]

In der Rechtssache Polbud hat der EuGH jedoch das *obiter dictum* aus der Rechtssache Cartesio bestätigt und die Zulässigkeit sowie die Voraussetzungen der Herausumwandlung dem Recht des Aufnahmestaates unterstellt.[206] Damals hat der EuGH ausgeführt, dass zwar der Gründungsstaat für die rechtliche Existenz einer Gesellschaft maßgeblich ist, dennoch darf dieser die Herausumwandlung dieser Gesellschaft nicht hindern, wenn die besagte Gesellschaft sich dem Recht eines anderen Mitgliedstaates unterstellen will.[207] Hierfür ist das Recht des Mitgliedstaates maßgeblich, in den die Gesellschaft ihren Satzungssitz verlegen will.[208] In der Polbud-Entscheidung ergänzte der EuGH seine frühere

---

201 EuGH, Urteil v. 25.10.2017 – C-106/16, Polbud – Wykonawstwo sp. z o.o, Rn. 26.

202 EuGH, Urteil v. 25.10.2017 – C-106/16, Polbud – Wykonawstwo sp. z o.o, Rn. 38.

203 So auch *Hübner*, LMK 2017, 400167; *Behme*, ZHR 182 (2018) 32 45.

204 *Kindler*, NZG 2018, 1 4.

205 EuGH, Urteil v. 12.7.2012 – Rs. C-378/10, VALE Építési kft, Rn. 34, 39; EuGH, Urteil v. 16.12.2008 – Rs C-210/06, Cartesio Oktató és Szolgáltató bt, Slg. 2008, I – 9641, Rn. 111; *Kieninger*, ZEuP 2018, 309 314; *Kindler*, NZG 2018, 1 3.

206 EuGH, Urteil v. 25.10.2017 – C-106/16, Polbud – Wykonawstwo sp. z o.o, Rn. 43.

207 EuGH, Urteil v. 16.12.2008 – Rs C-210/06, Cartesio Oktató és Szolgáltató bt, Slg. 2008, I – 9641, Rn. 111-113; *Kieninger*, NJW 2017, 3624 3625.

208 EuGH, Urteil v. 16.12.2008 – Rs C-210/06, Cartesio Oktató és Szolgáltató bt, Slg. 2008, I – 9641, Rn. 111-113.

Entscheidung zu Cartesio dadurch, dass mangels angeglichenen Rechts die Anknüpfungspunkte des Aufnahmestaates heranzuziehen sind, um die Durchführung der isolierten Satzungssitzverlegung in seinem Hoheitsgebiet beurteilen zu können.[209]

Infolgedessen kann aus den vorgenannten Ausführungen gefolgert werden, dass das Erfordernis eines *genuine link* als Ausdruck der Ausübung einer tatsächlichen wirtschaftlichen Tätigkeit sich nach den Anforderungen des Aufnahmemitgliedstaates richtet.[210] Der EuGH hat in dem Urteil zu Polbud die Umwandlung explizit den Anforderungen des Aufnahmestaates unterstellt.[211] Die herausumwandelnde Gesellschaft ist verpflichtet, die Kriterien des Staates zu erfüllen, dessen Recht sie zu unterliegen beabsichtigt. Das Recht dieses Staates bestimmt die Anknüpfung, nach der sich das wirksame Fortbestehen der Gesellschaft in seiner Rechtsordnung richtet. Dementsprechend richtet es sich nach den Vorgaben des Aufnahmestaates, ob hierfür überhaupt die Ausübung tatsächlicher wirtschaftlicher Tätigkeit erforderlich ist. Praktisch bedeutet dies, dass die isolierte Satzungssitzverlegung nur dann möglich ist, wenn dies der Aufnahmestaat durch seine Anknüpfung gestattet.[212] Einen Nachweis darüber, dass die tatsächliche wirtschaftliche Tätigkeit im Aufnahmestaat ausgeübt wird, darf der ursprüngliche Gründungsstaat nicht verlangen.[213]

c) Beschränkung der Niederlassungsfreiheit

Die Mitgliedstaaten, sowohl in ihrer Rolle als Aufnahmestaat als auch als Gründungsstaat, sind verpflichtet, die primärrechtlich verankerte Niederlassungsfreiheit der im Binnenmarkt wirksam gegründeten Gesellschaften zu beachten. Sie dürfen die Niederlassungsfreiheit nicht beschränken, indem sie höhere Anforderungen an ihre Ausübung stellen und dementsprechend ihre Durchführung praktisch erschweren.[214] In Ausnahmefällen sind jedoch die Mitgliedstaaten berechtigt, höhere Anforderungen an die Durchführung der Niederlassungsfreiheit zu stellen oder diese komplett zu untersagen.[215] Hierfür müssen Gründe

209 EuGH, Urteil v. 25.10.2017 – C-106/16, Polbud – Wykonawstwo sp. z o.o, Rn. 33.
210 So *Kindler*, NGZ 2018, 1; *Behme*, ZHR 182 (2018) 32 45.
211 EuGH, Urteil v. 25.10.2017 – C-106/16, Polbud – Wykonawstwo sp. z o.o, Rn. 33.
212 *Kieninger*, ZEuP 2018, 309 315.
213 *Behme*, ZHR 182 (2018) 32 46; anders *Hushahn*, RNotZ 2014, 137 147; *Heckschen*, ZIP 2015, 2049 2062; *Knaier/Pfleger*, GmbHR 2017, 859 866.
214 Vgl. EuGH, Urteil v. 12.7.2012 – Rs. C-378/10, VALE Építési kft, Rn. 34; Behme, ZHR 182 (2018) 32 51.
215 *Behme*, ZHR 182 (2018) 32 54.

vorliegen, die eine solche Beschränkung rechtfertigen, die zum einen auf zwingenden Erfordernissen des Allgemeininteresses basieren und zum anderen aus der Unterbindung missbräuchlicher Inanspruchnahme des Rechts auf Niederlassungsfreiheit resultieren.[216]

Zwingende Erfordernisse des Allgemeininteresses sind Rechte Dritter, die von dem Vorgang betroffen werden, wie beispielsweise die Interessen der Gläubiger, der Minderheitsaktionäre sowie der Arbeitnehmer der beteiligten Gesellschaften.[217] Mit der Gebhard'schen Formel hat der EuGH die Voraussetzungen festgelegt, unter denen die Einschränkung der Niederlassungsfreiheit zulässig ist.[218] Die Beschränkungsmaßnahmen müssen zur Erreichung des verfolgten Ziels geeignet sein, nicht auf diskriminierende Weise geschehen und die Zielerreichung muss mit den zu ergreifenden Maßnahmen dem Prinzip der Verhältnismäßigkeit entsprechen.[219] Ob die Niederlassungsfreiheit beschränkt werden kann, ist stets vom Einzelfall abhängig.[220] Allein der grenzüberschreitende Charakter des Vorgangs reicht jedoch noch nicht aus, um die Gefahr für die Interessen Dritter zu begründen und dementsprechend die Beschränkung der Niederlassungsfreiheit zu rechtfertigen.[221]

Missbräuchliche Berufung auf die Niederlassungsfreiheit kommt dann in Betracht, wenn es sich um sogenannte „Strohfirmen" handelt.[222] Diese sind künstliche Gebilde, die ausschließlich darauf ausgerichtet sind, der Anwendung

---

216 EuGH, Urteil v. 5.11.2002 – Rs C-208/00, Überseering, Slg. 1999, I – 1459, Rn. 92; EuGH, Urteil v. 30.9.2003 – Rs. C-167/01, Inspire Art, Slg. 2003, I – 1155, Rn. 37; EuGH, Urteil v. 13.12.2005 – Rs. C-411/03, SEVIC Systems AG, Slg. 2005, I-10805, Rn. 28 f. = EuZW 2006, 81; EuGH, Urteil v. 12.9.2006 – Rs. C-196/04, Cadbury Schweppes, Slg. 2006, I-7995, Rn. 35; EuGH, Urteil v. 12.7.2012 – Rs. C-378/10, VALE, Rn. 39; *Mansel/Thorn/Wagner*, IPRax 2013, 1 3.

217 EuGH, Urteil v. 5.11.2002 – Rs C-208/00, Überseering, Slg. 1999, I – 1459, Rn. 92; EuGH, Urteil v. 30.9.2003 – Rs. C-167/01, Inspire Art, Slg. 2003, I – 1155; *Mansel*, RabelsZ 70 (2006) 651 672; *Huber* in: Kronke/Melis/Kuhn, Handbuch Internationales Wirtschaftsrecht, 2. Kapitel, Rn. 250.

218 EuGH, Urteil v. 30.11.1995, Rs. C-55/94, Gebhard, Rn. 37; vgl. *Behme*, ZHR 182 (2018) 32 51.

219 EuGH, Urteil v. 9.3.1999 – Rs. C-212/97, Centros, Rn. 34; EuGH, Urteil v. 30.9.2003 – Rs. C-167/01, Inspire Art, Slg. 2003, I – 1155, Rn. 133; *Behme*, ZHR 182 (2018) 32 54.

220 *Behme*, ZHR 182 (2018) 32 54.

221 Vgl. *Kieninger*, EWS 2006, 49 52; *Passarge/Stark*, GmbHR 2007, 803 809.

222 EuGH, Urteil v. 30.9.2003 – Rs. C-167/01, Inspire Art, Slg. 2003, I – 1155, Rn. 37; EuGH, Urteil v. 12.9.2006 – Rs. C-196/04, Cadbury Schweppes, Slg. 2006, I-7995, Rn. 35; *Fleischer/Schmolke*, JZ 2008, 233 234.

bestimmter, für sie unvorteilhafter Rechtsvorschriften des Gründungsstaates zu entgehen.[223] Auch in diesem Fall ist anhand einer Einzelfallprüfung zu entscheiden, ob es sich im konkreten Fall um eine missbräuchliche Berufung auf die Niederlassungsfreiheit handelt.[224] Dennoch wurde in der EuGH-Rechtsprechung festgelegt, dass allein die Unterstellung einer Gesellschaft unter eine Rechtsordnung mit für sie „vorteilhafteren" rechtlichen oder steuerlichen Anforderungen per se keinen Missbrauch darstellt, der die Beschränkung oder die Verwehrung der Niederlassungsfreiheit rechtfertigen könnte.[225]

d) Zusammenfassung und praktische Bedeutung

In Anbetracht der vorbeschriebenen EuGH-Rechtsprechung können folgende Eckpunkte zusammenfassend festgehalten werden, die die Unternehmensmobilität im Allgemeinen und insbesondere die Verschmelzungsvorgänge im Binnenmarkt prägen. Der Gründungsstaat gewährt einer Gesellschaft ihren rechtlichen Status und legt die Anknüpfung fest, die für die Gründung und den Fortbestand der Gesellschaft in seiner Rechtsordnung maßgeblich ist. Es besteht eine gegenseitige Anerkennungspflicht zwischen den Mitgliedstaaten. Diese bezieht sich auf den vom Gründungsstaat gewährten rechtlichen Status der Gesellschaft durch den Mitgliedstaat, dem gegenüber die Gesellschaft ihr Recht auf Niederlassungsfreiheit ausüben wird. Die Anerkennung ist kein besonderer Akt, vielmehr bezieht sie sich auf die Anwendung des materiellen Rechts des Gründungsstaates hinsichtlich der wirksamen Gründung und Existenz der Gesellschaft. Mit der Anerkennung der Gesellschaft geht die Gleichstellungspflicht einher, die die Pflicht seitens der Zuzugs- oder Aufnahmestaaten begründet, die zuziehende Gesellschaft den inländischen Gesellschaften gleichzustellen.

Diese Anerkennungs- und Gleichstellungspflichten gelten nur unter bestimmten Bedingungen. Der Anspruch auf Anerkennung der Gesellschaft in

---

223 EuGH, Urteil v. 12.9.2006 – Rs. C-196/04, Cadbury Schweppes, Slg. 2006, I-7995, Rn. 51.

224 EuGH, Urteil v. 9.3.1999 – Rs. C-212/97, Centros, Rn. 25; EuGH, Urteil v. 12.9.2006 – Rs. C-196/04, Cadbury Schweppes, Slg. 2006, I-7995, Rn. 52; *Huber* in: Kronke/Melis/Kuhn, Handbuch Internationales Wirtschaftsrecht, 2. Kapitel, Rn. 252.

225 EuGH, Urteil v. 30.9.2003 – Rs. C-167/01, Inspire Art, Slg. 2003, I – 1155, Rn. 96; EuGH, Urteil v. 12.9.2006 – Rs. C-196/04, Cadbury Schweppes, Slg. 2006, I-7995, Rn. 37. EuGH, Urteil v. 30.9.2003 – Rs. C-167/01, Inspire Art, Slg. 2003, I – 1155, Rn. 96, 91; EuGH, Urteil v. 9.3.1999 – Rs. C-212/97, Centros, Rn. 29; BGH, Urteil v. 12.7.2011 = NJW 2011, 3372 3373, Tz. 21; *Behme*, ZHR 182 (2018) 32 54.

den anderen mitgliedstaatlichen Rechtsordnungen besteht, solange der Gründungsstaat der Gesellschaft im Zuge ihrer Mobilität nicht die Rechtspersönlichkeit abgesprochen und ihren Wegzug nicht mit deren Auflösung verbunden hat. Die Gesellschaft hat keinen Anspruch auf Niederlassungsfreiheit gegenüber dem Gründungsstaat, denn sie ist ein „Geschöpfe“ dieser Rechtsordnung und existiert nur in dem vom Recht dieses Staates gewährten Umfang. Ist die Unternehmensmobilität mit einer Änderung des auf die Gesellschaft anwendbaren Rechts verbunden, so ist für den Fortbestand der Gesellschaft das Recht des Staates anwendbar, dem sie nach der Sitzverlegung zu unterliegen vorhat.[226] Ferner besteht eine Anerkennungs- bzw. Gleichstellungspflicht für den Aufnahmestaat, soweit er für die innerstaatlichen Gesellschaften für jene Rechtsvorgänge Vorschriften bereitstellt, die die zuziehende Gesellschaft in Anspruch zu nehmen beabsichtigt. Anderenfalls hätte dies zur Folge, dass der Aufnahmestaat gezwungen wäre, Vorgänge zu tolerieren, die von seiner Rechtsordnung nicht erfasst sind. Grenzüberschreitende Unternehmensmobilität, wie vorliegend die grenzüberschreitende Verschmelzung, bei der mehrere Rechtsordnungen involviert sind, erfordert die kumulative Anwendung aller beteiligten Rechtsordnungen. Die Mitgliedstaaten sind verpflichtet, im Rahmen der Niederlassungsfreiheit die zuziehenden Gesellschaften den inländischen gleichzustellen und diese weder besser noch schlechter zu behandeln (Äquivalenzgrundsatz). Darüber hinaus müssen sie von Regelungen absehen, die die Niederlassung erschweren oder praktisch unmöglich machen (Effektivitätsgrundsatz).

Die Mitgliedstaaten dürfen zugunsten des Allgemeinwohls beschränkende Maßnahmen für die Niederlassungsfreiheit ergreifen, dies hat jedoch unter dem Gesichtspunkt der Unionskonformität und der Verhältnismäßigkeit zu erfolgen. Unter dem Begriff des „Allgemeinwohls“ dürfte die Wahrung der Interessen schutzwürdiger Personengruppen wie etwa die Arbeitnehmer oder die Gläubiger erfasst werden. Der EuGH hat den Mitgliedstaaten die Verantwortung überlassen, entsprechende Regelungen für die Bekämpfung der Missbrauchsfälle festzulegen. Daher hängt es von den Bestimmungen des jeweiligen Mitgliedstaates ab, ob die Ausübung tatsächlicher wirtschaftlicher Tätigkeit in seinem Gebiet entscheidend für die Beschränkung der Niederlassungsfreiheit der Gesellschaft sein soll.

Die grenzüberschreitenden Verschmelzungen unter Beteiligung von Kapitalgesellschaften im Binnenmarkt sind weitestgehend im Rahmen der aktuell

226 Vgl. *Huber* in: Kronke/Melis/Kuhn, Handbuch Internationales Wirtschaftsrecht, 2. Kapitel, Rn. 265.

geltenden Richtlinie geregelt und daher ist die praktische Bedeutung der vom EuGH festgelegten Grundsätze in der Rechtssache SEVIC für Kapitalgesellschaften gering.[227] Die praktische Relevanz der SEVIC-Entscheidung ist aber für grenzüberschreitende Verschmelzungen unter Beteiligung von Personengesellschaften bedeutsam, da die bisher erlassenen Richtlinien im Bereich des Europäischen Gesellschaftsrechts die Durchführung solcher Verschmelzungen stets aus ihrem Anwendungsbereich ausgeschlossen haben.[228] Die Mitgliedstaaten haben die grenzüberschreitenden Verschmelzungen unter Beteiligung von Personengesellschaften vor dem Hintergrund der Geltung der Niederlassungsfreiheit immer dann zuzulassen, wenn sie entsprechende Vorschriften für innerstaatliche Verschmelzungen unter Beteiligung von Personengesellschaften bereithalten.[229]

Durch die EuGH-Entscheidung in der Rechtssache Polbud wurde jedoch die Möglichkeit einer Gesellschaft bekräftigt, ihren Satzungssitz unter Beibehaltung ihrer Rechtspersönlichkeit in eine andere Rechtsordnung zu verlegen. Solange also ein identitätswahrender Rechtsformwechsel unter die Niederlassungsfreiheit fällt, ist es naheliegend, dass auch Umwandlungsvorgänge mit entsprechenden Rechtsfolgen vom Anwendungsbereich der Niederlassungsfreiheit erfasst werden. Die Verschmelzung durch Neugründung dürfte also ebenfalls zulässig sein. In diesem Fall wird eine nach dem Recht eines Mitgliedstaates gegründete Gesellschaft in eine Gesellschaft verschmolzen, die dem Recht eines anderen Mitgliedstaates unterliegt und erst im Zuge des Verschmelzungsvorgangs errichtet wird. Die übertragende Gesellschaft überträgt ihr gesamtes Vermögen an ihren Rechtsnachfolger am neuen Sitz der Gesellschaft. Damit verlegt praktisch die übertragende Gesellschaft ihren Sitz und behält ihre Rechtsform als Kapitalgesellschaft bei.

Im Gegensatz zu den Verschmelzungen zwischen Kapitalgesellschaften gibt es keine Bestimmungen zur Durchführung der Verschmelzungen zwischen Personengesellschaften. Grenzüberschreitende Verschmelzungsvorgänge unter Beteiligung von Personengesellschaften werden nach Art. 49 i. V. m. Art. 54 AEUV und den dementsprechend entwickelten Grundsätzen der EuGH-Rechtsprechung

---

227 Richtlinie (EU) 2017/1132 des Europäischen Parlaments und des Rates vom 14. Juni 2017 über bestimmte Aspekte des Gesellschaftsrechts; dazu siehe ausführlich sogleich unter B. II. 1.

228 Vgl. statt vieler *Bayer* in Lutter, UmwG, § 122a, Rn. 2.

229 *J. Schmidt*, ZVglRWiss 116 (2017) 313 326; *Doralt*, IPRax 2006, 572 576; *Hansen*, EBLR 2007, 181 188; *Papadopoulos*, EBLR 2012, 517 530; *Bungert* in GS Gruson, S. 51.

geregelt. Diese Grundsätze zeigen jedoch, dass zwar Verschmelzungen zwischen oder unter Beteiligung von Personengesellschaften zulässig sind. Wie diese durchzuführen sind, ist aber den Mitgliedstaaten überlassen. Inwieweit die mitgliedstaatlichen Rechtsordnungen derart übereinstimmende Vorschriften haben, um eine Verschmelzung von Personengesellschaften zu ermöglichen, ist mangels angeglichenen Rechts im Einzelfall zu prüfen.[230] Daher ist ein Handeln des Europäischen Gesetzgebers in dieser Sache erforderlich.[231] Die praktische Bedeutung der EuGH-Rechtsprechung ist in diesem Fall, als Grundlage oder Denkanstoß zu dienen und die erarbeiteten Ergebnisse vorheriger Harmonisierungsversuche des Europäischen Gesellschaftsrechts zu ergänzen.

II. Sekundärrecht

1. Richtlinie über bestimmte Aspekte des Gesellschaftsrechts[232]

a) *Einleitung*

Die GesRiLi regelt die grenzüberschreitende Verschmelzung zwischen Kapitalgesellschaften im Binnenmarkt.[233] Vorgänger der GesRiLi ist die Richtlinie über die Verschmelzung von Kapitalgesellschaften aus verschiedenen Mitgliedstaaten,[234] die erlassen wurde, um die grenzüberschreitenden Verschmelzungen im Binnenmarkt zu harmonisieren und deren reibungslose Durchführung zu ermöglichen. Die GesRiLi hat in ihrer Fassung vom 14. Juni 2017 keine Neuerungen eingeführt und diente lediglich der Kodifizierung der erlassenen und bereits umgesetzten gesellschaftsrechtlichen Richtlinien.[235] Daher war keine Umsetzung der vorgenannten Richtlinie in die nationale Rechtsordnung

---

230 *J. Schmidt*, ZVglRWiss 116 (2017) 313 334.

231 Statt vieler vgl. *Kieninger*, ZEuP 2018, 309 317.

232 Richtlinie (EU) 2017/1132 des Europäischen Parlaments und des Rates vom 14. Juni 2017 über bestimmte Aspekte des Gesellschaftsrechts in der gültigen Fassung vom 1 Januar 2020, die zuletzt durch die Richtlinie (EU) 2019/2121 des Europäischen Parlaments und des Rates vom 27. November 2019 zur Änderung der Richtlinie (EU) 2017/1132 in Bezug auf grenzüberschreitende Umwandlungen, Verschmelzungen und Spaltungen geändert wurde (im Folgenden: „GesRiLi").

233 Titel II, Kapitel II, Art. 118 ff.; siehe dazu ausführlicher *Lutter/Bayer/J. Schmidt*, EU Unternehmens- und KapitalmarktR, § 22.

234 Richtlinie 2005/56/EG des Europäischen Parlaments und Rates v. 26.10.2005 über die Verschmelzung von Kapitalgesellschaften aus verschiedenen Mitgliedstaaten (im Folgenden: IntVRiLi).

235 *J. Schmidt*, ZVglRWiss 116 (2017) 313 326; *Bayer/Schmidt*, BB 2017, 2114.

erforderlich.[236] Die im Zuge der Richtlinie (EU) 2019/2121 des Europäischen Parlaments und des Rates vom 27. November 2019, die seit dem 1. Januar 2020 gültig ist, eingeführten Ergänzungen betreffen unter anderem die bestehenden sekundärrechtlichen Vorgaben zur grenzüberschreitenden Verschmelzung, insbesondere die Vorschriften zum Schutz der Minderheitsgesellschafter, Gläubiger und Arbeitnehmer und sind bis zum 31. Januar 2023 in die mitgliedstaatlichen Rechtsordnungen umzusetzen.[237]

Die Vorschriften in Bezug auf die Durchführung der grenzüberschreitenden Verschmelzung, die im Zuge der Umsetzung der IntVRiLi entstanden und in der GesRiLi enthalten sind, verkörpern die Vorgaben der modifizierten Vereinigungstheorie.[238] Somit ist bei einem Verschmelzungsvorgang zu beachten, dass das Recht aller beteiligten Rechtsordnungen berücksichtigt und die Vorgaben der strengsten Rechtsordnung durchgesetzt werden.[239] Die Vorschriften der GesRiLi stellen im Vergleich zu den innerstaatlichen umwandlungsrechtlichen Vorschriften *lex specialis* dar und werden vorrangig angewendet.[240] Die nationalen verschmelzungsrechtlichen Vorschriften sind dann anzuwenden, wenn die infolge der Verschmelzungsrichtlinie umgesetzten Vorschriften keine ausdrückliche Regelung enthalten und müssen zudem mit dem Sinn und Zweck der Richtlinie im Einklang stehen.[241] Aus dem Anwendungsbereich der Verschmelzungsrichtlinie sind andere Umwandlungsvorgänge ausgeschlossen, nämlich die Spaltung, der Formwechsel sowie die Vermögensübertragung.[242]

---

236 *Drygala/von Bressensdorf*, NZG 2016, 1161 1168.

237 Siehe Referentenentwurf des Bundesministeriums der Justiz vom 20. April 2022 zu einem Entwurf eines Gesetzes zur Umsetzung der Richtlinie (EU) 2019/2121 des Europäischen Parlaments und des Rates vom 27. November 2019; siehe auch *Marsch-Barner/Wilk* in Kallmeyer, UmwG, § 122a, Rn. 3.

238 *Bayer* in Lutter, UmwG, § 122a, Rn. 16; *Hörtnagl* in Schmitt/Hörtnagl, UmwG/UmwStG, Vor § 122a, Rn. 3; *Simon/Rubner* in KölnKomm zum UmwG, § 122a, Rn. 3; *Krüger*, GS Gruson (2009), S. 271.

239 Vgl. *Bayer* in Lutter, UmwG, § 122a, Rn. 16.

240 *Drinhausen* in Semler/Stengel/Leonard, UmwG, § 122a, Rn. 5; so auch *Heckschen* in Widmann/Mayer, UmwG/UmwStG (Stand: Juli 2019), Vor §§ 122a ff. UmwG, Rn. 7.

241 *Simon/Rubner* in KölnKomm zum UmwG, § 122a, Rn. 20.

242 *Bayer* in Lutter, UmwG, § 122a, Rn. 3; *Drinhausen* in Semler/Stengel/Leonard, UmwG, § 122a, Rn. 6; *Hörtnagl* in Schmitt/Hörtnagl, UmwG/UmwStG, § 122a, Rn. 5.

b) Persönlicher Geltungsbereich

i) Kapitalgesellschaften

Der persönliche Anwendungsbereich der GesRiLi richtet sich auf Kapitalgesellschaften, die „nach dem Recht eines Mitgliedstaates gegründet worden sind und ihren satzungsmäßigen Sitz und ihre Hauptverwaltung oder ihre Hauptniederlassung in der Gemeinschaft haben, sofern mindestens zwei der Gesellschaften dem Recht verschiedener Mitgliedstaaten unterliegen" und darauf abzielen, ineinander zu verschmelzen.[243] Der Wortlaut der Richtlinie verwendet bewusst den spezielleren Begriff der „Gesellschaft" anstatt des rechtsformneutralen Begriffs des „Rechtsträgers", denn sie bezieht sich ausschließlich auf Kapitalgesellschaften; andere Rechtsformen, wie beispielsweise Personalgesellschaften oder Stiftungen, sind somit ausdrücklich ausgeschlossen.[244] Inwiefern sich eine Kapitalgesellschaft an der Verschmelzung beteiligen darf, unterliegt dem Ermessen des Mitgliedstaates, der darüber entscheidet, ob die nach seinem Recht gegründete Gesellschaft die aktive oder passive Verschmelzungsfähigkeit besitzt.[245]

Grenzüberschreitende Verschmelzungen unter Beteiligung von Personengesellschaften sind aus dem Anwendungsbereich der Richtlinie ausgeschlossen und es gelten die Grundsätze der Art. 54 i. V. m. 49 AEUV sowie die Ausführungen der daraus resultierenden EuGH-Rechtsprechung.[246] Diese Verschmelzungsvorgänge sind also dann erlaubt, wenn die betroffenen Rechtsordnungen Regelungen auch für innerstaatliche Verschmelzungsvorgänge unter Beteiligung von Personengesellschaften vorsehen.[247] Der deutsche Gesetzgeber hat im Zuge des 4. Gesetzes zur Änderung des Umwandlungsgesetzes die speziellen Vorschriften zu grenzüberschreitenden Verschmelzungen (§§ 122a–122m UmwG) auf Hereinverschmelzungen unter Beteiligung von Personengesellschaften mit weniger als 500 Arbeitnehmern erweitert, die als übernehmender Rechtsträger

---

243 Art. 118 GesRiLi; statt aller vgl. *Hörtnagl* in Schmitt/Hörtnagl, UmwG/UmwStG, Vor § 122a, Rn. 1.

244 *Drinhausen* in Semler/Stengel/Leonard, UmwG, § 122a Rn. 4.

245 *Marsch-Barner/Wilk* in Kallmeyer, UmwG, Vor §§ 122a-122m, Rn. 2; *Drinhausen* in Semler/Stengel/Leonard, UmwG, § 122a, Rn. 12; *Heckschen* in Widmann/Mayer, UmwG/UmwStG (Stand: Juli 2019), § 122b UmwG, Rn. 2.

246 *Marsch-Barner/Wilk* in Kallmeyer, UmwG, Vor §§ 122a-122m, Rn. 4, 10; *Bayer* in Lutter, UmwG, § 122a, Rn. 11; *Klett*, NZG 2019, 292 294.

247 Vgl. Grabitz/Hilf/Nettesheim/*Forsthoff*, Art. 54 AEUV, Rn. 30; *Drinhausen* in Semler/Stengel, UmwG, Einl. C, Rn. 3.; *Bungert*, BB 2006, 53 56; *Krause/Kulpa*, ZHR 171 (2007) 38 45 f.

agieren.[248] Grenzüberschreitende Verschmelzungsvorgänge, an denen sich die Personengesellschaft deutschen Rechts als übertragender Rechtsträger beteiligen soll, sind zwar von den speziellen Vorschriften zu grenzüberschreitenden Verschmelzungen nicht erfasst, werden aber im Rahmen der Niederlassungsfreiheit zugelassen.[249]

ii) Drittstaatgesellschaften

Der Anwendungsbereich der speziellen verschmelzungsrechtlichen Vorschriften der Richtlinie ist dann eröffnet, wenn mindestens zwei mitgliedstaatliche Gesellschaften an der Verschmelzung teilnehmen.[250] Zum einen stellt sich die Frage, ob aus dem Wort „mindestens" hergeleitet werden kann, dass an der Verschmelzung auch Gesellschaften aus Drittstaaten beteiligt sein dürfen. Wie bereits ausgeführt, richtet sich die Verschmelzungsfähigkeit einer Gesellschaft nach dem Recht des Staates, der für diese Verschmelzungsphase zuständig ist. Die Fähigkeit einer nach dem Recht eines Mitgliedstaates gegründeten Gesellschaft, sich in eine Gesellschaft zu verschmelzen – gleichwohl, welchem Recht letztere unterliegt –, hängt von den Vorgaben ihres Gründungsrechts ab.[251] Das Gründungsrecht verleiht ihr nämlich die Fähigkeit, aktiv und passiv an Verschmelzungsvorgängen teilzunehmen. Demzufolge sind Verschmelzungen unter Beteiligung von Drittstaatgesellschaften zulässig, soweit an dem Verschmelzungsvorgang mindestens zwei mitgliedstaatliche Gesellschaften beteiligt sind und das für die Verschmelzungsfähigkeit der Gesellschaften maßgebliche Recht die Beteiligung von Drittstaatgesellschaft nicht beanstandet.[252] Daraus kann hergeleitet werden, dass grenzüberschreitende Verschmelzungen unter Beteiligung von Drittstaatgesellschaften nicht den Vorschriften der Richtlinie unterliegen dürfen, solange die Zahl der erforderlicher Weise zu beteiligenden europäischen Staaten unterschritten ist.[253] In solchen Fällen sind die

---

248 BGBl. I 2018 S. 2694; § 122b Abs. 1 Nr. 2 UmwG; vgl. *Heckschen* in Widmann/Mayer, UmwG/UmwStG (Stand: Juli 2019), § 122a UmwG, Rn. 17; *Bayer* in Lutter, UmwG, § 122b, Rn. 2; *Klett*, NZG 2019, 292 293; *Lieder/Bialluch*, NJW 2019, 805 806; *Cramer*, DStR 2018, 2435; *Knaier*, ZNotP 2018, 341; *Brandi/Schmidt*, DB 2018, 2417; *Schröder*, BB 2018, 2755; *Rubner/Leuering*, NJW-Spezial 2019, 335.

249 *Rubner/Leuering*, NJW-Spezial 2019, 335.

250 Art. 118 GesRiLi.

251 So bereits Staudinger/*Großfeld* (1998) IntGesR, Rn. 683.

252 *Drinhausen* in Semler/Stengel/Leonard, UmwG, § 122a, Rn. 11.

253 *Marsch-Barner/Wilk* in Kallmeyer, UmwG, Vor §§ 122a-122m, Rn. 4; *Bayer* in Lutter, UmwG, § 122a, Rn. 3.

Verschmelzungen entweder nach den Vorschriften bestehender zwischenstaatlicher Abkommen oder, in deren Ermangelung, nach den innerstaatlichen Vorschriften zu vollziehen.[254]

iii) NewCo-*Fälle*

Ferner stellt sich die Frage, ob mit der Anforderung der Beteiligung von „mindestens zwei der Gesellschaften“ die sogenannten *NewCo-Fälle* aus dem Anwendungsbereich der 10. GesRiLi ausgeschlossen worden sind.[255] Das sind Verschmelzungsvorgänge, bei denen eine oder mehrere Gesellschaften einer mitgliedstaatlichen Rechtsordnung unterliegen und die im Wege der Verschmelzung neu gegründete Gesellschaft dem Recht eines anderen Mitgliedstaates unterliegt.[256] Einerseits wird dies verneint, denn dies stelle streng genommen keine „sich verschmelzende“ Gesellschaft dar, sodass die Voraussetzung der mindestens zwei beteiligten Rechtsordnungen nicht erfüllt werde.[257]

Andererseits wird die Ansicht vertreten, dass auch die sog. *NewCo-Fälle* von den Vorschriften der Richtlinie gedeckt werden.[258] Es ergibt sich eindeutig aus dem Wortlaut der Richtlinie, dass auch Verschmelzungen durch Neugründung vom Anwendungsbereich der Richtlinie erfasst werden.[259] In diesem Fall werden bereits existierende übertragende Gesellschaften in eine Gesellschaft verschmolzen, die im Zuge des Verschmelzungsvorgangs gegründet wird. Die übernehmende neu gegründete Gesellschaft ist genauso wie die aufnehmende Gesellschaft verpflichtet, u. a. einen gemeinsamen Verschmelzungsplan zu verfassen, möglicherweise Anteile zu gewähren und die Kostenübernahme für den Verschmelzungsvorgang zu sichern. Sie beteiligt sich ebenfalls an dem Verschmelzungsvorgang. Es ist jedenfalls nicht ersichtlich, dass die Vorgaben der

---

254 *Heckschen* in Widmann/Mayer, UmwG/UmwStG (Stand: Juli 2019), § 122a UmwG, Rn. 47; *Petanidis*, Die grenzüberschreitende Umstrukturierung von Gesellschaften, S. 441.

255 *Simon/Rubner* in KölnKomm zum UmwG, § 122a, Rn. 13 ff.

256 Bejahend *Bayer* in Lutter, UmwG, § 122a, Rn. 26. m.w. N.; *Marsch-Barner/Wilk* in Kallmeyer, UmwG, § 122a, Rn. 4; *Drinhausen* in Semler/Stengel/Leonard, UmwG, § 122a, Rn. 10; *Simon/Rubner* in KölnKomm zum UmwG, § 122a, Rn. 13f.; *Winter*, Der Konzern 2007, 24 27; verneinend *Heckschen* in Widmann/Mayer, UmwG/UmwStG (Stand: Juli 2019), § 122a, Rn. 49; *Frenzel*, RIW 2008, 12 14.

257 Vgl. *Simon/Rubner* in KölnKomm zum UmwG, § 122a, Rn. 13 f.

258 *Bayer* in Lutter, UmwG, § 122a, Rn. 24 ff. m. w. N.

259 Art. 119 Abs. 2 lit. b) GesRiLi; vgl. *Heckschen* in Widmann/Mayer, UmwG/UmwStG (Stand: Juli 2019), § 122a, Rn. 49.

Richtlinie voraussetzen, dass die beteiligten Gesellschaften vor der Anbahnung der Verschmelzung hätten bestehen müssen.

2. *Company Law Package*

Die GesRiLi wurde im Zuge der Umsetzung des *Company Law Package* (nachfolgend „CLP") überarbeitet.[260] Mit der Umsetzung des CLP sind die Mitgliedstaaten angehalten, im Rahmen der geltenden GesRiLi bestehende Lücken zu schließen, wie beispielsweise die Sicherstellung der Rechte der widersprechenden Gesellschafter der zu verschmelzenden Gesellschaft auf Barabfindung oder Verbesserung des Umtauschverhältnisses.[261]

Der persönliche Anwendungsbereich des CLP soll weiterhin ausschließlich Kapitalgesellschaften erfassen, während die Beteiligung der Personengesellschaften an grenzüberschreitenden Umwandlungsvorgängen weiterhin im Rahmen der Geltung der Niederlassungsfreiheit zugelassen wird.[262] Ferner wird mit der Umsetzung des CLP der sachliche Geltungsbereich des europäischen Umwandlungsrechts erweitert und soll auch grenzüberschreitende Spaltungen und Formwechsel erfassen.[263]

III. Fazit

Die Verschmelzungsvorgänge beschränken sich nicht auf die inländischen Märkte. Sie weisen häufig grenzüberschreitenden Charakter auf, was Schwierigkeiten bei der Ermittlung des anzuwendenden Rechts bereitet. Grundsätzlich erfolgt die Ermittlung des maßgeblichen Rechts nach dem Gesellschaftsstatut der jeweils betroffenen Gesellschaft, das als Gesamtstatut sämtliche mit dem Verschmelzungsvorgang zusammenhängenden Fragen erfasst. Die im Binnenmarkt gegründeten und ansässigen Gesellschaften folgen den

---

260 P8_TA-PROV(2019)0429, insbesondere Erwägungsgrund (1); vgl. *Luy*, NJW 2019, 1905; Richtlinie (EU) 2019/2121 des Europäischen Parlaments und des Rates vom 27. November 2019 zur Änderung der Richtlinie (EU) 2017/1132 in Bezug auf grenzüberschreitende Umwandlungen, Verschmelzungen und Spaltungen; *Teichmann*, NZG 2019, 241.

261 P8_TA-PROV(2019)0429, Erwägungsgrund (18) und (19); vgl. *Teichmann*, NZG 2019, 241 243.

262 *J. Schmidt*, EuZW 2019, 801 802.

263 Art. 86a - 86t GesRiLi für grenzüberschreitende Umwandlungen und Art. 160a-160u GesRiLi für grenzüberschreitende Spaltungen; vgl. *Teichmann*, NZG 2019, 241 243 f. m. w. N.

Vorgaben des europäischen Primärrechts und der daraus resultierenden EuGH-Rechtsprechung sowie des Sekundärrechts, dessen Ziel es ist, die Durchführung von grenzüberschreitenden Verschmelzungen von Kapitalgesellschaften aus EU- bzw. EWR-Mitgliedstaaten zu vereinheitlichen.

Im Rahmen der Durchführung der grenzüberschreitenden Verschmelzungen ist oft fraglich, ob sich das Einzelstatut unter Umständen gegenüber dem Gesamtstatut, also dem Gesellschaftsstatut, durchsetzen kann und unter welchen Voraussetzungen. Diese Problematik entsteht dann, wenn beispielsweise eine der übertragenden Gesellschaften über im Ausland belegenes Vermögen verfügt, und dieser Staat das Prinzip der Übertragung des gesamten Vermögens als Ganzes (sog. Gesamtrechtsnachfolge) nicht kennt und an das Recht des Belegenheitsorts des Vermögensgegenstandes anknüpft. Nachfolgend wird auf diese Fragen eingegangen.

C. International-Privatrechtliche Fragen in einzelnen Verschmelzungsphasen

I. Fragen betreffend den Verschmelzungsplan nach § 122c UmwG

1. Persönlicher Anwendungsbereich

a) Kapitalgesellschaften

Die Vorbereitungsphase einer grenzüberschreitenden Verschmelzung zeichnet sich durch das Verfassen eines Verschmelzungsplans aus, der die Einzelheiten des Zusammenschlusses festlegt.[264] Die Pflicht, einen Verschmelzungsplan aufzustellen, betrifft alle an der Verschmelzung beteiligten Gesellschaften.[265] In der deutschen Rechtsordnung ist sie in § 122c UmwG normiert und das Ergebnis der Umsetzung des Art. 122 der GesRiLi.[266] Entsprechende Regelungen sind ebenfalls in den anderen mitgliedstaatlichen Rechtsordnungen zu finden.[267] Die Gesellschaft deutschen Rechts ist also gemäß § 122c Abs. 1 UmwG verpflichtet, ein gleichlautendes, gemeinsames Dokument aufzustellen. Dieses muss zwingend die Mindestangaben des § 122c Abs. 2 UmwG enthalten. Der Formulierung lässt sich entnehmen, dass es sich um eine nicht abschließende Aufzählung der festzuhaltenden Angaben handelt.[268] Daher sind die beteiligten Parteien berechtigt, Vereinbarungen zu treffen, die den Verschmelzungsvorgang über die

---

264 § 122c UmwG; dazu siehe *Drinhausen* in Semler/Stengel/Leonard, UmwG, § 122c, Rn. 1; *Mayer* in Widmann/Mayer, UmwG/UmwStG (Stand Mai: 2019), § 122c, Rn. 19; *Hörtnagl* in Schmitt/Hörtnagl, UmwG/UmwSt, § 122c, Rn. 1; *Becker/Uxa* in Heidel-Komm zum UmwG, § 122c, Rn. 1 ff.; *Polley* in Henssler/Strohn, GesR, § 122c UmwG, Rn. 1; *Althoff* in Böttcher/Habighorst/Schulte, UmwR, § 122c, Rn. 2; *Marsch-Barner/Wilk* in Kallmeyer, UmwG, § 122c, Rn. 1; Bayer in Lutter, UmwG, § 122c, Rn. 1.

265 Erwägungsgrund 57, GesRiLi; *Marsch-Barner/Wilk* in Kallmeyer, UmwG, § 122c, Rn. 5.

266 Siehe statt aller *Drinhausen* in Semler/Stengel/Leonard, UmwG, § 122c, Rn. 1.

267 Art. 3 G. 3777/2009 betreffend die grenzüberschreitenden Verschmelzungen zwischen Kapitalgesellschaften (Gesetz zur Umsetzung der Richtlinie 2005/56/EG in die griechische Rechtsordnung).

268 Vgl. *Marsch-Barner/Wilk* in Kallmeyer, UmwG, § 122c, Rn. 4; siehe dazu noch *Simon/Rubner*, Der Konzern 2006, 835 837.

Mindestangaben hinaus regeln.[269] Darüber hinaus wird in § 122c Abs. 4 UmwG die Form des Verschmelzungsplans bestimmt, die die notarielle Beurkundung des Dokumentes vorsieht. Die Beurkundungspflicht wird freilich nicht in jeder mitgliedstaatlichen Rechtsordnung verlangt.[270] Diese Problematik ist sogleich näher zu erörtern.[271]

b) Personengesellschaften

Die Pflicht, einen gemeinsamen und gleichlautenden Verschmelzungsplan aufzustellen, trifft unmittelbar die Kapitalgesellschaften deutschen Rechts, die sich an einer grenzüberschreitenden Verschmelzung im Binnenmarkt beteiligen.[272] Diese sind nämlich Adressaten der GesRiLi, die die Verschmelzungsvorgänge der Kapitalgesellschaften aus dem Binnenmarkt regelt.[273] Die Personengesellschaften werden zwar aus dem persönlichen Anwendungsbereich der GesRiLi ausgeschlossen. Sie sind aber berechtigt, von ihrem Recht auf Niederlassungsfreiheit gemäß Art. 49 i. V. m. Art. 54 AEUV Gebrauch zu machen und an Verschmelzungsvorgängen auf Unionsebene teilzunehmen, soweit alle beteiligten Rechtsordnungen die Beteiligung einer Personengesellschaft zulassen.[274] Infolge des 4. Gesetzes zur Änderung des Umwandlungsgesetzes sind für Personengesellschaften ebenfalls die speziellen umwandlungsrechtlichen Vorschriften maßgeblich, sodass die an der grenzüberschreitenden Verschmelzung beteiligten deutschen Personengesellschaften verpflichtet sind, einen gemeinsamen Verschmelzungsplan gemäß § 122c Abs. 4 UmwG aufzustellen.[275]

---

269 Vgl. *Krause/Kulpa*, ZHR 171 (2007) 38 57.

270 Vgl. *Ege/Klett*, GWR 2011, 399 401 bezüglich der Form des Verschmelzungsplans in der spanischen Rechtsordnung.

271 Siehe beispielsweise *Polley* in Henssler/Strohn, GesR, § 122c UmwG, Rn. 29.

272 Vgl. *Mayer* in Wiedmann/Mayer, UmwG/UmwStG, § 122c, Rn. 14.

273 § 122a Abs. 1 UmwG; siehe statt aller *Drinhausen* in Semler/Stengel/Leonard, UmwG, § 122a, Rn. 1.

274 EuGH, Urteil v. 13.12.2005 – Rs. C-411/03, SEVIC Systems AG, Slg. 2005, I-10805; siehe noch *Decker* in Henssler/Strohn, GesR, § 1 UmwG, Rn. 13.

275 BGBl. I 2018 S. 2694; *Bayer* in Lutter, UmwG, § 122b, Rn. 2.

2. Rechtsnatur

a) Meinungsstand

i) Gesellschaftsrechtlicher Organisationsakt

Die genaue Festlegung der Rechtsnatur des Verschmelzungsplans ist in der GesRiLi offengelassen. Es wird lediglich die Anforderung angedeutet, einen gemeinsamen gleichlautenden Verschmelzungsplan aufzustellen.[276] Nach einer Ansicht stelle der Verschmelzungsplan ausschließlich einen Organisationsakt dar und ihm fehle dementsprechend jegliche schuldrechtliche Wirkung; in dieser Hinsicht wird zum Teil die Ansicht vertreten, dass der Verschmelzungsplan eine rein gesellschaftsrechtliche Rechtsnatur aufweise.[277] Somit unterscheidet sich der gemäß § 122c UmwG zu erstellende Verschmelzungsplan vom Verschmelzungsvertrag nach § 4 UmwG, der neben dem gesellschaftsrechtlichen Charakter auch schuldrechtliche Rechtsnatur aufweist.[278] Die differenzierte Begrifflichkeit, die in diesen Fällen verwendet wird, soll also die Abweichung der Rechtsnatur der beiden Regelungswerke unterstreichen.[279]

Für die Qualifizierung des Verschmelzungsplans als rein gesellschaftsrechtlichen Organisationsakt spricht zunächst die Tatsache, dass er keine Angabe dazu enthält, dass sich die beteiligten Gesellschaften verpflichten, das Vermögen der übertragenden Gesellschaft gegen Mitgliedschaftsrechte an die übernehmende Gesellschaft zu übertragen.[280] Somit wird keine schuldrechtliche Verpflichtung begründet, die dem Verschmelzungsplan teilweise schuldrechtlichen Charakter verleihen könnte.[281] Eine entsprechende Verpflichtung ist der GesRiLi ebenfalls

---

276 Beispielsweise Erwägungsgrund 57 Satz 1 GesRiLi: „Der gemeinsame Plan für die grenzüberschreitende Verschmelzung muss für alle an der grenzüberschreitenden Verschmelzung beteiligten Gesellschaften, die verschiedenen Mitgliedstaaten angehören, gleich lauten."

277 *Hörtnagl* in Schmitt/Hörtnagl, UmwG/UmwStG, § 122c, Rn. 5; *Marsch-Barner/Wilk* in Kallmeyer, UmwG, § 122c, Rn. 4; *Mayer* in Widmann/Mayer, UmwG/UmwStG (Stand: Mai 2019), § 122c UmwG, Rn. 15 ff.; *Polley* in Henssler/Strohn, GesR, § 122c UmwG, Rn. 5; *Althoff* in Böttcher/Habighorst/Schulte, UmwR, § 122c, Rn. 7; *Huber* in: Kronke/Melis/Kuhn, Handbuch Internationales Wirtschaftsrecht, 2. Kapitel, Rn. 268; *Frenzel*, RIW 2008, 12 26; *Kallmeyer*, AG 2007, 472 474.

278 Vgl. statt aller *Schröer/Greitemann* in Semler/Stengel/Leonard, UmwG, § 4, Rn. 5.

279 *Polley* in Henssler/Strohn, GesR, § 122c UmwG, Rn. 5; *Frenzel*, RIW 2008, 12 15.

280 Vgl. *Frenzel*, RIW 2008, 12 16; *Althoff* in Böttcher/Habighorst/Schulte, UmwR, § 122c, Rn. 7.

281 *Althoff* in Böttcher/Habighorst/Schulte, UmwR, § 122c, Rn. 7.

nicht zu entnehmen.[282] Sein Pendant für innerstaatliche Verschmelzungen bzw. für grenzüberschreitende Verschmelzungen unter Beteiligung von Personengesellschaften, nämlich der Verschmelzungsvertrag, enthält hingegen eine solche Vereinbarung, sodass dieser neben der gesellschaftsrechtlichen auch eine schuldrechtliche Wirkung entfaltet.[283] Wollen die Parteien sich zur Durchführung der Verschmelzung verpflichten und gegenseitige Bindung erzielen, bietet sich die Möglichkeit, schuldrechtliche Vereinbarungen zu treffen, die inhaltlich unabhängig vom Verschmelzungsplan sind.[284]

Zudem qualifizieren einige Mitgliedstaaten den Verschmelzungsplan als einen gesellschaftsrechtlichen Organisationsakt ohne schuldrechtliche Elemente.[285] Dies steht im Einklang mit der generellen Tendenz auf Unionsebene, Vertragswerke bei gesellschaftsrechtlichen Strukturmaßnahmen als reine Organisationsakte ohne schuldrechtliche Wirkung zu qualifizieren.[286] So hat der Verschmelzungsplan bei einer Verschmelzung im Rahmen beispielsweise der SE-VO einen rein gesellschaftsrechtlichen Charakter.[287] Überträgt man den Grundgedanken der Normen der SE-VO bezüglich des Verschmelzungsplans auf die entsprechenden Normen zum Verschmelzungsplan nach der Umsetzung der GesRiLi, kommt man zum Ergebnis, dass letzterer ebenfalls ausschließlich gesellschaftsrechtliche Rechtsnatur aufweist.[288]

ii) Schuldrechtlicher Vertrag

Ansatzweise wird die Ansicht vertreten, dass der Verschmelzungsplan stets Vertragscharakter aufweise.[289] Der Verschmelzungsplan ist also nichts anderes als ein schuldrechtlicher Vertrag, worauf das jeweils maßgebliche Schuldrecht

---

282 Siehe Art. 122 GesRiLi; siehe dazu noch *Hörtnagl* in Schmitt/Hörtnagl, UmwG/UmwStG, § 122c, Rn. 5; *Marsch-Barner/Wilk* in Kallmeyer, UmwG, § 122c, Rn. 4.

283 § 5 Abs. 1 Nr. 2; *Winter* in Schmitt/Hörtnagl, UmwG/UmwStG, § 4, Rn. 9; Drygala in Lutter, UmwG, § 4, Rn. 5; *Schröer/Greitemann* in Semler/Stengel/Leonard, UmwG, § 4, Rn. 5.

284 *Hörtnagl* in Schmitt/Hörtnagl, UmwG/UmwStG, § 122c, Rn. 5; *Frenzel*, RIW 2008, 12 16.

285 *Hörtnagl* in Schmitt/Hörtnagl, UmwG/UmwStG, § 122c, Rn. 5; *Marsch-Barner/Wilk* in Kallmeyer, UmwG, § 122c, Rn. 4; *Bayer* in Lutter, UmwG, § 122c, Rn. 3; *Kiem*, WM 2006, 1091 1094.

286 *Bayer* in Lutter, UmwG, § 122c, Rn. 3.

287 So beispielsweise *Schäfer* in MüKo-AktG, Bd. 7, SE-VO, Art. 20, Rn. 3.

288 Siehe dazu *Althoff* in Böttcher/Habighorst/Schulte, UmwR, § 122c, Rn. 7.

289 Vgl. *Becker/Uxa* in HeidelKomm zum UmwG, § 122c, Rn. 5.

anzuwenden ist, sofern umwandlungsrechtliche Bestimmungen nicht vorhanden sind.[290] Dies betrifft insbesondere die Leistungsstörungen, die im Zuge der Verschmelzung vorkommen können.[291]

Begründet wird diese Ansicht dadurch, dass ein synallagmatisches Rechtsverhältnis bereits dann vorliegt, wenn beispielsweise das Umtauschverhältnis ermittelt wird oder Vereinbarungen zur Übertragung von Gesellschaftsanteilen getroffen werden.[292] Dass es an einer Vereinbarung fehlt, die die Übertragung des Gesellschaftsvermögens gegen Anteilsgewährung regelt, stellt keinen ausreichenden Grund dar, das Vorliegen eines schuldrechtlichen Verhältnisses zu verneinen und dementsprechend den Vertrag als rein gesellschaftsrechtlichen Organisationsakt zu qualifizieren.[293]

iii) Gesellschaftsrechtliche und schuldrechtliche Rechtsnatur

Ein anderer Teil des Schrifttums betrachtet den Verschmelzungsplan als ein dem innerstaatlichen Verschmelzungsvertrag äquivalentes Regelwerk und misst ihm dementsprechend dualen Rechtscharakter bei.[294] Dabei ist die gegenüber dem innerstaatlichen Verschmelzungsvertrag abweichende Begrifflichkeit ohne Bedeutung.[295] Hierbei wird kein neues Regelungswerk eingeführt.[296] Vielmehr entspricht der Verschmelzungsplan im Hinblick auf seine Funktion und seinen Inhalt dem für innerstaatliche Verschmelzungen maßgeblichen Verschmelzungsvertrag.[297]

---

290 *Becker/Uxa* in HeidelKomm zum UmwG, § 122c, Rn. 5; *Vetter*, AG 2006, 613 617.

291 Vgl. *Vetter*, AG 2007, 613 617.

292 Siehe § 122c Abs. 2 Nr. 2 UmwG zur Ermittlung des Umtauschverhältnisses; § 122c Abs. 2 Nr. 3 zur Übertragung von Anteilen; vgl. *Becker/Uxa* in HeidelKomm zum UmwG, § 122c, Rn. 6.

293 Vgl. *Becker/Uxa* in HeidelKomm zum UmwG, § 122c, Rn. 6.

294 Vgl. *Simon/Rubner* in KölnKomm zum UmwG, § 122c, Rn. 6; *Krause/Kulpa*, ZHR 171 (2007) 38 56; *Winter*, Der Konzern 2007, 24 33; *Forsthoff*, DStR 2006, 613 614; *Vetter*, AG 2006, 613 617; *Haritz/v. Wolff*, GmbHR 2006, 340 341; wohl auch *Heckschen*, DNotZ 2007, 444 455; offengelassen *Drinhausen* in Semler/Stengel/Leonard, UmwG, § 122c, Rn. 6; zur dualen Rechtsnatur des Verschmelzungsvertrags siehe statt aller *Schröer/Greitemann* in Semler/Stengel/Leonard, UmwG, § 4, Rn. 5.

295 *Krause/Kulpa*, ZHR 171 (2007) 38 56; a. A. *Frenzel*, RIW 2008, 12 15.

296 Vgl. *Forsthoff*, DStR 2006, 613 614.

297 *Simon/Rubner*, Der Konzern 2006, 835 837; kritisch zum Inhalt siehe *Bayer/J.Schmidt*, NJW 2006, 401 402.

Es wird also ausgeführt, dass der Verschmelzungsplan nicht nur ein gesellschaftsrechtlicher Organisationsakt ist, sondern dass er auch schuldrechtliche Wirkung entfaltet.[298] Die an der Verschmelzung beteiligten Parteien übernehmen bereits mit der Aufstellung des Entwurfs des Verschmelzungsplans die Verpflichtung, die zur Durchführung der Verschmelzung erforderlichen Schritte zu unternehmen.[299] Der Verschmelzungsplan, genauso wie sein Pendant, nämlich der Verschmelzungsvertrag, stellt die vertragliche Grundlage für die grenzüberschreitende Verschmelzung dar.[300] In diesem Zusammenhang bedeutet die Aufstellung des gemeinsamen Verschmelzungsplans nichts anderes als den Vertragsabschluss, dessen Gegenstand die Regelung und Durchführung der Einzelschritte der Verschmelzung sein soll.[301]

b) Stellungnahme

Die Bestimmung der Rechtsnatur des Verschmelzungsplans bei grenzüberschreitenden Verschmelzungen von Kapitalgesellschaften auf Unionsebene ist aus kollisionsrechtlicher Hinsicht von Bedeutung. Denn dann, wenn sein rechtlicher Charakter feststeht, kann das dafür maßgebliche Recht ermittelt werden. Ob er also einen rein gesellschaftsrechtlichen Organisationsakt oder zugleich einen schuldrechtlichen Vertrag darstellt, ist für die Beantwortung der Frage ausschlaggebend, welches Recht Anwendung findet. In diesem Zusammenhang wird die Frage aufgeworfen, wie umfassend die Einflussnahme der beteiligten Parteien auf das auf den Verschmelzungsplan anzuwendende Recht sein kann – insbesondere durch die Möglichkeit, eine Rechtswahlvereinbarung zu treffen.

Das Erfordernis, einen Verschmelzungsplan aufzustellen, wurde kraft Umsetzung der GesRiLi in die nationalen Rechtsordnungen eingeführt. Damit werden die Gesellschaften verpflichtet, einen Verschmelzungsplan aufzustellen.[302] Fragen, die ihn betreffen, müssen daher im Lichte der Richtlinienkonformität beantwortet werden.[303] Die GesRiLi enthält keine ausdrückliche Aussage dazu,

---

298 Vgl. *Simon/Rubner* in KölnKomm zum UmwG, § 122c, Rn. 6.

299 Vgl. *Simon/Rubner* in KölnKomm zum UmwG, § 122c, Rn. 6.

300 *Winter*, Der Konzern 2007, 24 33; *Simon/Rubner*, Der Konzern 2006, 835 837; zum Verschmelzungsvertrag siehe statt aller *Simon* in KölnKomm zum UmwG, § 4, Rn. 5; dazu siehe noch *Schröer/Greitenmann* in Semler/Stengel/Leonard, UmwG, § 4, Rn. 5.

301 Vgl. *Vetter*, AG 2007, 613 617.

302 RegE, BT-Ds. 16/2919, S. 15.

303 BGBl. I 2007, S. 542, Gesetz zur 2. Änderung des UmwG; *Drinhausen*, BB 2006, 2313 2315; *Lutter/Bayer* in Lutter, UmwG, Einl. I, Rn. 28 f.; *Roth/Jopen* in Europäische Methodenlehre, § 13, Rn. 5.

welche Rechtsnatur der Verschmelzungsplan haben soll. Vielmehr wird das Erfordernis zum Ausdruck gebracht, dass er für alle beteiligten Gesellschaften gleichlautend und inhaltlich übereinstimmend sein muss.[304] Darüber hinaus wird seine Offenlegung normiert, um die Interessen Dritter zu schützen.[305] Die in Art. 122 lit. a) bis l) GesRiLi vorgesehenen Mindestangaben in Bezug auf die Festlegung der Rechtsnatur des Verschmelzungsplans sind aufschlussreicher. Sie umfassen u. a. Vorgaben zur inneren Verfassung der aus der Verschmelzung hervorgehenden Gesellschaft.[306] Diese betreffen nämlich die Organisation der Gesellschaft einschließlich der Regelungen zur unternehmerischen Mitbestimmung sowie die Bestimmungen zu den Mitgliedschaftsrechten.[307] So muss der Verschmelzungsplan beispielsweise Einzelheiten über Rechte enthalten, die den Gesellschaftern durch die aus der Verschmelzung hervorgehende Gesellschaft gewährt werden,[308] sowie Angaben zur Arbeitnehmermitbestimmung[309] vorsehen. Darüber hinaus stellt die Satzung der aus der Verschmelzung hervorgehenden Gesellschaft einen unabdingbaren Teil des Verschmelzungsplans dar.[310]

Im Gegensatz zu seinem innerstaatlichen Pendant des Verschmelzungsvertrags enthält der Verschmelzungsplan keine explizite Vereinbarung, Anteile an der aus der Verschmelzung hervorgehenden Gesellschaft gegen Übertragung des gesamten Vermögens zu erwerben, welche zur Begründung eines synallagmatischen Verhältnisses begründet.[311] Ein synallagmatisches Rechtsverhältnis liegt entgegen der teilweise vertretenen Ansicht nicht vor, wenn beispielsweise das Umtauschverhältnis ermittelt wird oder Vereinbarungen zur Übertragung von Gesellschaftsanteilen getroffen werden.[312] Weiterhin liegt ein solches Rechtsverhältnis auch dadurch nicht vor, dass die an der Verschmelzung beteiligten Gesellschaften mit der Aufstellung des Entwurfs des Verschmelzungsplans die Verpflichtung übernommen haben, die zur Durchführung der Verschmelzung

304 Siehe Erwägungsgrund 57 GesRiLi; in der englischen Fassung: „common draft terms“; in der griechischen Fassung: „gemeinsamer Verschmelzungsplan“ (Übersetzung durch die Verfasserin).

305 Siehe Erwägungsgrund 58 GesRiLi.

306 Statt aller vgl. § 122c Abs. 1 Nr. 9 UmwG; statt aller vgl. *Drinhausen* in Semler/Stengel/Leonard, UmwG, § 122c, Rn. 30.

307 Siehe dazu *Kindler* in MüKo-BGB, Bd. 13, IntGesR, Rn. 570 ff.

308 Art. 122 lit. g) GesRiLi; § 122c Abs. 2 Nr. 7 UmwG.

309 Art. 122 lit. j) GesRiLi; § 122c Abs. 2 Nr. 10 UmwG.

310 Art. 122 lit. i) GesRiLi; § 122c Abs. 2 Nr. 9 UmwG.

311 *Althoff* in Böttcher/Habighorst/Schulte, UmwR, § 122c Rn. 7.

312 Vgl. *Becker*/*Uxa* in HeidelKomm zum UmwG, § 122c, Rn. 6.

erforderlichen Schritte zu unternehmen.[313] Die Mindestangaben des Verschmelzungsplans erfassen nicht explizit eine Pflicht, das Gesellschaftsvermögen gegen Anteilsgewährung zu übertragen. Die differenzierte Wortwahl bei der Umsetzung der GesRiLi und somit die Abweichung vom Begriff des Verschmelzungsvertrags in Bezug auf den Verschmelzungsplan lässt zwar nicht eindeutig erkennen, dass eine entsprechend differenzierte Qualifikation der Dokumente beabsichtigt wurde.[314] In der Tat ist aus den Gesetzesmaterialien nicht ersichtlich, dass es eine klare Unterscheidung zwischen dem Verschmelzungsvertrag nach § 5 UmwG und dem Verschmelzungsplan nach § 122c UmwG geben muss.[315] Betrachtet man aber die Vorgehensweise bei der Umsetzung der relevanten Vorgaben der GesRiLi zum Verschmelzungsplan, kommt man zu dem Ergebnis, dass Art. 122 GesRiLi wortwörtlich übernommen wurde. Damit lässt sich ebenfalls erklären, warum der Verschmelzungsplan nach § 122c UmwG mehr Mindestangaben enthalten muss, als der Verschmelzungsvertrag nach § 5 Abs. 1 UmwG. Der deutsche Gesetzgeber beabsichtigte damit, mögliche Unklarheiten zu beseitigen, die bei einer abweichenden Formulierung eventuell auftreten könnten.[316] Es ist also naheliegend, dass aus dem gleichen Grund der Begriff 'Verschmelzungsplan' statt des inländischen Begriffs 'Verschmelzungsvertrag' bevorzugt wurde.[317]

Hinzu kommt, dass vergleichbare Dokumente auf Unionsebene, wie beispielsweise der Verschmelzungsplan nach den Bestimmungen der SE-VO, als rein gesellschaftsrechtliche Organisationsakten betrachtet werden.[318] Zudem ist der Wortlaut des Art. 20 SE-VO – abgesehen von den rechtsformspezifischen Begriffen – inhaltlich mit dem Wortlaut des § 122c Abs. 1 und 2 UmwG gleich.[319] Entsprechend ist also der Verschmelzungsplan im Rahmen einer grenzüberschreitenden Verschmelzung als ein rein gesellschaftsrechtlicher Akt zu

313 Vgl. *Simon/Rubner* in KölnKomm zum UmwG, § 122c, Rn. 6; *Krause/Kulpa*, ZHR 171 (2007) 38 56; *Winter*, Der Konzern 2007, 24 33; *Forsthoff*, DStR 2006, 613 614; *Vetter*, AG 2006, 613 617.

314 Begr. RegE, BT-Ds. 12/6699, S. 80.

315 Begr. RegE, BT-Ds. 12/6699, S. 80.

316 Begr. RegE, BT-Ds. 12/6699, S. 80; *Simon/Rubner*, Der Konzern 2006, 835 837.

317 So auch *Krause/Kulpa*, ZHR 171 (2007) 38 56.

318 *Schäfer* in MüKo-AktG, Bd. 7, SE-VO, Art. 20, Rn. 3.

319 *Althoff* in Böttcher/Habighorst/Schulte, UmwR, § 122c Rn. 7; *Mayer* in Widmann/Mayer, UmwG/UmwStG (Stand: Mai 2019), § 122c UmwG, Rn. 11; *Bayer* in Lutter, UmwG, § 122c, Rn. 3.

behandeln.[320] Demnach deutet all dies darauf hin, dass der Verschmelzungsplan gesellschaftsrechtlichen Charakter aufweist. Die Ansicht, der Verschmelzungsplan sei ausschließlich oder ergänzend auch schuldrechtlicher Rechtsnatur,[321] ist infolgedessen unzutreffend.

Die GesRiLi räumt den an der Verschmelzung beteiligten Gesellschaften die Möglichkeit ein, weitere über den Mindestinhalt hinausgehende Angaben in den Verschmelzungsplan aufzunehmen.[322] Solche ergänzenden Angaben können schuldrechtliche Verpflichtungen zwischen den an der Verschmelzung beteiligten Gesellschaften begründen, ändern aber im Ergebnis die Rechtsnatur des Verschmelzungsplans als solchen nicht.[323] Diese über den Mindestinhalt hinausgehenden Angaben können inhaltlich in den Verschmelzungsplan einbezogen werden.[324] Hierdurch entsteht ein Dokument, das zum einen den Verschmelzungsplan, der gesellschaftsrechtlich zu qualifizieren ist, und zum anderen die ergänzenden Angaben, die abhängig von deren Inhalt schuldrechtlich zu qualifizieren sind, enthält.[325] Es ist aus praktischen Gründen empfehlenswert, dass diese fakultativen Angaben in einem von dem Verschmelzungsplan selbst separaten Dokument erfasst werden, da so für diese Angaben etwaige

---

320 *Hörtnagl* in Schmitt/Hörtnagl, UmwG/UmwStG, § 122c, Rn. 5; *Marsch-Barner/Wilk* in Kallmeyer, UmwG, § 122c, Rn. 4; *Mayer* in Widmann/Mayer, UmwG/UmwStG (Stand: Mai 2019), § 122c UmwG, Rn. 15 ff.; *Polley* in Henssler/Strohn, GesR, § 122c UmwG, Rn. 5; *Althoff* in Böttcher/Habighorst/Schulte, UmwR, § 122c Rn. 6, 7; *Huber* in: Kronke/Melis/Kuhn, Handbuch Internationales Wirtschaftsrecht, 2. Kapitel, Rn. 268; *Frenzel*, RIW 2008, 12 26; *Kallmeyer*, AG 2007, 472 474

321 Für eine reine schuldrechtliche Qualifikation vgl. *Becker/Uxa* in HeidelKomm zum UmwG, § 122c, Rn. 6; für eine auch schuldrechtliche Qualifikation vgl. *Simon/Rubner* in KölnKomm zum UmwG, § 122c, Rn. 6; *Krause/Kulpa*, ZHR 171 (2007) 38 56; *Winter*, Der Konzern 2007, 24 33; *Forsthoff*, DStR 2006, 613 614; *Vetter*, AG 2006, 613 617.

322 Siehe Erwägungsgrund 57 GesRiLi; siehe auch *Marsch-Barner/Wilk* in Kallmeyer, UmwG, § 122c, Rn. 4; *Bayer* in Lutter, UmwG, § 122c, Rn. 4; *Althoff* in Böttcher/Habighorst/Schulte, UmwR, § 122c Rn. 7, *Krause/Kulpa*, ZHR 171 (2007) 38 57.

323 Vgl. *Marsch-Barner/Wilk* in Kallmeyer, UmwG, § 122c, Rn. 4; *Althoff* in Böttcher/Habighorst/Schulte, UmwR, § 122c Rn. 7; *Bayer* in Lutter, UmwG, § 122c, Rn. 4.

324 Statt vieler vgl. *Marsch-Barner/Wilk* in Kallmeyer, UmwG, § 122c, Rn. 4.

325 Vgl. *Marsch-Barner/Wilk* in Kallmeyer, UmwG, § 122c, Rn. 4; *Hörtnagl* in Schmitt/Hörtnagl, UmwG/UmwStG, § 122c, Rn. 5; *Drinhausen* in Semler/Stengel/Leonard, UmwG, § 122c, Rn. 6.

Publizitäts- bzw. Offenlegungspflichten und die registerrechtliche Kontrolle, die nur den Verschmelzungsplan betreffen, vermieden werden können.[326]

c) Fazit

Der Verschmelzungsplan selbst stellt also einen gesellschaftsrechtlichen Organisationsakt. Er erfasst Elemente, die die Struktur sowie die innere Verfassung der aus der Verschmelzung hervorgehenden Gesellschaft betreffen. Er legt nämlich fest, welche Rechtsform die aus der Verschmelzung hervorgehende Gesellschaft haben und wo ihr Sitz sein wird. Ferner werden Regelungen bezüglich der Mitgliedschaft sowie der Beteiligung der Arbeitnehmer an der Festlegung ihrer Mitbestimmungsrechte in der aus der Verschmelzung hervorgehenden Gesellschaft getroffen.[327] Es handelt sich beim Verschmelzungsplan also um einen gesellschaftsrechtlichen Organisationsakt.

3. Anwendbares Recht

a) Qualifikation

Wie bereits ausgeführt, zeichnet sich der Verschmelzungsplan dadurch aus, dass er einen gesellschaftsrechtlichen Organisationsakt darstellt, der Bestimmungen zur strukturellen Organisation sowie zur inneren Verfassung einer Gesellschaft – in diesem Fall der aus der Verschmelzung hervorgehenden Gesellschaft – festhält.[328] Fragen in Bezug auf die strukturelle Organisation sowie die innere Verfassung einer Gesellschaft werden aus dem Anwendungsbereich der Rom-Verordnungen nach Maßgabe des Art. 1 Abs. 2 lit. f) Rom I-VO für vertragliche Schuldverhältnisse und des Art. 1 Abs. 2 lit. d) Rom II-VO für

---

326 Habersack/Drinhausen/*Kiem*, SE-Recht, UmwG, § 122c, Rn. 7, 41 f.; *Althoff* in Böttcher/Habighorst/Schulte, UmwR, § 122c Rn. 7; *Bayer* in Lutter, UmwG, § 122c, Rn. 31; *Hörtnagl* in Schmitt/Hörtnagl, UmwG/UmwStG, § 122c, Rn. 5; *Drinhausen* in Semler/Stengel/Leonard, UmwG, § 122c, Rn. 6; *Drinhausen/Keinath*, BB 2006, 725 727.

327 Siehe § 122c Abs. 2 Nr. 1 UmwG (Firma, Rechtsform, Sitz); § 122c Abs. 2 Nr. 10 UmwG (Mitbestimmungsrecht).

328 *Hörtnagl* in Schmitt/Hörtnagl, UmwG/UmwStG, § 122c, Rn. 5; *Marsch-Barner/Wilk* in Kallmeyer, UmwG, § 122c, Rn. 4; *Mayer* in Widmann/Mayer, UmwG/UmwStG (Stand: Mai 2019), § 122c UmwG, Rn. 15 ff.; *Polley* in Henssler/Strohn, GesR, § 122c UmwG, Rn. 5; *Althoff* in Böttcher/Habighorst/Schulte, UmwR, § 122c Rn. 6, 7; *Huber* in: Kronke/Melis/Kuhn, Handbuch Internationales Wirtschaftsrecht, 2. Kapitel, Rn. 268; *Frenzel*, RIW 2008, 12 26; *Kallmeyer*, AG 2007, 472 474.

außervertragliche Schuldverhältnisse ausdrücklich ausgeschlossen.[329] Im Vordergrund stehen hier der Schutz des Rechtsverkehrs sowie Interessen Dritter, welche durch eine Rechtswahlmöglichkeit womöglich erhebliche Beeinträchtigungen in ihren Rechten erfahren müssten.[330]

Fragen, die verschmelzungsrechtliche Fragen behandeln und die innere Verfassung der Gesellschaft, sowie die rechtlichen Beziehungen der Gesellschafter zueinander und zu der Gesellschaft betreffen, werden nach den Bestimmungen des nationalen autonomen Rechts angeknüpft.[331] Das darauf anwendbare Recht richtet sich also nach dem jeweils anwendbaren Gesellschaftsstatut.[332] Das Gesellschaftsstatut gilt als Gesamtstatut und somit werden alle die Verschmelzung betreffende Fragen grundsätzlich nach einem einheitlichen Statut ermittelt.[333] Für die Ermittlung des für die Aufstellung des Verschmelzungsplans maßgeblichen Rechts wird an den satzungsmäßigen Sitz der an der Verschmelzung beteiligten Gesellschaft angeknüpft.[334]

b) Gesellschaftsstatut

i) Kumulative Anwendung aller Rechtsordnungen

In Anbetracht der Geltung der modifizierten Vereinigungstheorie bei den grenzüberschreitenden Verschmelzungen ist in diesem Zusammenhang zu beachten, dass das Gesellschaftsstatut der jeweiligen Gesellschaft kumulativ oder im Einzelnen zur Anwendung kommt.[335] Dies hängt von der vorzunehmenden Handlung ab, ob die Gesellschaft allein tätig werden muss oder ob es einer

---

329 Art. 1 Abs. 2 lit. f) Rom I-VO; Art. 1 Abs. 2 lit. d) Rom II-VO; siehe dazu Staudinger/*Magnus* (2021) Rom I-VO, Art. 1 Rn. 81; *Martiny* in MüKo-BGB, Bd. 13, Art. 1 Rom I-VO, Rn. 66 ff.; *Unberath/Cziupka* in Rauscher, EuZPR/EuIPR, Art. 1, Rom II-VO, Rn. 60.

330 Vgl. *v. Hein* in Rauscher, EuZPR/EuIPR, Art. 1, Rom I-VO, Rn. 42; vgl. zum EVÜ *Giuliano/Lagarde* Bericht, BT Drucks. 10/503, S. 44.

331 *Giuliano/Lagarde* Bericht, BT Drucks. 10/503, S. 45; *v. Hein* in Rauscher, EuZPR/EuIPR, Art. 1, Rom I-VO, Rn. 43; *Hohloch*, IPRax 2012, 110 112.

332 *Giuliano/Lagarde* Bericht, BT Drucks. 10/503, S. 45; *v. Hein* in Rauscher, EuZPR/EuIPR, Art. 1, Rom I-VO, Rn. 43; *Hohloch*, IPRax 2012, 110 112.

333 Staudinger/*Mansel* (2015) IntSachenR, Art. 43 EGBGB, Rn. 1039; *Huber* in: Kronke/Melis/Kuhn, Handbuch Internationales Wirtschaftsrecht, 2. Kapitel, Rn. 282.

334 *Huber* in: Kronke/Melis/Kuhn, Handbuch Internationales Wirtschaftsrecht, 2. Kapitel, Rn. 266.

335 Vgl. Staudinger/*Großfeld*, IntGesR (1998), Rn. 686 ff.; *Drinhausen* in Semler/Stengel/Leonard, UmwG, Einl. C, Rn. 16.

gemeinsamen Handlung mit den anderen, an der Verschmelzung beteiligten Gesellschaften bedarf.[336] Die Aufstellung des Verschmelzungsplans erfordert das gemeinsame Handeln der beteiligten Gesellschaften. Aus dem in der GesRiLi enthaltenen Gebot ergibt sich explizit, dass die an der Verschmelzung beteiligten Gesellschaften einen gemeinsamen, inhaltlich gleichlautenden Verschmelzungsplan aufzustellen haben.[337]

Die Aufstellung des Verschmelzungsplans bzw. seines Entwurfs wird aber von der jeweiligen Gesellschaft vorgenommen. Dementsprechend richten sich die Voraussetzungen der ordnungsgemäßen Aufstellung des Verschmelzungsplans nach dem Gesellschaftsstatut der aufstellungspflichtigen Gesellschaft.[338] Das Gesellschaftsstatut der jeweiligen Gesellschaft setzt die Wirksamkeitsvoraussetzungen des Verschmelzungsplans fest. Es bestimmt nämlich, welche Schritte zu unternehmen und welche Fristen bei den jeweiligen Schritten für die Aufstellung des Verschmelzungsplans einzuhalten sind.[339] Diese betreffen beispielsweise die Bestimmung des entscheidungstragenden Organs oder die erforderliche Mehrheitserfordernisse, die sich bei der Fassung des Zustimmungsbeschlusses über den Verschmelzungsplan gelten. Ferner bestimmt das Gesellschaftsstatut etwaige Regelungen der Offenlegungspflichten, die gemäß den Richtlinienvorgaben zu beachten sind.[340] Anzuwenden ist in diesem Fall das materielle Recht des Gründungsstaates der aufstellenden Gesellschaft.[341]

Obwohl also die Handlungen von den zu verschmelzenden Gesellschaften separat vorzunehmen sind, bedarf es der ordnungsgemäßen Durchführung der erforderlichen Schritte nach dem Recht aller beteiligten Gesellschaften kumulativ, damit der gemeinsam aufzustellende Verschmelzungsplan wirksam ist.[342] Mit anderen Worten ist der Verschmelzungsplan erst dann wirksam, wenn er die Wirksamkeitsvoraussetzungen des Rechts der jeweiligen Mitgliedstaaten kumulativ erfüllt, denen die beteiligten, aufstellungspflichtigen Gesellschaften

---

336 Vgl. *Marsch-Barner/Wilk* in Kallmeyer, UmwG, § 122c, Rn. 6l.

337 Siehe Erwägungsgrund 57 sowie Art. 122 GesRiLi.

338 *Kropholler*, IPR, § 20 IV, S. 144; *Huber* in: Kronke/Melis/Kuhn, Handbuch Internationales Wirtschaftsrecht, 2. Kapitel, Rn. 274.

339 Vgl. *Holzborn/Mayston*, ZIP 2012, 2380 2381 zum Verfahren bei einer englischen plc.

340 Art. 133 GesRiLi.

341 Grabitz/Hilf/Nettesheim/*Forsthoff*, Art. 54 AEUV, Rn. 12; so bereits auch *Mansel*, RabelsZ 70 (2006) 651 674.

342 *Marsch-Barner/Wilk* in Kallmeyer, UmwG, § 122c, Rn. 5; *Polley* in Henssler/Strohn, GesR, § 122c UmwG, Rn. 9; *Simon/Rubner* in KölnKomm zum UmwG, § 122c, Rn. 8; *Weller/Rentsch*, IPRax 2013, 530 533.

angehören. Dies ist insoweit unproblematisch, denn diese Handlungen werden von der jeweiligen Gesellschaft im Einzelnen unternommen und überlappen sich nicht mit den entsprechenden Handlungen der anderen, den Verschmelzungsplan aufstellenden Gesellschaften. Problematisch wird es aber dann, wenn es sich um die Form des gemeinsam aufzustellenden Verschmelzungsplans handelt, denn die GesRiLi ließ diese Frage offen. Diese Frage ist schon deshalb problematisch, weil nicht jede Rechtsordnung die gleichen Formerfordernisse für die Aufstellung statuiert.[343] Darauf ist sogleich einzugehen.[344]

ii) Anwendung einer Rechtsordnung

Es wird vereinzelt vorgeschlagen, den Verschmelzungsplan einer einheitlichen Rechtsordnung zu unterstellen, vorzugsweise dem Gründungsrecht der aus der Verschmelzung hervorgehenden Gesellschaft.[345] Damit wird die Heranziehung der Aufnahmetheorie zum Ausdruck gebracht, die den gesamten Vorgang der Rechtsordnung jener Gesellschaft unterwirft, die am Ende fortbesteht.[346] Somit schafft die Anwendung einer einheitlichen Rechtsordnung Rechtsklarheit und mehr Rechtssicherheit.[347]

Für die Anwendung einer einheitlichen Rechtsordnung kann die strittige Rechtsnatur des Verschmelzungsplans erst einmal dahingestellt bleiben.[348] Am Ende des Verfahrens liegt ein einheitliches Dokument vor, worauf nur ein Recht anwendbar ist, nämlich entweder das Vertrags- oder das Gesellschaftsstatut.[349] Die Anwendung einer einheitlichen Rechtsordnung ist des Weiteren aufgrund der Prüfung des Dokuments durch die zuständige Behörde des Aufnahmestaates geboten, die mit der Aufgabe betraut ist, zu prüfen, ob die an der Verschmelzung beteiligten Gesellschaften einem gemeinsamen gleichlautenden Verschmelzungsplan zugestimmt haben.[350] Die Prüfung des Vorliegens eines gemeinsam aufgestellten Verschmelzungsplans sowie die Prüfung der Wirksamkeit und des Vollzugs der Verschmelzung erfolgen nach den nationalen Vorschriften, die

343 *Ege/Klett*, GWR 2011, 399 401.
344 Siehe nachfolgend unter C. I. 4.
345 *Kallmeyer*, AG 2007, 472 474; *Krüger* in GS Gruson, S. 275.
346 Vgl. zur Aufnahmetheorie und zur Kritik diesbezüglich *Kindler* in MüKo-BGB, Bd. 13, IntGesR, Rn. 795; siehe auch *Petanidis*, Die grenzüberschreitende Umstrukturierung von Gesellschaften, S. 110 ff.
347 So auch *Looschelders*, IPR, Anh. zu Art. 10, Rn. 18.
348 Vgl. *Krüger* in GS Gruson, S. 273.
349 *Krüger* in GS Gruson, S. 273.
350 Siehe § 122l Abs. 1 S. 2 UmwG.

für die besagte Behörde gelten.[351] Durch die Anwendung mehrerer Rechtsordnungen müsste sich die jeweils zuständige Behörde mit der Heranziehung ausländischen Rechts auseinandersetzen, das sie nicht im Stande ist, zu kennen.[352] Schließlich trägt die Harmonisierung im Wege der Umsetzung der GesRiLi dazu bei, dass die jeweiligen Verfahrensschritte einer grenzüberschreitenden Verschmelzung unter mitgliedstaatlichen Kapitalgesellschaften vereinheitlicht und somit die schutzwürdigen Interessen der betroffenen Personengruppen sichergestellt worden sind.[353] Infolgedessen entfällt der Bedarf, alle Rechtsordnungen beim Verschmelzungsverfahren mit zu berücksichtigen.[354]

iii) Stellungnahme und Zwischenergebnis

Bei einem grenzüberschreitenden Verschmelzungsvorgang ist die Anwendung ausschließlich einer Rechtsordnung problematisch. Mit der Anwendung des Rechts des Staates, dem die aus der Verschmelzung hervorgehende Gesellschaft unterliegt (Aufnahmetheorie), lassen sich die Vorgaben der an der Verschmelzung beteiligten Gesellschaften nicht ausreichend berücksichtigen, obwohl diese sich während des Verschmelzungsverfahrens noch nicht aufgelöst haben und noch an dem Vorgang teilnehmen.[355] Dies steht zunächst den Vorgaben der GesRiLi entgegen, die die Einhaltung der Formalitäten des jeweils betroffenen Mitgliedstaates gebieten.[356] Ferner prüft die zuständige Behörde des Aufnahmestaates gemäß § 122l UmwG bei dem Vollzug der Verschmelzung, ob die erforderlichen Unterlagen eingereicht wurden. Eine dieser Unterlagen ist gemäß § 122l Abs. 1 Satz 2 UmwG der Verschmelzungsplan. Das zuständige Registergericht prüft in Bezug auf den Verschmelzungsplan, ob die Anteilsinhaber einem gemeinsamen, gleichlautenden Verschmelzungsplan zugestimmt haben. Zu den weiteren Wirksamkeitsvoraussetzungen oder Verfahrensschritten der Aufstellung des Verschmelzungsplans muss das Gericht nicht Stellung beziehen. Mit anderen Worten muss die zuständige Behörde lediglich prüfen, ob die Anteilsinhaber der zu verschmelzenden Gesellschaften dem Verschmelzungsplan zugestimmt haben, und nicht wie. Wie der Verschmelzungsplan aufzustellen ist, richtet sich, wie bereits erörtert, nach dem Gesellschaftsstatut der jeweils

351 *Krüger* in GS Gruson, S. 274; *Kallmeyer*, AG 2007, 472 474.
352 Vgl. *Krüger* in GS Gruson, S. 274.
353 Siehe *Krüger* in GS Gruson, S. 275.
354 Vgl. *Krüger* in GS Gruson, S. 275.
355 *Kindler*, MüKo-BGB, Bd. 13, IntGesR, Rn. 795.
356 Erwägungsgrund 56 GesRiLi; statt aller vgl. *Bayer* in Lutter, UmwG, § 122a, Rn. 5.

aufstellenden Gesellschaft, und damit muss sich das jeweils zuständige Registergericht nicht auseinandersetzen.

Außerdem ist nicht ersichtlich, dass die GesRiLi darauf abzielte, die Geltung der modifizierten Vereinigungstheorie abzuschaffen. Vielmehr folgt sie deren Grundsätzen.[357] So richtet sich beispielsweise die Verschmelzungsfähigkeit der Gesellschaften nach dem für diese maßgeblichen Gesellschaftsstatut.[358] Während des Verschmelzungsverfahrens ist das Gesellschaftsstatut der beteiligten Gesellschaften im Einzelnen oder kumulativ zu beachten.[359] Abschließend bestimmt das Recht des Staates, in dem die aus der Verschmelzung hervorgehende Gesellschaft ihren Sitz hat, die Wirksamkeitsvoraussetzungen des Verschmelzungsvorgangs.[360] Daraus wird gefolgert, dass durch die Vereinheitlichung der grenzüberschreitenden Verschmelzungen von Kapitalgesellschaften im Binnenmarkt die modifizierte Vereinigungstheorie ihren Niederschlag gefunden hat.[361]

c) *Vertragsstatut*

Zusätzlich zu dem Mindestinhalt sind die beteiligten Parteien berechtigt, weitere Vereinbarungen bezüglich des Ablaufs und der weiteren Bedingungen der Verschmelzung zu treffen.[362] Sofern solche Vereinbarungen schuldrechtlichen

---

357 Statt vieler siehe *Bayer* in Lutter, UmwG, § 122a, Rn. 16; so auch *Hörtnagl* in Schmitt/Hörtnagl, UmwG/UmwStG, Vor § 122a, Rn. 3.

358 *Drinhausen* in Semler/Stengel, UmwG, Einl. C, Rn. 16.

359 Vgl. *Marsch-Barner/Wilk* in Kallmeyer, UmwG, Vor §§ 122a-12m, Rn. 2.

360 Art. 126 GesRiLi: „*Der Zeitpunkt, an dem die grenzüberschreitende Verschmelzung wirksam wird, bestimmt sich nach dem Recht des Mitgliedstaats, dem die aus der grenzüberschreitenden Verschmelzung hervorgehende Gesellschaft unterliegt. Die Verschmelzung kann jedoch erst dann wirksam werden, wenn die Kontrolle nach Artikel 128 abgeschlossen ist.*" Vgl. *Bayer* in Lutter, UmwG, § 122a, Rn. 7; *Simon/Rubner* in KölnKomm zum UmwG, Vor § 122a, Rn. 26 f.; siehe auch *Huber* in: Kronke/Melis/Kuhn, Handbuch Internationales Wirtschaftsrecht, Rn. 267; *Schollmeyer*, IPRax 2020, 297 300.

361 Vgl. *Weller* in FS Blaurock, S. 516.

362 *Marsch-Barner/Wilk* in Kallmeyer, UmwG, § 122c, Rn. 4; *Bayer* in Lutter, UmwG, § 122c, Rn. 4; *Mayer* in Widmann/Mayer, UmwG/UmwStG (Stand: Mai 2019), § 122c, Rn. 37; *Drinhausen* in Semler/Stengel/Leonard, UmwG, § 122c, Rn. 6; *Hörtnagl* in Schmitt/Hörtnagl, UmwG/UmwStG, § 122c UmwG Rn. 5; *Simon/Rubner* in KölnKomm zum UmwG, § 122c, Rn. 6; Beck-OKG/*Klett*, UmwG, § 122c, Rn. 77.

Charakter aufweisen, finden die Normen der Rom I-VO bzw. Rom II-VO Anwendung.[363]

d) Fazit

Im Ergebnis ist also festzuhalten, dass der Verschmelzungsplan eine gesellschaftsrechtliche Rechtsnatur aufweist. Die Wirksamkeitsvoraussetzungen des Verschmelzungsplans richten sich nach dem Gesellschaftsstatut der an der Verschmelzung beteiligten Gesellschaften. Infolge der modifizierten Vereinigungstheorie ist das Recht sämtlicher Beteiligten zu berücksichtigen, da es deren gemeinsamer Handlung bedarf. So sind auf den gemeinsam aufzustellenden, gleichlautenden Verschmelzungsplan die Gesellschaftsstatute aller an der Verschmelzung beteiligten Gesellschaften kumulativ anzuwenden. Es liegt also eine kumulative Anknüpfung vor.

Der Verschmelzungsplan kann zudem mit weiteren Elementen ergänzt werden, die auch schuldrechtliche Rechtsnatur aufweisen können und die Verpflichtungen der Parteien im Zusammenhang mit dem Ablauf der Verschmelzung näher bestimmen. Auf diese zusätzlichen schuldrechtlichen Elementen finden die Bestimmungen der Rom I-VO und der Rom II-VO Anwendung und das maßgebliche Recht wird abhängig von ihren Inhalt entsprechend ermittelt.

4. Form

a) Darlegung der Problematik

Die Form des Verschmelzungsplans bei grenzüberschreitenden Verschmelzungen im Binnenmarkt ist nicht vereinheitlicht, sodass in den jeweiligen Mitgliedstaaten unterschiedliche Formerfordernisse für die Aufstellung des gemeinsamen, gleichlautenden Dokumentes verlangt werden.[364] Zum einen sieht die GesRiLi für die Aufstellung des Verschmelzungsplans kein besonderes Formerfordernis vor. Artikel 122 GesRiLi sieht lediglich die zwingenden Mindestangaben vor und enthält keine weiteren Vorgaben hinsichtlich der Form

363 Vgl. *v. Hein* in Rauscher, EuZPR/EuIPR, Art. 1, Rom I-VO, Rn. 42; vgl. *Giuliano/Lagarde* Bericht, BT Drucks. 10/503, S. 44.

364 Vgl. *Bech-Bruun*, Study on the Application of the Cross-border Mergers Directive, 2013 zu Länderberichten der jeweiligen mitgliedstaatlichen Rechtsordnung; siehe auch *Mayer* in Widmann/Mayer, UmwG/UmwStG (Stand: Mai 2019), § 122c, Rn. 179; *Ege/Klett*, GWR 2011, 399 401 bezüglich der Form des Verschmelzungsplans in der spanischen Rechtsordnung.

des Verschmelzungsplans. Auch der Erwägungsgrund 57 zur Aufstellung des Verschmelzungsplans enthält keine weiteren Informationen hierzu. Lediglich begründet die GesRiLi die Verpflichtung der Mitgliedstaaten, die grenzüberschreitenden Verschmelzungen durch Schaffung entsprechender Bedingungen zu erleichtern. Zum anderen überließ der EuGH in seiner Entscheidung in der Rechtssache SEVIC die Durchführung der grenzüberschreitenden Verschmelzung den jeweiligen Mitgliedstaaten, sofern die entsprechenden Regelungen des jeweils betroffenen Mitgliedstaates die unionsrechtlichen Grundsätze in Zusammenhang mit der Niederlassungsfreiheit nicht verletzen.[365] Die Bestimmung der erforderlichen Form richtet sich infolgedessen nach den Vorgaben, die in dem jeweils beteiligten Mitgliedstaat gelten.[366]

Die an der Verschmelzung beteiligten Gesellschaften sind verpflichtet, einen gemeinsamen, gleichlautenden Verschmelzungsplan aufzustellen, weshalb die unionsweit abweichende Regelung zur Form des Verschmelzungsplans problematisch ist.[367] Im Hinblick auf die kumulative Anwendung aller beteiligten Rechtsordnungen bei gemeinsamer Handlung der beteiligten Gesellschaften stellt sich zum einen die Frage nach dem auf die Form des Verschmelzungsplans anwendbaren Recht. In Anbetracht der Geltung der modifizierten Vereinigungstheorie ist ferner die Durchsetzung der strengsten Rechtsordnung zu beachten. In einem weiteren Schritt ist auf die Frage einzugehen, ob die Einhaltung der Form nach den Vorgaben des einen Mitgliedstaates dazu führt, dass das Formerfordernis des anderen Mitgliedstaates erfüllt wurde. Erfordert beispielsweise ein Mitgliedstaat die notarielle Beurkundung des Verschmelzungsplans,[368] so stellt sich die Frage, ob die Beurkundung durch einen ausländischen Notar zur Wahrung der erforderlichen notariellen Beurkundung führt.

365 EuGH, Urteil v. 13.12.2005 – Rs. C-411/03, SEVIC Systems AG, Slg. 2005, I-10805, Rn. 31.

366 So auch *Frenzel*, RIW 2008, 12 16.

367 *Heckschen* in Widmann/Mayer, UmwG/UmwStG, § 6 UmwG Rn. 10 ff.; *Stelmaszczyk*, RNotZ 2019 177 178; *Lieder*, ZIP 2018, 1517 f.

368 § 122c Abs. 4 UmwG (Deutschland); Art. 11 Abs. 1 G. 3777/2009 betreffend die grenzüberschreitenden Verschmelzungen zwischen Kapitalgesellschaften (Griechenland); Art. 2:318 niederländisches Zivilgesetzbuch (Niederlande).

b) Das Formstatut

Das auf die Form des Verschmelzungsplans anwendbare Recht (Formstatut) ist eine Teilfrage, die eigenständig anzuknüpfen ist.[369] Formfragen für Verträge richten sich vorrangig nach Art. 11 Rom I-VO. Zu beachten ist zudem der Ausnahmebereich des Art. 1 Abs. 2 lit. g) Rom I-VO. Demgemäß sind Fragen, die die innere Verfassung einer Gesellschaft betreffen, aus dem Anwendungsbereich der Rom I-VO ausgeschlossen. Davon werden auch satzungsrelevante Akte erfasst.[370] Der Verschmelzungsplan ist primär ein gesellschaftsrechtlicher Organisationsakt, der strukturelle Änderungen der betroffenen Gesellschaften herbeiführt.[371] Somit fallen die Formfragen betreffend den Verschmelzungsplan nicht unter den Anwendungsbereich des Art. 11 Rom I-VO, sondern richten sich nach dem nationalen autonomen Recht und damit vor deutschen Gerichten nach Art. 11 EGBGB.

Für die Ermittlung des Formstatuts kommen nach Art. 11 EGBGB grundsätzlich zwei alternativen Anknüpfungspunkte in Betracht. Zum einen richtet sich das Formstatut nach dem Recht des Staates, dem das Rechtsgeschäft unterliegt, und das Gegenstand des Formerfordernisses ist (Wirkungsstatut bzw. Geschäftsstatut).[372] Zum anderen ist es auf den Ort abzustellen, an dem die Handlung vorgenommen wurde, die zur Erfüllung der Formanforderung führt (Ortsstatut).[373] Ein Rechtsgeschäft kann mithin dann formwirksam sein, wenn es die Anforderungen entweder des Geschäftsstatuts (bzw. Wirkungsstatuts) oder des Vornahmeorts (Ortsstatuts) erfüllt.[374] Freilich ist die Anwendung des Art. 11 EGBGB auf gesellschaftsrechtliche Fragen und insbesondere auf Fragen bezüglich satzungsrelevanter Akten, wie beispielsweise des Verschmelzungsplans, im internationalen Form- und Gesellschaftsrecht umstritten.[375]

---

369 *Mansel* in Jauernig, BGB, Rom I, Vorbem. Rn. 46 ff.; *Leible* in Michalski-GmbHG, Syst. Darst. 2, Rn. 102.

370 Vgl. *Martiny* in MüKo-BGB, Bd. 13, Art. 1, Rom I-VO, Rn. 68; zum EVÜ *Giuliano/Lagarde* Bericht, BT Drucks. 10/503, S. 44.

371 Siehe *Hörtnagl* in Schmitt/Hörtnagl, UmwG/UmwStG, § 122c, Rn. 5; *Marsch-Barner/Wilk* in Kallmeyer, UmwG, § 122c, Rn. 4; *Simon/Rubner* in KölnKomm zum UmwG, § 122c, Rn. 6.

372 Art. 11 Abs. 1 1. HS EGBGB.

373 Art. 11 Abs. 1 2. HS EGBGB.

374 *Leible* in Michalski-GmbHG, Syst. Darst. 2, Rn. 102 ff.

375 Zum Meinungsstand siehe die Ausführungen von BeckOK-BGB/*Mäsch*, Art. 11 Rom I-VO, Rn. 72 f., die für Art. 11 EGBGB ebenfalls gelten; Staudinger/*Winkler von Mohrenfels* (2019) EGBGB Art. 11, Rn. 274 ff., 280.

i) *Meinungsstand*

aa) *Anknüpfung nach Art. 11 Abs. 1 EGBGB*

Zum einem wird die Meinung vertreten, dass Art. 11 EGBGB auch auf gesellschaftsrechtliche Vorgänge anzuwenden sei.[376] Art. 11 Abs. 1 bis 3 EGBGB finden auf Rechtsgeschäfte Anwendung. Dieser Begriff umfasst auch die gesellschaftsrechtlichen Rechtsgeschäfte einschließlich der Gesellschaftsverträge.[377] Solange diese Möglichkeiten gesetzlich zur Verfügung stehen, seien keine Anhaltspunkte ersichtlich, die gesellschaftsrechtlichen Rechtsgeschäfte aus dem Anwendungsbereich des Art. 11 EGBGB auszuschließen.[378] Das vorgenommene Rechtsgeschäft kann den Formanforderungen des Orts unterliegen, wo dies vorgenommen wurde (Ortsstatut).[379] Sieht der Vornahmeort keine Form vor oder wurde diese nicht eingehalten, so ist auf das Wirkungsstatut abzustellen.[380] Die Ausnahme des Art. 11 Abs. 4 EGBGB, der auf die *lex rei sitae* abstellt und die alternative Anknüpfung an das Recht des Vornahmeorts bezüglich der dinglichen Verfügungen von Grundstücken ausschließt, greift mangels vergleichbarer Grundlage auch unter analoger Anwendung in gesellschaftsrechtlichen Konstellationen nicht.[381]

---

376 *Spellenberg* in MüKo-BGB, Bd. 12, EGBGB Art. 11, Rn. 190 ff.; Grüneberg/*Thorn*, BGB, Art. 11 EGBGB, Rn. 2; Staudinger/*Winkler von Mohrenfels* (2019) EGBGB Art 11, Rn. 281 ff.; *Leible* in Michalski-GmbHG, Syst. Darst. 2, Rn. 110; *Link*, BB 2014, 579 582.

377 KG Berlin, Beschl. v. 26.7.2018 – 22 W 2/18 = DNotZ 2019 141 141, Rn. 7; vgl. *Spellenberg* in MüKo-BGB, Bd. 12, EGBGB Art. 11, Rn. 197; so auch *Diehn*, DNotZ 2019 146.

378 KG Berlin, Beschl. v. 26.7.2018 – 22 W 2/18 = DNotZ 2019 141 141, Rn. 7 (zur Beurkundung des Verschmelzungsvertrags einer innerstaatlichen Verschmelzung durch einen Basler Notar); KG Berlin, Beschl. v. 24.1.18 – 22 W 25/16 = RNotZ 2018 267 (zur Gründung einer GmbH im Ausland, Beurkundung durch einen Notar im Kanton Bern); *Spellenberg* in MüKo-BGB, Bd. 12, EGBGB Art. 11, Rn. 190; Staudinger/*Winkler von Mohrenfels* (2019) EGBGB Art. 11, Rn. 282.

379 Grüneberg/*Thorn*, BGB, Art. 11 EGBGB, Rn. 13.

380 BeckOK-BGB/*Mäsch*, Art. 11 Rom I-VO, Rn. 72.

381 *Spellenberg* in MüKo-BGB, Bd. 12, EGBGB Art. 11 Rn. 201; a.A. *Kindler* in MüKo-BGB, Bd. 13, IntGesR, Rn. 535.

bb) Ausschließliche Geltung des Gesellschaftsstatuts

Andererseits wird die Form des Verschmelzungsplans ausschließlich dem Gesellschaftsstatut als Wirkungsstatut unterstellt.[382] Demgemäß richten sich gesellschaftsrechtliche Fragen nach dem Wirkungsstatut gemäß Art 11 Abs. 1 Alt. 1 EGBGB, also nach dem Gesellschaftsstatut der Gesellschaft.[383] Handelt es sich beispielsweise um eine Gesellschaft deutschen Rechts, so sind die deutschen Formvorschriften heranzuziehen.[384]

Eine weitere Ansicht vertritt, dass zwar die Anwendung des Art. 11 EGBGB zu bejahen sei, herangezogen werde jedoch Art. 11 Abs. 4 EGBGB.[385] Demgemäß sind dingliche Verfügungen über Grundstücke von der Anknüpfung an das Ortsstatut ausgenommen und richten sich nach dem Recht des Belegenheitsorts. Artikel 11 Abs. 4 EGBGB sei nach dieser Ansicht auf gesellschaftsrechtliche Vorgänge analog anzuwenden.[386] Das Gesellschaftsstatut weise eine gewisse Schutzfunktion hinsichtlich der gesellschaftsrechtlichen Rechtsgeschäfte auf, die zur Rechtssicherheit beitragen solle. Eine entsprechende Schutzwürdigkeit sei auch bei dinglichen Verfügungen über Grundstücke zu sehen, die zum Ausschluss des Ortsstatuts bei solchen Geschäften geführt hat. Dass das Internationale Gesellschaftsrecht im deutschen Recht noch nicht kodifiziert sei, führe zur Entstehung einer gesetzlichen Lücke im Hinblick auf die gesellschaftsrechtlichen Vorgänge und die damit einhergehende erforderliche Form. Diese Lücke sei durch die analoge Anwendung des Art. 11 Abs. 4 EGBGB auf die Form der gesellschaftsrechtlichen Rechtsgeschäfte zu schließen.

Es wird nach den oben vertretenen Ansichten argumentiert, dass die Heranziehung des Ortsstatuts zur Umgehung jener Vorschriften des Gesellschaftsstatuts führe, die den Schutz der Interessen Dritter sowie die Sicherheit des

---

382 *Kindler* in MüKo-BGB, Bd. 13, IntGesR, Rn. 558; Staudinger/*Großfeld*, IntGesR (1998), Rn. 467, 497 f.; *Goette* in FS Boujong, S. 131; so auch *Stelmaszczyk*, RNotZ 2019 177 179; *Lieder*, ZIP 2018, 805 809; *Tebben*, GmbHR 2018, 1190 1191.

383 Staudinger/*Großfeld*, IntGesR (1998), Rn. 485; so bereits *Schervier*, NJW 1992, 593 594.

384 *Stelmaszczyk*, RNotZ 2019 177 179; *Lieder*, ZIP 2018, 805 809; *Tebben*, GmbHR 2018, 1190 1191.

385 *Kindler* in MüKo-BGB, Bd. 13, IntGesR, Rn. 535; JurisPK-BGB/*Süß*, Art. 11 EGBGB, Rn. 74; a.A. Staudinger/*Winkler von Mohrenfels* (2019) EGBGB Art. 11, Rn. 284.

386 *Kindler* in MüKo-BGB, Bd. 13, IntGesR, Rn. 535 m. w. N.; ablehnend *Leible* in Michalski-GmbHG, Syst. Darst. 2, Rn. 108.

Rechtsverkehrs gewährleisten sollen.[387] Dieses Ziel könne nur dann erreicht werden, wenn die Formvorschriften des Gesellschaftsstatuts statt des Vornahmeorts Anwendung finden.[388]

cc) *Unterscheidung zwischen satzungsrelevanten und nicht satzungsrelevanten Vorgängen*

Schließlich wird eine vermittelnde Ansicht hinsichtlich der Anknüpfung der Form der gesellschaftsrechtlichen Vorgänge vertreten. Demzufolge wird zwischen jenen gesellschaftsrechtlichen Vorgängen differenziert, die einerseits satzungsrelevante Akte betreffen, die die Struktur sowie das Innen- und Außenverhältnis der Gesellschaft regeln, und andererseits gesellschaftsrechtliche Vorgänge, die die innere Verfassung der Gesellschaft nicht betreffen.[389] Die satzungsrelevanten Akte umfassen auch Rechtsgeschäfte, die sich insbesondere auf die Gründung einer Gesellschaft bzw. auf gründungsähnliche Vorgänge beziehen, also Umwandlungen.[390] Diese Rechtsgeschäfte sowie die hierfür erforderliche Form sind ausschließlich dem Gesellschaftsstatut zu unterstellen.[391]

Anderseits wird die Form der Rechtsgeschäfte, die die innere Verfassung der Gesellschaft nicht betreffen, nicht zwingend dem Gesellschaftsstatut gleichgestellt und kann dementsprechend auf das Ortsstatut abgestellt werden.[392]

---

387 Vgl. *Stelmaszczyk*, RNotZ 2019 177 179; zu § 6 UmwG als innerstaatlichem Pendant des § 122c Abs. 4 UmwG vgl. DNotI-Report 2016, 93 94; ablehnend Staudinger/*Winkler von Mohrenfels* (2019) EGBGB Art. 11, Rn. 286.

388 *Heckschen*, DNotZ 2007, 444 457.

389 *Bischoff* in Heidel/Hüßtege/Mansel/Noack, BGB, Art. 11 EGBGB, Rn. 25.

390 *Drinhausen* in Semler/Stengel/Leonard, UmwG, § 122c, Rn. 6.

391 BGH, Urteil v. 4.11.2004 – III ZR 172/03 = NZG 2005, 41 42, soweit „[...] es nicht um Fragen der inneren Verfassung der Gesellschaft [geht]"; *Böttcher* in Böttcher/Habighorst/Schulte, UmwR, § 122c, Rn. 33 verweisend auf § 6 Rn. 15; *Kindler* in MüKo-BGB, Bd. 13, IntGesR, Rn. 535; Staudinger/*Großfeld*, IntGesR (1998), Rn. 467 ff.; so auch *Göthel* in M&A-Transaktionen, § 29, Rn. 12 f.; *Wagner/Timm*, IPRax 2008, 81 im Rahmen des Entwurfs der Bundesregierung zur Kodifikation des internationalen Gesellschaftsrechts.

392 BGH, Beschl. v. 16.02.1981 – ZB 8/80 = BGHZ 80, 76, 79 (zur Satzungsänderung und zur Gleichwertigkeit der Beurkundung der Anteilsübertragung einer GmbH durch einen Basler Notar); BGH, Beschl. v. 17.12.2013 - II ZB 6/13 = NZG 2014, 219 (zur Anteilsübertragung und zur Ausfertigung und Einreichung der Gesellschafterliste durch einen Basler Notar); *Spellenberg* in MüKo-BGB, Bd. 12, EGBGB Art. 11 Rn. 197; Grüneberg/*Thorn*, BGB, Art. 11 EGBGB Rn. 10; Staudinger/*Winkler von Mohrenfels*

Infolgedessen werden Anteilsübertragungen einer deutschen GmbH zulässigerweise von einem ausländischen Notar beurkundet, solange das Beurkundungsverfahren im Ausland der deutschen Beurkundung gleichwertig ist.[393] Die Gleichwertigkeit des ausländischen und des deutschen Beurkundungsverfahrens ist anhand des Instituts der Substitution zu ermitteln.[394]

ii) Zwischenergebnis

Satzungsrelevante Akten, die die innere Verfassung einer Gesellschaft regeln, sind gesellschaftsrechtlich zu qualifizieren. Der Verschmelzungsvertrag bzw. -plan stellt ebenfalls in erster Linie einen gesellschaftsrechtlichen Organisationakt dar, der die Struktur und die innere Verfassung der aus der Verschmelzung hervorgehenden Gesellschaft regelt. Daher richten sich Fragen in Bezug auf den Verschmelzungsplan nach dem jeweils maßgeblichen Gesellschaftsstatut. Das Gesellschaftsstatut bestimmt ferner die formellen Wirksamkeitsvoraussetzungen für die Aufstellung des Verschmelzungsplans. Dies betrifft die Art und Weise der Äußerung der Willenserklärungen für dessen Aufstellung und somit, ob eine notarielle Beurkundung erforderlich ist oder ob die privatschriftliche Form ausreichend ist.[395] Gemäß § 122c Abs. 4 UmwG muss der Verschmelzungsplan, der durch eine Gesellschaft mit Sitz in Deutschland aufzustellen ist, notariell beurkundet werden.[396] Das Formerfordernis der notariellen Beurkundung gemäß § 122c Abs. 4 UmwG gilt im Hinblick auf die an der Verschmelzung beteiligten Gesellschaften deutschen Rechts.[397] Entsprechend sind die Formvorschriften des Gesellschaftsstatuts der an der Verschmelzung beteiligten Gesellschaften ausländischen Rechts für die Aufstellung des Verschmelzungsplans anzuwenden. So ist

(2019) EGBGB Art. 11, Rn. 289; *Benecke* RIW 2002, 280 (285); *Kröll*, ZGR 2000, 111 (135 ff.); *Stenzel*, GmbHR 2014, 1024 1031.

393 BGH, Beschl. v. 17.12.2013 - II ZB 6/13 = NZG 2014, 219 verweisend auf BGH, Beschl. v. 16.02.1981 – ZB 8/80 = BGHZ 80, 76 78 f.; siehe zum Vergleich ausländischer und deutscher Notare *Weller*, Der Konzern 2008, 253 257.

394 Zur Begrifflichkeit der Substitution vgl. *Mansel* in FS Lorenz, S. 691; siehe *Lüttringhaus* in Encyclopedia of Private International Law, Substitution, S. 14 ff.

395 *v. Hoffmann/Thorn*, IPR, § 7, Rn. 39; Erman/*Stürner*, BGB, Art. 11 EGBGB, Rn. 13, 13a; DNotI-Report 2016, 93 94 in Bezug auf § 6 UmwG; zum Meinungsstand vgl. Staudinger/*Winkler von Mohrenfels* (2019) EGBGB Art. 11, Rn. 281 f. m. w. N. w.

396 *Mayer* in Widmann/Mayer (Stand: Mai 2019), UmwG/UmwStG, § 122c, Rn. 182; BeckOGK-UmwG/*Klett*, § 122c Rn. 80.

397 RegE, BT-Ds. 16/2919, S. 15; *Marsch-Barner/Wilk* in Kallmeyer, UmwG, § 122c, Rn. 43; BeckOGK-UmwG/*Klett*, § 122c Rn. 82; *Bayer* in Lutter, UmwG, § 122c, Rn. 7.

der Verschmelzungsplan, der beispielsweise durch eine Gesellschaft mit Sitz in Griechenland aufzustellen ist, gemäß den einschlägigen Formvorschriften nach griechischem Recht ebenfalls notariell zu beurkunden.[398] Sieht hingegen die ausländische Rechtsordnung die privatschriftliche Aufstellung des Verschmelzungsplans vor, so setzen sich die Vorschriften der strengsten Rechtsordnung durch.[399]

Es ist jedoch zu beachten, dass grenzüberschreitende Verschmelzungen im Binnenmarkt von der modifizierten Vereinigungstheorie stark geprägt sind.[400] Demzufolge findet das Recht aller beteiligten Rechtsordnungen Anwendung, wenn die gemeinsame Handlung der beteiligten Gesellschaften erforderlich ist. Die Erstellung eines Verschmelzungsplans gehört zu solchen Handlungen, wie dies dem Erwägungsgrund 57 sowie Art. 122 GesRiLi entnommen werden kann. Ferner ist bei der Geltung der modifizierten Vereinigungstheorie zu beachten, dass bei abweichenden Vorgaben in den beteiligten mitgliedstaatlichen Rechtsordnungen diejenigen materiell-rechtlichen Vorgaben einer der beteiligten Rechtsordnungen anzuwenden sind, die im Vergleich zu den Normen der anderen, am Verschmelzungsvorgang beteiligten Rechtsordnung am strengsten sind.[401] Die unterlassene Regelung im Hinblick auf die Form des Verschmelzungsplans hat somit den mitgliedstaatlichen Rechtsordnungen einen weiten Spielraum gewährt. So sehen einige Rechtsordnungen die privatschriftliche Verfassung des Verschmelzungsplans als ausreichend an,[402] während andere Rechtsordnungen die notarielle Beurkundung verlangen.[403]

Die Frage des Formstatuts hinsichtlich des Verschmelzungsplans bei grenzüberschreitenden Verschmelzungen wurde – soweit bekannt – bisher vom EuGH noch nicht abschließend geklärt. Die bereits erfolgten Harmonisierungsversuche haben diese Frage weder aufgegriffen, noch ist mit einer gesetzgeberischen

---

398 Art. 11 G. 3777/2009 über grenzüberschreitende Verschmelzungen (Griechenland).

399 *Marsch-Barner/Wilk* in Kallmeyer, UmwG, § 122c, Rn. 43; BeckOGK-UmwG/*Klett*, § 122c, Rn. 81; *Bayer* in Lutter, UmwG, § 122c, Rn. 7; *Göthel* in M&A-Transaktionen, § 29, Rn. 12.

400 Statt aller vgl. *Marsch-Barner/Wilk* in Kallmeyer, UmwG, Vor §§ 122a-122m, Rn. 2; so auch *Ege/Klett*, GWR 2011, 399 401.

401 Vgl. statt aller *Göthel*, Grenzüberschreitende M&A-Transaktionen, § 29, Rn. 10.

402 Vgl. *Ege/Klett*, GWR 2011, 399 401 zum spanischen Recht.

403 So beispielsweise Deutschland (§ 122c Abs. 4 UmwG); Griechenland (Art. 11 Abs. 1 G. 3777/2009 betreffend die grenzüberschreitenden Verschmelzungen zwischen Kapitalgesellschaften); Niederlande (Art. 2:318 niederländisches Zivilgesetzbuch).

Handlung hinsichtlich dieser Frage in absehbarer Zeit zu rechnen.[404] Zum einen sieht die GesRiLi vor, dass innerstaatliche Vorschriften und Formalitäten einzuhalten sind, solange diese auch für innerstaatliche Verschmelzungen anwendbar wären und mit dem Unionsrecht im Einklang stehen.[405] Zum anderen ergibt sich aus der EuGH-Rechtsprechung der Grundsatz der Gleichbehandlung der ausländischen und der inländischen Gesellschaften, die ihre Unterstellung den gleichen Anforderungen gebietet.[406]

Mangels einer auf Unionsebene geltenden Regelung hinsichtlich des Formstatuts ist aus deutscher Sicht auf das Wirkungsstatut, also das Gesellschaftsstatut abzustellen.[407] Für die Aufstellung des gemeinsamen Verschmelzungsplans kommt es zur kumulativen Anwendung der Gesellschaftsstatute der jeweiligen aufstellungspflichtigen Gesellschaften. Entsprechend richtet sich die Form des gemeinsam aufzustellenden Verschmelzungsplans kumulativ nach dem anwendbaren Recht aller an der Verschmelzung beteiligten Rechtsordnungen, wobei die Vorgaben der strengsten Rechtsordnung zu beachten sind. Für die an der Verschmelzung beteiligten, deutschen Gesellschaften hat der deutsche Gesetzgeber im Zuge der Umsetzung der GesRiLi die notarielle Beurkundung des Verschmelzungsplans in § 122c Abs. 4 UmwG ausdrücklich normiert, obgleich in der GesRiLi selbst keine Form vorgeschrieben wurde, und damit die Richtlinie überschießend umgesetzt.[408] Auch andere Rechtsordnungen, wie beispielsweise die niederländische, österreichische oder die griechische Rechtsordnung, schreiben die Form der notariellen Beurkundung für die wirksame Aufstellung des Verschmelzungsplans vor.[409] Dies hat unter Umständen mehrfache

---

404 Vgl. *Spellenberg* in MüKo-BGB, Bd. 12, EGBGB Art. 11, Rn. 203.

405 Erwägungsgrund 56, GesRiLi; siehe dazu noch *Hörtnagl* in Schmitt/Hörtnagl, UmwG/UmwStG, § 122a, Rn. 2; so auch *Simon/Rubner*, Der Konzern 2008, 835 836.

406 EuGH, Urteil v. 12.7.2012 – Rs. C-378/10, VALE Építési kft = IPRax 2013, 566, Rn. 48; EuGH, Urteil v. 13.12.2005 – Rs. C-411/03, SEVIC Systems AG, Slg. 2005, I-10805, Rn. 28 f.; siehe noch *Winter/Marx/De Decker*, DStR 2017, 1664 1667 zur günstigeren Behandlung einer ausländischen zuziehenden Gesellschaft; vgl. *Weller/Rentsch*, IPRax 2013, 530 534 f. zum Diskriminierungsverbot.

407 Zur Anwendung des Gesellschaftsstatuts siehe unter C. I. 4. b) i) cc) oben; vgl. BGH, Urteil v. 4.11.2004 – III ZR 172/03 = NZG 2005, 41 42; statt vieler vgl. *Kindler* in MüKo-BGB, Bd. 13, IntGesR, Rn. 535.

408 *Marsch-Barner/Wilk* in Kallmeyer, UmwG, § 122c, Rn. 43; *Bayer* in Lutter, UmwG, § 122c, Rn. 7; *Krause/Kulpa*, ZHR 171 (2007) 38 58; zur überschießenden Umsetzung siehe ausführlich *Habersack/Mayer* in Europäische Methodenlehre, § 14, Rn. 1 ff.

409 Art. 2:318 niederländisches Zivilgesetzbuch; Art. 11 G. 3777/2009 über grenzüberschreitende Verschmelzungen (Griechenland).

Beurkundungen nach dem jeweils geltenden Wirkungsstatut bzw. Gesellschaftsstatut zu Folge.[410] Ob die Beurkundung des Verschmelzungsplans durch einen ausländischen Notar die Einhaltung der nach deutschem Recht geltenden Form erfüllt, ist mangels einer einheitlichen unionsweiten Regelung strittig und nachfolgend zu erörtern.

c) *Auslandsbeurkundung*

Kollisionsrechtlich wird mit der Heranziehung des Wirkungsstatuts das auf die Form des Verschmelzungsplans jeweils anwendbare Recht bestimmt. Dementsprechend findet das Sachrecht jener Rechtsordnung Anwendung, wo die an der Verschmelzung beteiligte Gesellschaft ihren Sitz hat. So ist aus deutscher Sicht die Formvorschrift gemäß § 122c Abs. 4 UmwG bezüglich der notariellen Beurkundung des Verschmelzungsplans einzuhalten.

Auf materiell-rechtlicher Ebene stellt sich zudem die Frage, ob die Einhaltung der Form nach dem Sachrecht einer ausländischen Rechtsordnung die Erfüllung des Formerfordernisses in der anderen an der Verschmelzung beteiligten Rechtsordnung ersetzen kann. Aus deutscher Sicht ist umstritten, ob die notarielle Beurkundung des Verschmelzungsplans gemäß § 122c Abs. 4 UmwG für grenzüberschreitende Verschmelzungen von deutschen Gesellschaften im Binnenmarkt durch eine Beurkundung ersetzt werden kann, die eine ausländische Beurkundungsperson vorgenommen hat und nach den Vorgaben der ausländischen Rechtsordnung stattgefunden hat.[411]

---

410 *Bayer* in Lutter, UmwG, § 122c, Rn. 7 f.; *Marsch-Barner/Wilk* in Kallmeyer, UmwG, § 122c, Rn. 44; *Drinhausen* in Semler/Stengel/Leonard, UmwG, § 122c, Rn. 43; *Kiem* in Habersack/Drinhausen, SE-Recht, § 122c, Rn. 15.

411 Vgl. BGH, Beschl. v. 16.02.1981 – ZB 8/80 = BGHZ 80, 76 78 f. zu den Gleichwertigkeitsanforderungen sowie zur Anerkennung ausländischer Beurkundungen im Inland; darauf verweisend RegE, BT-Ds. 16/2919, S. 15; KG Berlin, Beschl. v. 26.7.2018 – 22 W 2/18 = DNotZ 2019 141 141, Rn. 7 (zur Beurkundung des Verschmelzungsvertrags einer innerstaatlichen Verschmelzung durch einen Basler Notar); KG Berlin, Beschl. v. 24.1.18 – 22 W 25/16 = RNotZ 2018 267 (zur Gründung einer GmbH im Ausland, Beurkundung durch einen Notar des Kantons Bern); siehe auch *Spellenberg* in MüKo-BGB, Bd. 12, Art. 11 EGBGB, Rn. 96; Staudinger/*Winkler von Mohrenfels* (2019) EGBGB Art. 11, Rn. 275 ff.; *Leible* in Michalski-GmbHG, Syst. Darst. 2, Rn. 115; *Marsch-Barner/Wilk* in Kallmeyer, UmwG, § 122c, Rn. 43; *Simon/Rubner* in KölnKomm zum UmwG, § 122c, Rn. 35; siehe noch *Brocker*, BB 2010, 971 973; *Krause/Kulpa*, ZHR 171 (2007) 38 58; kritisch *Bayer* in Lutter, UmwG, § 122c, Rn. 8; dagegen siehe *Mayer* in Widmann/Mayer, UmwG/UmwStG, § 122c, Rn. 182; *Bischoff* in Heidel/Hüßtege/Mansel/Noack, BGB, Art. 11 EGBGB, Rn. 26; *Heckschen*, DNotZ 2007, 444

i) Substitution

Ob die innerstaatliche Beurkundung durch eine Auslandsbeurkundung ersetzt werden kann, ist nicht mehr Frage des Kollisionsrechts, sondern ist aus sachrechtlicher Sicht zu beantworten.[412] Es ist also danach zu fragen, ob die nationalen Formvorschriften der jeweiligen ausländischen Rechtsordnung mit den deutschen Formvorschriften dermaßen gleichwertig sind, dass sie die entsprechenden Rechtsfolgen auslösen können, die nach deutschem Sachrecht gelten. Die Gleichwertigkeit der ausländischen Norm mit der deutschen wird anhand des Instituts der Substitution ermittelt.[413]

aa) Voraussetzungen der Substitution

Die Feststellung der Gleichwertigkeit des ausländischen und des deutschen Beurkundungsverfahrens mittels der Rechtsfigur der Substitution unterliegt einer zweistufigen Prüfung.[414] Zunächst muss die inländische Norm zur Substitution offen sein (Substituierbarkeit).[415] Die Substituierbarkeit der inländischen Norm unterliegt stets der Einzelfallprüfung.[416] Grundsätzlich wird die Zulässigkeit der Substitution bejaht und nur ausnahmsweise wird die Substituierbarkeit einer Sachnorm versagt.[417]

In einem zweiten Schritt ist die funktionelle Äquivalenz der substituierenden und der substituierten Norm zu prüfen.[418] Es wird auf materiell-rechtlicher Ebene geprüft, ob ein Tatbestandsmerkmal der anzuwendenden inländischen

---

457; wohl auch *Reithmann*, NJW 2003, 385 388 in Bezug auf den Verschmelzungsvertrag (§ 6 UmwG); vgl. auch *Vossius*, DNotV, Schreiben v. 20.06.2017, S. 9.

412 *Diehn*, DNotZ 2019 146; *Stelmaszczyk*, RNotZ 2019 177 179.

413 BGH, Beschl. v. 16.02.1981 – ZB 8/80 = BGHZ 80, 76; vgl. *Spellenberg* in MüKo-BGB, Bd. 12, Art. 11 EGBGB, Rn. 96; Grüneberg/*Thorn*, BGB, Einl. EGBGB (IPR) Rn. 31; *Weller*, ZGR 2014, 865 875; *J. Weber*, MittBayNot 2018, 215 216; *Stelmaszczyk*, GWR 2018, 103 104.

414 Vgl. *Mansel* in FS Kropholler, S. 368.

415 Vgl. *v. Hein* in MüKo-BGB, Bd. 12, Einl. IPR, Rn. 247 m. w. N.

416 Siehe dazu noch *Spellenberg* in MüKo-BGB, Bd. 12, Art. 11 EGBGB, Rn. 96; ausführlich zur Begrifflichkeit der Substitution vgl. *Mansel* in FS Lorenz, S. 691.

417 Vgl. *Kropholler*, IPR, § 33 II, S. 231; so auch *Mansel* in FS Kropholler, S. 353 ff. zur Unzulässigkeit der Substitution; siehe auch *Spellenberg* in MüKo-BGB, Bd. 12, Art. 11 EGBGB, Rn. 97 zu den Gleichwertigkeitskriterien der Beurkundung am Beispiel des ausländischen notary public; *v. Hein* in MüKo-BGB, Bd. 12, Einl. IPR, Rn. 255 ff. zur Gleichwertigkeit der Beurkundung durch einen ausländischen Notar.

418 *Kropholler*, IPR, § 33 II, S. 232; *Mansel* in FS Lorenz, S. 697 f.

Sachnorm durch ein Tatbestandsmerkmal ersetzt werden kann, das nach einem von der maßgeblichen Norm abweichenden Recht erfüllt worden ist und die gleichen Folgen auslösen kann wie das ersetzte Tatbestandsmerkmal der inländischen Norm.[419]

Die erforderliche funktionelle Äquivalenz, die zur Substituierbarkeit und folglich zur Anerkennung der Erfüllung der Tatbestandsmerkmale nach einem ausländischen Recht führt, ist im Falle einer Auslandsbeurkundung des Verschmelzungsplans dann gegeben, wenn die Auslandsbeurkundung dem deutschen Beurkundungsverfahren sowohl im Hinblick auf die Beurkungsperson als auch auf das Beurkundungsverfahren an sich funktionell gleichgestellt wird.[420] Die zu beurkundende Person und das Beurkundungsverfahren aus deutscher und aus ausländischer Sicht müssen dennoch nicht identisch, sondern im Hinblick auf deren Voraussetzungen und Wirkung ähnlich sein.[421]

bb) Ablehnung der Auslandsbeurkundung

Einerseits wird die Ansicht vertreten, dass eine Auslandsbeurkundung einer Gleichwertigkeitsprüfung nicht standhalten kann und somit die Beurkundung

---

419 *v. Hein* in MüKo-BGB, Bd. 12, Einl. IPR, Rn. 252; Staudinger/*Looschelders* (2019) Einl. IPR Rn. 1220; *Looschelders*, IPR Vorbem zu Art. 3-6 EGBGB Rn. 57.

420 BGH, Beschl. v. 17.12.2013 – II ZB 6/13 = NZG 2014, 219; BGH, Beschl. v. 16.02.1981 – ZB 8/80 = BGHZ 80, 76 78 f. zu den Gleichwertigkeitsanforderungen; darauf verweisend RegE, BT-Ds. 16/2919, S. 15; KG Berlin, Beschl. v. 26.7.2018 – 22 W 2/18 = DNotZ 2019 141 zur Beurkundung des Verschmelzungsvertrags bei einer innerstaatlichen Verschmelzung durch einen Basler Notar; LG Kiel, Beschl. v. 25.04.1997 – 3 T 143/97 = BB 1998, 120 zur Beurkundung eines Verschmelzungsvertrags durch einen österreichischen Notar; LG Nürnberg-Fürth, Beschl. v. 20.08.1991 – 4 HK T 489/91 = NJW 1992, 633 zur Beurkundung des Verschmelzungsvertrags durch einen Basler Notar; LG Köln, Urteil v. 13.10.1989 – 87 T 20/89 = IPRspr. 1989 Nr. 33, S. 76 zur Beurkundung des Verschmelzungsvertrags durch einen Zürcher Notar; vgl. statt vieler Staudinger/*Winkler von Mohrenfels* (2019) EGBGB Art. 11, Rn. 292; *Leible* in Michalski-GmbHG, Syst. Darst. 2, Rn. 115; *Marsch-Barner/Wilk* in Kallmeyer, UmwG, § 122c, Rn. 43; Noack/Servatius/Haas/*Servatius*, GmbHG, § 40, Rn. 69 m. w. N.; *Reithmann*, IPRax 2012, 133 134; siehe noch *Krause/Kulpa*, ZHR 171 (2007) 38 58; so bereits auch *Schervier*, NJW 1992, 593 595; kritisch *Bayer* in Lutter, UmwG, § 122c, Rn. 8; *Diehn*, DNotZ 2019 146; *Stelmaszczyk*, RNotZ 2019 177 179.

421 Vgl. *Spellenberg* in MüKo-BGB, Bd. 12, Art. 11 EGBGB, Rn. 96; *v. Hein* in MüKo-BGB, Bd. 12, Einl. IPR, Rn. 257; *Kropholler*, IPR, § 33 II, S. 233; dazu siehe noch *Mansel* in FS Kropholler, S. 368; *Mansel* in FS Lorenz, S. 697.

des Verschmelzungsplans durch einen ausländischen Notar ausscheidet.[422] Dies ist zum einen der institutionellen Funktion des deutschen Notars als Rechtspflegeorgan im deutschen Rechtssystem geschuldet.[423] Der deutsche Notar verfügt über eine vorprüfende und beratende Funktion nach Maßgabe des § 17 BeurkG, die darauf gerichtet ist, die an der Verschmelzung beteiligten Parteien vor übereilten Handlungen sowie etwaigen Benachteiligungen zu schützen.[424] Des Weiteren prüft der deutsche Notar im Rahmen des zweistufigen Verfahrens zur Rechtmäßigkeitskontrolle die Richtigkeit des Verschmelzungsplans und stellt somit die Gewährleistung des Schutzes der Allgemeininteressen sowie der Interessen Dritter sicher.[425] Zudem hat der deutsche Notar eine steuerliche Anzeigepflicht gegenüber dem Finanzamt und ist verpflichtet, die relevanten Unterlagen in elektronischer Form nach den Vorschriften des Gesetzes über elektronische Handelsregister und Genossenschaftsregister sowie das Unternehmensregister einzureichen.[426]

Diese Handlungen sind ausschließlich von einer deutschen Beurkundungsperson vorzunehmen.[427] Der ausländische Notar verfügt über ausreichende Kenntnis des deutschen Rechts nicht und dementsprechend kann er jenen Pflichten nicht nachkommen, die aus der vorgenannten vorprüfenden und beratenden Funktion sowie aus der Pflicht zur Rechtmäßigkeitskontrolle des Notars im Beurkundungsverfahren resultieren.[428] Hinzu kommt, dass der ausländische Notar nicht der Aufsicht und Disziplinargewalt der deutschen Justizverwaltung untersteht, sodass sich eine eventuelle Haftung aufgrund etwaiger Pflichtverletzungen

---

422 *Mayer* in Widmann/Mayer, UmwG/UmwStG, § 122c, Rn. 182; *Bischoff* in Heidel/Hüßtege/Mansel/Noack, BGB, Art. 11 EGBGB, Rn. 26; so auch *Stelmaszczyk*, RNotZ 2019, 177 184; *ders.*, GWR 2018, 103 105; *Lieder*, ZIP 2018, 1517 1522 ff.; *Tebben*, GmbHR 2018, 1190 (1193 ff.); *Diehn*, DNotZ 2019, 146 148 ff.; *Cziupka*, EWiR 2018, 147; *Herrler*, NJW 2018, 1787 1788; *Heckschen*, DNotZ 2007, 444 457; *Reithmann*, NJW 2003, 385 388 bezugnehmend auf den Verschmelzungsvertrag (§ 6 UmwG).

423 Statt vieler vgl. *Heckschen*, DNotZ 2007, 444 457.

424 Vgl. *Mayer* in Widmann/Mayer, UmwG/UmwStG, § 122c, Rn. 203 f.; *Böttcher* in Böttcher/Habighorst/Schulte, UmwR, § 6 Rn. 2; *Heidinger* in Henssler/Strohn, GesR, § 6 UmwG Rn. 1; *Schröer/Greitemann* in Semler/Stengel/Leonard, UmwG, § 6 Rn. 2; *Simon* in KölnKomm. zum UmwG § 6 Rn. 1; BeckOGK-UmwG/*Wicke*, § 6 Rn. 3; *Stelmaszczyk*, RNotZ 2019, 177 180.

425 *Stelmaszczyk*, RNotZ 2019, 177 181; so bereits auch *Reithmann*, NJW 2003, 385 388.

426 BGBl. I 2006, 2553.

427 *Mayer* in Widmann/Mayer, UmwG/UmwStG, § 122c, Rn. 205 ff.; *Heckschen*, DNotZ 2007, 444, 457.

428 Vgl. *Krüger* in GS Gruson, S. 274.

unzureichend begründen lässt.[429] Infolgedessen weist die Beurkundung des Verschmelzungsplans durch eine ausländische Beurkundungsperson keine Gleichwertigkeit mit dem in Deutschland vorgesehenen Beurkundungsverfahren auf und entfaltet somit in Deutschland keine Wirkung.[430] Dementsprechend ist ein im Ausland beurkundeter Verschmelzungsplan nach den deutschen Vorgaben nicht formwirksam.[431]

cc) Anerkennung der Auslandsbeurkundung

Andererseits wird die Auslandsbeurkundung nicht pauschal abgelehnt. Die Anerkennung der Auslandsbeurkundung wird immer dann bejaht, wenn der im Ausland getätigte Beurkundungsvorgang der nach deutschem Recht zu erfolgenden Beurkundung funktionell gleichgestellt wird.[432] Es wird hierfür auf die oben ausgeführten Voraussetzungen der Substitution sowie den daraus resultierenden Gleichwertigkeitsanforderungen abgestellt. Die Auslandsbeurkundung wird also dann zugelassen, wenn diese dem deutschen Beurkundungsverfahren in persönlicher und sachlicher Hinsicht gleichwertig ist.[433]

---

429 Vgl. *Stelmaszczyk*, RNotZ 2019, 177 188 f., 191 m. w. N.

430 *Mayer* in Widmann/Mayer, UmwG/UmwStG, § 122c, Rn. 208; *Stelmaszczyk*, RNotZ 2019, 177 188 f., 192.

431 LG Augsburg, Beschl. v. 04.06.1996 - 2 HK T 2093/96 = NJW-RR 1997, 420 in Bezug auf die Beurkundung eines Verschmelzungsvertrags deutscher GmbHs durch einen Notar in Zürich; anders KG Berlin, Beschl. v. 26.7.2018 – 22 W 2/18 = DNotZ 2019 141 141, Rn. 7; vgl. noch *Heckschen*, DNotZ 2007, 444, 457.

432 BGH, Beschl. v. 17.12.2013 – II ZB 6/13 = NZG 2014, 219; BGH, Beschl. v. 16.02.1981 – ZB 8/80 = BGHZ 80, 76 78 f. zu den Gleichwertigkeitsanforderungen; darauf verweisend RegE, BT-Ds. 16/2919, S. 15; *Spellenberg* in MüKo-BGB, Bd. 12, EGBGB, Art. 11, Rn. 96; *v. Hein* in MüKo-BGB, Bd. 12, Einl. IPR, Rn. 257; Staudinger/*Winkler von Mohrenfels (2019)* EGBGB Art. 11, Rn. 292; *Leible* in Michalski-GmbHG, Syst. Darst. 2, Rn. 115; *Marsch-Barner/Wilk* in Kallmeyer, UmwG, § 122c, Rn. 43*; Simon/Rubner* in KölnKomm zum UmwG, § 122c, Rn. 35; Noack/Servatius/Haas/*Servatius*, GmbHG, § 40, Rn. 69 m. w. N.; siehe noch *Brocker*, BB 2010, 971 973; *Krause/Kulpa*, ZHR 171 (2007) 38 58; kritisch *Bayer* in Lutter, UmwG, § 122c, Rn. 8.

433 KG Berlin, Beschl. v. 26.7.2018 – 22 W 2/18 = DNotZ 2019 141 141, Rn. 7. zur Beurkundung eines Verschmelzungsvertrags durch einen Basler Notar; LG Kiel, Beschl. v. 25.04.1997 – 3 T 143/97 = BB 1998, 120 zur Beurkundung eines Verschmelzungsvertrags durch einen österreichischen Notar; LG Nürnberg-Fürth, Beschl. v. 20.08.1991 – 4 HK T 489/91 = NJW 1992, 633 zur Beurkundung des Verschmelzungsvertrags durch einen Basler Notar; LG Köln, Urteil v. 13.10.1989 – 87 T 20/89 = IPRspr. 1989 Nr. 33, S. 76 zur Beurkundung des Verschmelzungsvertrags durch einen Zürcher Notar; dazu siehe *Leible* in Michalski, GmbH, Syst. Darst. 2, Rn. 105 ff.; so bereits *Schervier*,

Die notarielle Beurkundung des Verschmelzungsplans nach deutschem Recht erfolgt durch eine Person, die als Organ der Rechtspflege im deutschen Rechtssystem amtlich tätig wird.[434] Diese Person muss zudem über ausreichende Kenntnis des deutschen Rechts verfügen, um imstande zu sein, unter anderem beratende sowie prüfende Funktion ausüben zu können und damit für den Schutz der Interessen der Vertragspartner sowie der Rechtssicherheit zu sorgen.[435] Des Weiteren erfordert die notarielle Beurkundung die wörtliche Verlesung der Niederschrift, um die Beteiligten unter Wahrung ihrer Interessen über den Vorgang unparteiisch zu beraten und den Parteien Gelegenheit zur etwaigen Fragestellung einzuräumen.[436]

Die ausländische Beurkundungsperson muss über eine gleichwertige juristische Ausbildung verfügen und eine ähnliche Stellung im Rechtsleben ihrer ausländischen Rechtsordnung haben.[437] Das ausländische Beurkundungsverfahren muss des Weiteren in seiner Durchführung dem deutschen entsprechen und dem gleichen Sinn und Zweck nach dem deutschen dienen.[438] Fehlt es also an den vorgenannten Kriterien im Fall der Beurkundung des Verschmelzungsplans durch einen ausländischen Notar, so ist die Auslandsbeurkundung des Verschmelzungsplans abzulehnen.

ii) Stellungnahme

Der Gegenstand der oben ausgeführten Ansichten zur Ablehnung oder Zulassung der Auslandsbeurkundung bezieht sich zwar auf rein inländische Rechtsgeschäfte, die oben dargelegten Argumente können jedoch aufgrund der vergleichbaren Rechtslage auch auf grenzüberschreitende Sachverhalte übertragen werden. Die Ermittlung der Gleichwertigkeit der inländischen mit der ausländischen

---

NJW 1992, 593 595; *Marsch-Barner/Wilk* in Kallmeyer, UmwG, § 122c, Rn. 44; so auch *Winter*, Der Konzern 2007, 24 33; *Vetter*, AG 2006, 613 617.

434 § 1 BNotO; vgl. *Stelmaszczyk*, RNotZ 2019, 177 184.

435 § 5 Satz 1 BNotO; vgl. *Stelmaszczyk* GWR 2018, 103 106; *J. Weber*, MittBayNot 2018, 215 219.

436 § 17 Abs. 1 BeurkG; siehe KG Berlin, Beschl. v. 26.7.2018 – 22 W 2/18 = DNotZ 2019 141 141, Rn. 7; KG Berlin, Beschl. v. 24.1.18 – 22 W 25/16 = RNotZ 2018, 267; vgl. *Reithmann*, NJW 2003, 385 388.

437 BGH, Beschl. v. 17.12.2013 – II ZB 6/13 = NZG 2014, 219, Rn. 14; BGH, Beschl. v. 16. 2. 1981 – II ZB 8/80, BGHZ 80, 76-80, Rn. 5; darauf verweisend KG Berlin, Beschl. v. 26.7.2018 – 22 W 2/18 = DNotZ 2019, 141 141, Rn. 9; OLG Düsseldorf, Beschl. v. 2. 3. 2011 – I-3 Wx 236/10, Rn. 15 (in juris).

438 KG Berlin, Beschl. v. 26.7.2018 – 22 W 2/18 = DNotZ 2019, 141 143, Rn. 10 ff.

Beurkundung findet auf materiell-rechtlicher Ebene statt und befasst sich mit der Frage, ob die Erfüllung der Tatbestandsmerkmale der inländischen Sachnorm durch die Erfüllung der Tatbestandsmerkmale einer ausländischen Norm ersetzt werden kann. § 122c Abs. 4 UmwG ist eine materiell-rechtliche Vorschrift und zugleich das Pendant des § 6 UmwG in Bezug auf die notarielle Beurkundung des Verschmelzungsvertrags bzw. -plans. Demzufolge stellt sich auch im Falle des § 122c Abs. 4 UmwG die Frage, ob die notarielle Beurkundung durch einen ausländischen Notar in zulässiger Weise erfolgen kann. Für die Zulassung der Auslandsbeurkundung des Verschmelzungsplans bei einer grenzüberschreitenden Verschmelzung ist also ebenfalls auf das Rechtsinstitut der Substitution abzustellen.[439]

Nimmt man als Beispiel die Verschmelzung zwischen einer griechischen und einer deutschen Gesellschaft mit beschränkter Haftung, so ist in diesem Fall zu prüfen, ob die Beurkundung des Verschmelzungsplans nach den Vorgaben der griechischen Rechtsordnung denjenigen der deutschen Rechtsordnung entspricht und wie diese im Verhältnis zu dem Formerfordernis der notariellen Beurkundung des § 122c Abs. 4 UmwG steht. Dafür muss eine Gleichwertigkeit hinsichtlich der Funktion und der Voraussetzungen vorliegen, die zum einen die zu beurkundende Person und zum anderen das Beurkundungsverfahren betreffen.

Der griechische Notar verfügt über eine dem deutschen Notar entsprechende juristische Ausbildung. Notare dürfen nach dem griechischen Beurkundungsgesetz zugelassene Rechtsanwälte sein, die mindestens eine zweijährige Berufserfahrung als Rechtsanwälte vorweisen können.[440] Dem griechischen Notar kommt ebenso wie dem deutschen Notar eine beratende bzw. belehrende sowie prüfende Funktion zu, die er gegenüber den beteiligten Vertragspartnern unparteiisch ausüben muss.[441] Bevor die beteiligten Parteien ihre Unterschriften setzen und das Dokument beurkundet wird, ist außerdem die Niederschrift den Parteien zu verlesen, um ihnen zu ermöglichen, etwaige Fragen vor der Durchführung des Vorgangs zu klären.[442] Infolgedessen weist das Beurkundungsverfahren in beiden Rechtsordnungen hinsichtlich der Voraussetzungen und der Funktion Ähnlichkeiten auf, sodass eine Auslandsbeurkundung des Verschmelzungsplans zu akzeptieren ist.

439 Staudinger/*Looschelders* (2019) Einl. IPR, Rn. 1219.

440 Art. 20 Abs. 1 griechische Notarenordnung.

441 Art. 5 griechische Notarenordnung.

442 Art. 11 Abs. 4 griechische Notarenordnung.

Die Argumente, die für die Ablehnung der Auslandsbeurkundung vorgebracht werden, können im Zusammenhang mit einer grenzüberschreitenden Verschmelzung im Binnenmarkt nicht standhalten. Eines der Hauptargumente ist, dass die ausländischen Notare nicht über ausreichende Kenntnis des deutschen Rechts verfügen. Somit können sie ihren Beratungs- und Prüfungspflichten nicht nachkommen.[443] Dementsprechend werden die Interessen Dritter, wie beispielsweise Minderheitsgesellschafter, Arbeitnehmer oder Gläubiger der an der Verschmelzung beteiligten Gesellschaften, durch die Beurkundung von einem ausländischen Notar nicht ausreichend geschützt und die Rechtmäßigkeit des Verschmelzungsplans kann nicht ordnungsgemäß geprüft werden.[444]

Auf grenzüberschreitende Verschmelzungen zwischen Kapitalgesellschaften im Binnenmarkt kommen zwar materiell-rechtliche Vorschriften des im jeweiligen Mitgliedstaat geltenden Umwandlungsrechts zur Anwendung. Diese Vorschriften sind aber im Zuge der Umsetzung der GesRiLi in die jeweilige mitgliedstaatliche Rechtsordnung gelangt und umfassen unter anderem Regelungen zur Prüfung der Rechtmäßigkeit der Verschmelzung.[445] Auf grenzüberschreitende Verschmelzungen unter Beteiligung von deutschen Gesellschaften finden §§ 122a ff. UmwG sowie die allgemeinen und die rechtsformspezifischen Vorschriften unter §§ 2 ff. UmwG Anwendung, falls §§ 122a ff. UmwG keine besondere Regelung enthalten.[446] Die Beratung und die Belehrung durch den ausländischen Notar erfolgt somit in Bezug auf einen Verschmelzungsvorgang, der aufgrund der Harmonisierung im Binnenmarkt den gleichen Vorgaben unterliegt, die unionsweit gelten. Der Notar, obgleich dieser beispielsweise in Deutschland oder in Griechenland die Beurkundung vornimmt, berät die beteiligten Parteien im Prinzip über das auf Unionsebene geltende Sekundärrecht, über das er ausreichende Kenntnis haben muss.

iii) Die notarielle Beurkundung des Verschmelzungsplans in der Praxis

In der Praxis ist zwar ein gemeinsamer und gleichlautender Verschmelzungsplan erforderlich, dennoch sind die Vorgänge, die im jeweiligen Mitgliedstaat stattfinden, voneinander abgetrennt. Im Falle einer grenzüberschreitenden Verschmelzung wird der Inhalt des Verschmelzungsplans basierend auf den Mindestangaben nach § 122c Abs. 1 UmwG mit den beteiligten Gesellschaften

443 *Stelmaszczyk*, RNotZ 2019, 177 184 ff.
444 *Stelmaszczyk*, RNotZ 2019, 177 185 f.
445 Art. 127 f. GesRiLi; vgl. *Bayer* in Lutter, UmwG § 122a, Rn. 7.
446 § 122a Abs. 2 Satz 1 UmwG; statt vieler vgl. *Bayer* in Lutter, UmwG, § 122a, Rn. 27 ff.

abgestimmt. Die Durchführung der Verschmelzung – unabhängig davon, ob es sich um eine Heraus- oder eine Hineinverschmelzung handelt – erfolgt dann schrittweise, unter Einhaltung der in dem jeweiligen Mitgliedstaat geltenden Vorschriften. Der Verschmelzungsvorgang wird zunächst in der jeweiligen Rechtsordnung vollendet und eine entsprechende Verschmelzungsbescheinigung wird von der zuständigen Stelle ausgestellt.[447]

Berücksichtigt werden also die Formerfordernisse aller beteiligten Rechtsordnungen. Aus deutscher Sicht ist bei rein innerstaatlichen Verschmelzungen ein notariell beurkundeter Verschmelzungsvertrag den zuständigen Handelsregistern sowohl für die übertragende als auch für die übernehmende Gesellschaft vorzulegen.[448] So ist der Verschmelzungsplan stets notariell zu beurkunden, wenn mindestens eine deutsche Gesellschaft an dem Verschmelzungsvorgang teilnimmt. Sehen alle beteiligten Rechtsordnungen die notarielle Beurkundung vor, so wird eine Doppelbeurkundung des Verschmelzungsplans durchgeführt, wenn die übertragende Gesellschaft deutschem Recht unterliegt. Zuerst wird der Verschmelzungsplan in der Rechtsordnung des übertragenden Rechtsträgers beurkundet und anschließend in der Rechtsordnung des übernehmenden Rechtsträgers.

Erkennt man in Deutschland die Auslandsbeurkundung für die notarielle Beurkundung des Verschmelzungsplans an, so kann dies dazu führen, dass bei grenzüberschreitenden Verschmelzungen nur eine notarielle Beurkundung des Verschmelzungsplans durchgeführt werden kann, der dem für die übernehmende Gesellschaft zuständigen Registergericht vorgelegt werden kann, damit die Verschmelzung mit der Eintragung ins Handelsregister wirksam wird. Dies setzt jedoch voraus, dass einerseits alle beteiligten Rechtsordnungen die notarielle Beurkundung als zwingendes Formerfordernis für die Erstellung des Verschmelzungsplans vorsehen und andererseits das Beurkundungsverfahren in den beteiligten Rechtsordnungen untereinander als gleichwertig zu dem eigenen Beurkundungsverfahren betrachtet wird. Dies ist insbesondere dann ausschlaggebend, wenn die Rechtsordnung der übernehmenden Gesellschaft für das Wirksamwerden der Verschmelzung auf die notarielle Beurkundung des Verschmelzungsplans und nicht auf die Eintragung in das zuständige Register abstellt.[449]

---

447 Art. 127 GesRiLi; § 122k UmwG.

448 §§ 16 Abs. 1 und 17 Abs. 1 UmwG.

449 Art. 129 GesRiLi; siehe bspw. Art. 2:318 Abs. 1 niederländisches Zivilgesetzbuch, der das Wirksamwerden der Verschmelzung von der Beurkundung des Verschmelzungsplans abhängig macht; § 122a Abs. 2 Satz 1 i.V. m. § 20 Abs. 1 UmwG sieht die

5. Ergebnis

Der Verschmelzungsplan ist also unter Mitwirkung aller beteiligten Kapitalgesellschaften mit ihrem Sitz im Binnenmarkt in einer gleichlautenden Fassung aufzustellen und bildet die Grundlage des Verschmelzungsverfahrens. Er weist eine gesellschaftsrechtliche Rechtsnatur auf und seine Aufstellung erfordert das gemeinsame Handeln der beteiligten Gesellschaften. Nach der modifizierten Vereinigungstheorie, die bei grenzüberschreitenden Verschmelzungsvorgängen herangezogen wird, ist das Gesellschaftsstatut aller an der Verschmelzung beteiligten Gesellschaften kumulativ anzuwenden. Infolge der primärrechtlich verankerten Niederlassungsfreiheit, die auch grenzüberschreitende Verschmelzungsvorgänge umfasst, kommen die materiell-rechtlichen Vorschriften zur Anwendung, die in der jeweiligen Rechtsordnung gelten.

Bezüglich der Ermittlung des Formstatuts gehen zwar die Meinungen in Schrifttum und Rechtsprechung in der deutschen Rechtsordnung auseinander. Im Hinblick auf die uneinheitliche Regelung der Form des Verschmelzungsplans auf Unionsebene bietet sich die Heranziehung der modifizierten Vereinigungstheorie als vermittelnde Lösung an, soweit bisher keine klarstellende Entscheidung diesbezüglich ergangen ist oder eine gesetzgeberische Initiative zur Lösung dieser Problematik ersichtlich ist. Dabei ist also auf das Gesellschaftsstatut derjenigen Gesellschaft abzustellen, deren Recht die strengsten Anforderungen stellt.

Ob die Erfüllung dieser Anforderungen nach dem Recht eines anderen Staates erfolgen kann, ist auf materiell-rechtlicher Ebene im Wege der Substitution zu beurteilen. Dabei ist die Gleichwertigkeit und die funktionelle Äquivalenz der substituierten und substituierbaren Institute zu beachten, nämlich der Rechtsstellung der Beurkundungsperson und des Beurkundungsverfahrens im Inland und im Ausland. Festzuhalten ist aber, dass der Verschmelzungsplan immer dann notariell zu beurkunden ist, wenn eine Gesellschaft deutschen Rechts an dem Verschmelzungsvorgang teilnimmt, gleichwohl es sich um eine übertragende oder eine übernehmende Gesellschaft handelt. Dies folgt daraus, dass das Verschmelzungsstatut von den Grundsätzen der modifizierten Vereinigungstheorie geprägt ist, die die Durchsetzung der strengsten Rechtsordnung vorsieht. Ob die notarielle Beurkundung des Verschmelzungsplans nach deutschem Beurkundungsrecht von einem deutschen Notar zwangsläufig erfolgen muss, ist nach Einzelfallprüfung zu beantworten und eher der Regelfall.

Eintragung ins Handelsregister der übernehmenden Gesellschaft als Wirksamkeitszeitpunkt der Verschmelzung vor.

II. Fragen betreffend die Vermögensübertragung kraft Verschmelzung

1. Vermögensübertragung kraft Verschmelzung

Die Vermögensübertragung kraft Verschmelzung findet im Wege der Gesamtrechtsnachfolge statt, die einen wichtigen Teil des Verschmelzungsverfahrens darstellt.[450] Das Vermögen der übertragenden Gesellschaften geht in seiner Gesamtheit mit einem Rechtsakt an die übernehmende Gesellschaft über, die dadurch sämtliche Aktiva und Passiva der übertragenden Gesellschaften erwirbt und infolgedessen ihre Rechtsnachfolgerin wird.[451] Dies führt dazu, dass die sachenrechtlichen Grundsätze der Bestimmtheit und der Spezialität bei grenzüberschreitenden Verschmelzungsvorgängen keine Anwendung finden.[452] Die Vermögensgegenstände müssen nämlich nicht mehr gesondert benannt und mit einzelnen Rechtsakten jeweils an die übernehmende Gesellschaft übertragen werden.[453] Ferner ist eine Ausgliederung einzelner Vermögensgegenstände während des Verschmelzungsverfahrens in dieser Phase nicht mehr möglich.[454]

Aus kollisionsrechtlicher Sicht wird bei der Vermögensübertragung grundsätzlich auf das Gesellschaftsstatut der beteiligten Gesellschaften abgestellt. Das Gesellschaftsstatut als Gesamtstatut erfasst alle die Vermögensübertragung betreffenden Rechtsvorgänge.[455] Das Gesellschaftsstatut der übertragenden Gesellschaft ordnet an, wie die Vermögensübertragung zu erfolgen hat, ob sie also im Wege der Gesamt- oder der Einzelrechtsnachfolge stattfindet.[456] Das Gesellschaftsstatut der übernehmenden Gesellschaft ist hingegen für das Wirksamwerden der Verschmelzung maßgeblich.[457] Danach entfaltet die Verschmelzung ihre Auswirkungen, von denen eine der Vollzug der Übertragung des Vermögens der übertragenden an die übernehmende Gesellschaft ist.[458]

---

450 Art. 119 Abs. 2 GesRiLi, „[…] ihr gesamtes Aktiv- und Passivvermögen […]".

451 *Dauner-Lieb* in KölnKomm zum UmwG, Einl. A., Rn. 48 ff.

452 *Simon* in KölnKomm zum UmwG, § 2, Rn. 38.

453 *Simon* in KölnKomm zum UmwG, § 2, Rn. 38.

454 *Stengel* in Semler/Stengel/Leonard, UmwG, § 2, Rn. 36; *Winter* in Schmitt/Hörtnagl, UmwG/UmwStG, § 20, Rn. 23 f.; *Drygala* in Lutter, UmwG, § 2, Rn. 29; *Marsch-Barner/Oppenhoff* in Kallmeyer, UmwG, § 2, Rn. 9; so auch *Vossius* in Widmann/Mayer, UmwG/UmwStG (Stand: April 2018), § 20, Rn. 2.

455 Staudinger/*Mansel* (2015) IntSachenR, Art. 43 EGBGB, Rn. 949.

456 *Göthel* in M&A-Transaktionen, § 29, Rn. 16.

457 *Drinhausen* in Semler/Stengel/Leonard, UmwG, Einl. C. Rn. 17.

458 *Simon* in KölnKomm zum UmwG, Vor § 122a, Rn. 27.

2. Übertragung des im Ausland belegenen Vermögens

Nicht auszuschließen ist der Fall, dass die übertragende Gesellschaft über Vermögensgegenstände verfügt, die sich nicht im Hoheitsgebiet des Mitgliedstaates befinden, dessen Recht das Gesellschaftsstatut der übertragenden Gesellschaft bestimmt. Dann ist es nicht mehr selbstverständlich, dass das Gesellschaftsstatut der beteiligten Gesellschaften die Vermögensübertragung nach den eigenen Grundsätzen vollziehen kann.[459] In diesem Fall wird zwar das Vermögen der übertragenden Gesellschaft als Ganzes schuldrechtlich übertragen, die dingliche Übertragung richtet sich aber nicht unbedingt nach dem Gesellschaftsstatut der beteiligten Gesellschaften.

An dieser Stelle ist es erforderlich, zwischen Vermögensgegenständen, die im Binnenmarkt und solchen, die außerhalb des Binnenmarkts belegen sind, zu differenzieren. Dies gebieten die unterschiedlichen rechtlichen Bedingungen, die jeweils gelten. Zur Verdeutlichung der Problematik wird als Beispiel die Verschmelzung zwischen einer griechischen und einer deutschen Kapitalgesellschaft herangezogen, da beide Rechtsordnungen die Vermögensübertragung kraft Verschmelzung im Wege der Gesamtrechtsnachfolge vorsehen und im Übrigen die Durchführung der Verschmelzungen durch die Umsetzung der GesRiLi angeglichen ist.

a) Im Binnenmarkt belegenes Vermögen

Für Verschmelzungsvorgänge, bei denen die übertragende Gesellschaft griechischen Rechts Vermögen zwar nicht im eigenen Hoheitsgebiet, aber in einem anderen Mitgliedstaat und damit innerhalb des Binnenmarkts hat, ist eine weitere Differenzierung erforderlich, die sich auf die an dem Verschmelzungsvorgang beteiligten Gesellschaften bezieht. Dies ist schon deshalb notwendig, da je nach Beteiligten unterschiedliche rechtliche Vorgaben gelten. So wird in diesem Teil auf Verschmelzungen zwischen mitgliedstaatlichen Kapitalgesellschaften eingegangen, die ausschließlich unter den Anwendungsbereich der GesRiLi fallen. Im Anschluss daran werden Verschmelzungen unter Beteiligung von Personengesellschaften erörtert, da diese nicht von der GesRiLi, sondern von den primärrechtlichen Vorgaben bezüglich der Niederlassungsfreiheit im Binnenmarkt erfasst werden.

---

459 *Göthel* in M&A-Transaktionen, § 29, Rn. 17.

i) Verschmelzung zwischen Kapitalgesellschaften

Bei der ersten Konstellation handelt es sich um die Verschmelzung zwischen einer Kapitalgesellschaft deutschen und einer Kapitalgesellschaft griechischen Rechts, wobei die deutsche Gesellschaft der übernehmende Rechtsträger ist. Die übertragende Gesellschaft griechischen Rechts verfügt über Vermögensgegenstände, die sich zum Teil in Griechenland befinden und teilweise in Italien belegen sind. Die grenzüberschreitenden Verschmelzungen von Kapitalgesellschaften auf Unionsebene richten sich nach der GesRiLi, die der Vereinheitlichung der grenzüberschreitenden Verschmelzungen und dementsprechend der erleichterten Durchführung des Verschmelzungsvorgangs dienen soll. Die GesRiLi enthält Vorgaben bezüglich der Voraussetzungen der Durchführung einer Verschmelzung. Darunter fällt die Übertragung der Vermögenswerte der übertragenden an die übernehmende Gesellschaft. Art. 119 Abs. 2 GesRiLi besagt, dass zum Zeitpunkt der Auflösung ohne Abwicklung der übertragenden Gesellschaft ihr gesamtes Aktiv- und Passivvermögen auf den übernehmenden Rechtsträger übergeht. Diese Regelung hat ihren Niederschlag in sämtlichen Rechtsordnungen des Binnenmarkts gefunden, da die Richtlinie bereits vorbehaltlos von allen Mitgliedstaaten umgesetzt worden ist. Infolgedessen wird das gesamte Vermögen der übertragenden Gesellschaft griechischen Rechts an die übernehmende deutsche Kapitalgesellschaft übertragen.[460]

Ob der Begriff „gesamtes" auch die in anderen Mitgliedstaaten belegenen Vermögensgegenstände der übertragenden Gesellschaft erfassen soll, ist nicht eindeutig.[461] Die Übertragung des Vermögens erfolgt nach den allgemein geltenden Grundsätzen des Internationalen Sachenrechts. In der Regel wird an den Belegenheitsort der Sache angeknüpft. Das Recht des Staates, in dem die Sache belegen ist, bestimmt, wie Rechte an dieser Sache zu übertragen sind.[462] Sieht diese Rechtsordnung die Übertragung der Vermögensgegenstände ebenfalls im Wege der Gesamtrechtsnachfolge vor, so werden die dort belegenen Aktiva oder

460 Art. 75 Abs. 1 lit. a) griechisches Gesetz 4548/2018 betreffend Aktiengesellschaften (im Folgenden: griechisches AktG); Art. 55 Abs. 2 griechisches Gesetz 4541/2018 betreffend Gesellschaften mit beschränkter Haftung (im Folgenden: griechisches GmbHG); siehe dazu noch *Siganidis* in GesR des Auslands (Erg.-Lf. April 2016), Rn. 534.

461 So auch AG Duisburg, Beschluss vom 10.12.2002 – 62 IN 190/02 = NJW-RR 2003, 556 557 in Bezugnahme auf das im Ausland belegene Vermögen im Falle der Eröffnung eines Insolvenzverfahrens.

462 Vgl. *Wendehorst* in MüKo-BGB, Bd. 13, Art. 43 EGBGB, Rn. 3 f.

Passiva des Gesellschaftsvermögens der übertragenden Gesellschaft als Teil des Gesamtvermögens nach einem einheitlichen Statut übertragen.[463]

Im Binnenmarkt gehört die Vermögensübertragung im Wege der Gesamtrechtsnachfolge zu den Voraussetzungen der Verschmelzung im Sinne der GesRiLi. Verschmelzung im Sinne der GesRiLi ist nämlich derjenige Vorgang, bei dem unter anderem das gesamte Aktiv- und Passivvermögen der übertragenden Gesellschaften an die aus der Verschmelzung hervorgehende Gesellschaft übergeht.[464] Art. 131 Abs. 1 und 2 GesRiLi hält fest, dass die Verschmelzung im Sinne dieser Richtlinie, sowohl durch Aufnahme als auch durch Neugründung, die Übertragung des gesamten Vermögens an die übernehmende Gesellschaft bewirkt. Durch die Umsetzung der GesRiLi wurde bezweckt, die rechtlichen und administrativen Schwierigkeiten eines grenzüberschreitenden Verschmelzungsvorgangs zu beseitigen und damit das Verfahren zu erleichtern.[465] Dies erlaubt die Schlussfolgerung, dass auch die Übertragung des Gesellschaftsvermögens im Wege der Gesamtrechtsnachfolge zur reibungslosen Durchführung der Verschmelzung beitragen sollte.

Einige Stimme in Schrifttum gehen jedoch von einer Abweichung von der Gesamtrechtsnachfolge im Binnenmarkt aus, soweit die Mitgliedstaaten gemäß Art. 131 Abs. 3 GesRiLi die Erfüllung besonderer Formalitäten hinsichtlich der Vermögensübertragung vorschreiben.[466] Diese Regelung sieht vor, dass – soweit eine grenzüberschreitende Verschmelzung im Sinne der GesRiLi vorliegt und das Recht eines Mitgliedstaates das Wirksamwerden der Übertragung bestimmter Vermögensgegenstände, Rechte oder Verbindlichkeiten gegenüber Dritten der übertragenden Gesellschaften von der Erfüllung bestimmter Formalitäten abhängig macht – diese Formalitäten von der aus der Verschmelzung hervorgehenden Gesellschaft zu erfüllen sind.[467] Diese Formalitäten könnten die Übertragung der Vermögenswerte, Recht und Verbindlichkeiten der übertragenden Gesellschaft nicht den umwandlungs-, sondern den sachenrechtlichen Vorschriften unterstellen und beispielsweise bestimmte Publizitätsanforderungen stellen.[468]

---

463 Statt aller vgl. Staudinger/*Mansel* (2015) IntSachenR, Art. 43 EGBGB, Rn. 313.

464 Art. 119 Abs. 2 GesRiLi.

465 Erwägungsgrund 56 GesRiLi.

466 *Marsch-Barner/Oppenhoff* in Kallmeyer, UmwG § 20, Rn. 5; *Racky*, DB 2003, 923 924; *Bungert* in FS Heldrich, S. 531 Bezug nehmend auf den wortgleichen Art. 19 Abs. 3 VRiLi.

467 Art. 121 GesRiLi.

468 *Sonnenberger/Bauer*, RIW 2006, Beil. zu Heft 4, S. 21.

Zum einen ist zu beachten, dass es sich um eine Verschmelzung im Sinne dieser Richtlinie handeln muss. Art. 119 Abs. 2 GesRiLi legt die Voraussetzungen der grenzüberschreitenden Verschmelzung im Sinne dieser Richtlinie fest und eine dieser Voraussetzungen ist die Gesamtrechtsnachfolge bei der Übertragung des Gesellschaftsvermögens. Des Weiteren vermittelt ein Blick in die einzelnen mitgliedstaatlichen Rechtsordnungen einen Überblick über die Bestimmungen, die die Vermögensübertragung kraft Verschmelzung zwischen mitgliedstaatlichen Kapitalgesellschaften regeln.[469] Die Vorgaben der GesRiLi wurden von allen Mitgliedstaaten vorbehaltlos übernommen, Regelungen, die die Übertragung des Gesellschaftsvermögens in Abweichung von der Gesamtrechtsnachfolge vorsehen, sind nicht zu finden.[470] All dies führt zu dem Schluss, dass die Übertragung des Vermögens der übertragenden Gesellschaft in seiner Gesamtheit ein unverzichtbarer Bestandteil des Verschmelzungsvorgangs ist und anderweitige nationale Vorschriften der Mitgliedstaaten ungültig sind, wenn sie dem Grundsatz der Gesamtrechtsnachfolge entgegenstehen.

ii) Verschmelzung unter Beteiligung von Personengesellschaften

Die vorerwähnten Ausführungen beschränken sich auf die grenzüberschreitenden Verschmelzungen von Kapitalgesellschaften aus den Mitgliedstaaten. Die Personengesellschaften sind aus dem persönlichen Anwendungsbereich der GesRiLi ausgeschlossen.[471] Dennoch genießen sie Niederlassungsfreiheit, die auf den Art. 49 und 54 AEUV basiert, wie sich aus dem SEVIC-Urteil des EuGH herleiten lässt.[472] In Ermangelung eines einheitlichen rechtlichen Rahmens, der die Vermögensübertragung bei Verschmelzungen von Personengesellschaften regelt, sind diese auf die Vorgaben der jeweiligen Rechtsordnung unter Beachtung des Unionsrechts angewiesen. Daher ist in diesen Konstellationen davon auszugehen, dass die im Wege der GesRiLi vorgesehene Gesamtrechtsnachfolge bei Verschmelzungen von Kapitalgesellschaften nicht zwangsläufig bei Verschmelzungen unter Beteiligung von Personengesellschaften gilt.[473] Es ist

469 Siehe ausführlicher die Länderberichte in GesR des Auslands, Stand: April 2016.

470 *Simon* in KölnKomm zum UmwG, Vor § 122a, Rn. 60 ff.

471 Art. 119 Abs. 1 GesRiLi; § 122a Abs. 1 UmwG.

472 EuGH, Urteil v. 13.12.2005 – Rs. C-411/03, SEVIC Systems AG, Slg. 2005, I-10805; siehe dazu *Lutter/Drygala* in Lutter § 1, Rn. 9; *Drinhausen* in Semler/Stengel/Leonard, UmwG, Einl. C, Rn. 27; *Simon/Rubner* in KölnKomm zum UmwG, Vor § 122a, Rn. 7.

473 Vgl. *Drinhausen* in Semler/Stengel/Leonard, UmwG, § 122a, Rn. 4.

vielmehr erforderlich, die Übertragungsvorgaben der jeweiligen mitgliedstaatlichen Rechtsordnung zu prüfen.

Verschmelzungsvorgänge unter Beteiligung von Personengesellschaften im Binnenmarkt sind also insoweit zulässig, solange die jeweilige mitgliedstaatliche Rechtsordnung dies auch für inländische Verschmelzungen vorsieht.[474] Die deutsche Rechtsordnung lässt Verschmelzungen unter Beteiligung von Personengesellschaften zu. Dies ergibt sich zunächst aus der rechtsformneutralen Formulierung der umwandlungsfähigen Rechtsträger nach § 1 Abs. 1 UmwG sowie der ebenfalls rechtsformneutralen Formulierung des § 2 UmwG, der die Übertragung des Gesellschaftsvermögens im Falle einer Verschmelzung als Ganzes vorsieht.[475] Zudem werden die grenzüberschreitenden Verschmelzungsvorgänge nach deutschem Recht zugelassen, wenn es sich bei der aus der Verschmelzung hervorgehenden Gesellschaft um eine Personengesellschaft handelt. Dies ergibt sich u. a. aus dem Wortlaut des § 122b Abs. 1 Nr. 2 UmwG, der im Zuge des 4. Gesetzes zur Änderung des Umwandlungsgesetzes um die Personengesellschaften ergänzt wurde.[476]

Findet also eine grenzüberschreitende Verschmelzung im Binnenmarkt statt, an der sich eine deutsche Personengesellschaft als übertragende Gesellschaft beteiligt, so wird die Gesamtrechtsnachfolge für die Vermögensübertragung nach dem Gesellschaftsstatut der deutschen Gesellschaft angeordnet.[477] Erfasst werden sämtliche Aktiva und Passiva des Gesellschaftsvermögens, das in Deutschland belegen ist.

Die Vermögensübertragung kraft Gesamtrechtsnachfolge vollzieht sich aber erst dann, wenn die Rechtsordnung der übernehmenden Gesellschaft die Übertragung in dieser Weise ebenfalls anerkennt.[478] Handelt es sich bei der übernehmenden Gesellschaft um eine Gesellschaft deutschen Rechts, ist davon auszugehen, dass auch in diesem Fall die Vermögensübertragung im Wege der Gesamtrechtsnachfolge stattfindet, sofern dies von dem Gesellschaftsstatut der übertragenden Gesellschaft angeordnet wurde. Diese wird erst mit der

---

474 Vgl. *Bayer* in Lutter, UmwG, § 122a, Rn. 12 f.; *Marsch-Barner/Wilk* in Kallmeyer, UmwG, § 122a, Rn. 6.

475 *Dauner-Lieb* in KölnerKomm zum UmwG, § 1, Rn. 6; § 2 UmwG: „Rechtsträger können unter Auflösung ohne Abwicklung verschmolzen werden […]".

476 BGBl. I 2018 S. 2694; § 122b Abs. 1 Nr. 2 UmwG; vgl. *Bayer* in Lutter, UmwG, § 122b, Rn. 2.

477 *Heidinger* in Henssler/Strohn, GesR, § 2 UmwG, Rn. 7.

478 OGH Wien Beschl. v. 20.3.2003 – 6 Ob 283/02i = IPRax 2004, 128 130; *Göthel* in M&A-Transaktionen, § 29, Rn. 70; Böttcher/Habighorst/*Schulte*, UmwR, § 20, Rn. 7.

konstitutiven Eintragung der Verschmelzung ins deutsche Register wirksam.[479] Eine anderweitige rechtliche Behandlung des Verschmelzungsvorgangs und der damit einhergehenden Vermögensübertragung würde einen Verstoß gegen das unionsrechtliche Diskriminierungsverbot darstellen. Solange in der deutschen Rechtsordnung das Wirksamwerden inländischer Verschmelzung unter Beteiligung von Personengesellschaften die Übertragung des Vermögens als Ganze bewirkt, sollte das Gleiche auch für ausländische Personengesellschaften gelten, sofern keine Gründe vorliegen, die eine diskriminierende Verhaltensweise rechtfertigen könnten.[480]

Verfügt jedoch eine übertragende Gesellschaft deutschen Rechts über Vermögensgegenstände in einem anderen Mitgliedstaat, ist auf das in diesem Staat geltende Recht abzustellen, um herauszufinden, wie das dort belegene Vermögen übertragen wird.[481] Jedoch ist es zu prüfen, ob die Niederlassungsfreiheit und der damit verbundene Grundsatz des Diskriminierungsverbots auch für solche Fälle gilt, in denen die dritte mitgliedstaatliche Rechtsordnung während einer grenzüberschreitenden Verschmelzung nur deshalb berufen wird, weil dort Vermögensgegenstände belegen sind, die der übertragenden Gesellschaft gehören. Art. 49 i. V. m. Art. 54 AEUV verbietet Einschränkungen der Niederlassungsfreiheit im Hoheitsgebiet eines Mitgliedstaates und fordert die Gleichstellung der Gesellschaften aus anderen Mitgliedstaaten in seinem Hoheitsgebiet, wenn diese von ihrem Niederlassungsfreiheitsrecht gegenüber diesem Mitgliedstaat Gebrauch machen wollen. Die Ausübung des Rechts auf Niederlassungsfreiheit richtet sich jedoch nicht gegen den Mitgliedstaat, in dem die Vermögensgegenstände der an der grenzüberschreitenden Verschmelzung beteiligten Gesellschaft belegen sind. Es kommt auf die Anwendung des Belegenheitsrechts sowie darauf an, wie diese Rechtsordnung solche Vorgänge anknüpft. Sie kann einerseits an das Gesellschaftsstatut der übertragenden Gesellschaft anknüpfen und damit wird das dort belegene Vermögen im Wege der Gesamtrechtsnachfolge an die übernehmende Gesellschaft übertragen. Andererseits kann sie an das eigene

479 § 20 Abs. 1 Nr. 1 UmwG; vgl. *Schulte* in Böttcher/Habighorst/Schulte, UmwR, § 20, Rn. 7; *Vossius* in Widmann/Mayer, UmwG/UmwStG (Stand: Mai 2018), § 20, Rn. 39.

480 EuGH, Urteil v. 9.3.1999 – Rs. C-212/97, Centros, Rn. 34; EuGH, Urteil v. 30.9.2003 – Rs. C-167/01, Inspire Art, Slg. 2003, I – 1155, Rn. 133; EuGH, Urteil v. 13.12.2005 – Rs. C-411/03, SEVIC Systems AG, Slg. 2005, I-10805; *Hoffmann* in Heidel/Hüßtege/Mansel/Noack, BGB AT, Anh. zu Art. 12 EGBGB, Rn. 165.

481 *Göthel* in M&A-Transaktionen, § 29, Rn. 17.

Recht anknüpfen und die sich dort befindlichen Vermögensgegenstände gehen im Wege der Einzelrechtsnachfolge an die übernehmende Gesellschaft über.

iii) Zwischenergebnis

Für Verschmelzungsvorgänge im Binnenmarkt gelten zum einen die primärrechtlichen Vorgaben, die sich aus Art. 49 und Art. 54 AEUV ergeben und die Niederlassungsfreiheit der mitgliedstaatlichen Gesellschaften begründen. Handelt es sich um einen Verschmelzungsvorgang unter Beteiligung von Personengesellschaften und befindet sich ein Teil des zu übertragenden Vermögens in einem anderen Mitgliedstaat, so ist auf dessen Recht abzustellen, um das auf die Übertragung anwendbare Recht zu ermitteln. Dieses kann eine Statutenaufspaltung anordnen oder die Übertragung einem einheitlichen Recht unterstellen, je nachdem, wie der Vorgang angeknüpft wird.

Zum anderen wurden für Kapitalgesellschaften sekundärrechtliche Regelungen getroffen, die die Vereinheitlichung des Verschmelzungsverfahrens im Binnenmarkt und damit dessen Erleichterung bezweckten. Aus diesen Vereinheitlichungsbemühungen lässt sich herleiten, dass eine einheitliche Regelung für jeden Aspekt des Verschmelzungsverfahrens einschließlich der Vermögensübertragung gewollt war. Diese Regelungen fördern die Übertragung des Gesellschaftsvermögens einer mitgliedstaatlichen übertragenden Gesellschaft als Ganzes. Die vorbehaltlose Umsetzung der GesRiLi im Binnenmarkt und die Übernahme des Instituts der Gesamtrechtsnachfolge haben dazu geführt, dass Übertragungen des Gesellschaftsvermögens der übertragenden Gesellschaft einem einheitlichen Statut, nämlich deren Gesellschaftsstatut, unterliegen.

b) In einem Drittstaat belegenes Vermögen

i) Allgemeines

Diese Fallgruppe bezieht sich auf Verschmelzungsfälle, in denen beispielsweise die übertragende Gesellschaft deutschen Rechts über Vermögensgegenstände verfügt, die außerhalb des Binnenmarkts belegen sind und somit von dem Anwendungsbereich der unionsrechtlichen Vorgaben nicht erfasst werden. Inwieweit dort belegene Vermögensgegenstände der im Inland belegenen Vermögensmasse zuzuordnen sind und daher ihre Übertragung einem einheitlichen Vermögensstatut unterstellt wird, hängt davon ab, ob das Belegenheitsrecht die nach deutschem Recht angeordnete Gesamtrechtsnachfolge kennt oder anerkennt.[482] Daher ist auf die Anknüpfung des Staates abzustellen, in dem die Vermögensgegenstände belegen sind, um das auf die Übertragung der dort belegenen Vermögenswerte anwendbare Recht zu bestimmen.

Teilweise wird jedoch die Ansicht vertreten, das Gesellschaftsstatut der übertragenden Gesellschaft gelte umfassend und erfasse auch das im Ausland belegene Vermögen.[483] Die Befürworter dieser Ansicht sehen jedoch auch, dass die Gefahr besteht, dass die Anknüpfung an das Gesellschaftsstatut der übertragenden Gesellschaft deutschen Rechts aufgrund der Nichtanerkennung der Übertragung durch das Recht des Belegenheitsorts ergebnislos bleiben kann, solange die ausländische Rechtsordnung eine von der eigenen Rechtsordnung abweichende Anknüpfung nicht anerkennt.[484] Dafür wird sicherheitshalber empfohlen, sich mit der Lösung der Einzelübertragung der im Ausland belegenen Vermögenswerte zu behelfen.[485] Hinzu kommt, dass die Ausdehnung des Geltungsbereichs des Gesellschaftsstatuts – also im Falle einer deutschen Gesellschaft deutscher gesellschaftsrechtlicher Normen – auf eine ausländische Rechtsordnung zur Missachtung des Territorialitätsprinzips jenes Staates führt, in dem die Vermögenswerte belegen sind.[486] Das deutsche Recht kann eine ausländische Rechtsordnung nicht zwingen, seine Rechtsinstrumente umzusetzen, erst recht nicht, wenn sie diese Rechtsfigur nicht kennt oder nicht bereit ist, sie anzuerkennen. Kommt es zu divergierenden Anknüpfungen bei im Ausland belegenen Vermögensgegenständen, so gibt das deutsche Recht nach und verzichtet auf die Anwendung eigener Normen.[487]

Wie also der Belegenheitsstaat mit der Verweisung der *lex fori* umgeht, ist für die Frage entscheidend, ob eine Aufspaltung vom Gesellschaftsstatut der übertragenden Gesellschaft in diesem Fall erfolgt oder nicht. Dies hängt zum

---

482 Staudinger/*Mansel* (2015) IntSachenR, Art. 43 EGBGB, Rn. 313 f.

483 Vgl. *Simon* in KölnKomm zum UmwG § 2, Rn. 69 u. § 20, Rn. 64; *Grunewald* in Lutter, UmwG, § 20, Rn. 11; *Marsch-Barner/Oppenhoff* in Kallmeyer, UmwG, §20, Rn. 5; *Kusserow/Prüm*, WM 2005, 633 638; *Racky*, DB 2003, 923 924; *Vossius* in Widmann/Mayer, UmwG/UmwStG (Stand: April 2018), § 20, Rn. 41 ff. so lange die nach deutschem Recht geltende Gesamtrechtsnachfolge von der ausländischen Rechtsordnung anerkennungsfähig ist.

484 *Kusserow/Prüm*, WM 2005, 633 636; *Racky*, DB 2003, 923 624.

485 *Grunewald* in Lutter, UmwG, § 20, Rn. 11; *Fisch*, NZG 2016, 448 453.

486 KG Berlin, Urteil v. 8.1.2016 – 5 U 97/14, Rn. 26 (in juris); OLG Nürnberg, Beschluss v. 10.8.2007 – 13 U 1097/07, Rn. 7 (in juris); zur Territorialität siehe statt aller *Kropholler*, IPR, § 22 I, S. 152 ff.

487 Vgl. *Kropholler*, IPR, § 22 I, S. 152 ff.

einen davon ab, ob das Recht des Belegenheitsorts die Vermögensübertragung ebenfalls einem einheitlichen Vermögensstatut unterstellt, und an das Gesellschaftsstatut der übertragenden Gesellschaft bzw. die Eigentümerin der Vermögenswerte anknüpft.[488] Die Statutenaufspaltung kann zunächst dann vermieden werden, wenn die ausländische Rechtsordnung bereit ist, die in Deutschland geltende Gesamtrechtsnachfolge bei der Vermögensübertragung kraft Verschmelzung anzuerkennen.[489] Die Anerkennung in diesem Fall führt zur Anwendung der in Deutschland geltenden umwandlungsrechtlichen Normen bezüglich der Vermögensübertragung und der nach deutschem Recht geltenden Gesamtrechtsnachfolge.

Es wird also einheitlich an das Gesellschaftsstatut der übertragenden Gesellschaft angeknüpft, das das Übertragungsstatut darstellt. Eine Statutenaufspaltung kann hingegen nicht vermieden werden, soweit die ausländische Rechtsordnung des Belegenheitsorts die Gesamtrechtsnachfolge nicht anerkennt und an ihr eigenes Recht anknüpft. Dies führt zwingend zur Übertragung der dort belegenen Vermögensgegenstände im Wege der Einzelrechtsnachfolge nach den lokalen Vorschriften.[490] Das ausländische Sachstatut ist also dafür maßgeblich, das dingliche Rechtsgeschäft zu vollziehen. Nachfolgend werden exemplarisch einige Kategorien von Vermögenswerten dargestellt und es wird auf das jeweils geltende Übertragungsstatut eingegangen. Schließlich soll feststehen, welche Übertragungsstatuten jeweils gelten und inwiefern sie sich mit den in der Übertragungsphase des Verschmelzungsvorgangs geltenden Gesellschaftsstatuten überschneiden.

ii) Unbewegliches Vermögen

Gehören zum im Ausland belegenen Vermögen der übertragenden Gesellschaft Grundstücke und ist deutsches Recht *lex fori*, so wird die Vermögensübertragung als ein dinglicher Vorgang qualifiziert und es gelten die allgemeinen Kollisionsnormen der Art. 43 ff. EGBGB.[491] Durch Art. 43 Abs. 1 EGBGB wird auf das Belegenheitsrecht verwiesen und die die Immobilien betreffenden dinglichen Fragen unterliegen demgemäß dem Recht des Belegenheitsorts.

---

488 Staudinger/*Mansel* (2015) IntSachenR, Art. 43 EGBGB, Rn. 954 ff.

489 *Heidinger* in Henssler/Strohn, GesR, § 20 UmwG, Rn. 9; *Leonard/Simon* in Semler/Stengel/Leonard, UmwG, § 20, Rn. 10; *Racky*, DB 2003, 923 924; *Kusserow/Prüm*, WM 2005, 633 638.

490 *Grunewald* in Lutter, UmwG, § 20, Rn. 11; *Kollmorgen/Feldhaus*, BB 2007, 2189 2191.

491 *Göthel* in M&A-Transaktionen, § 29, Rn. 17.

Der Grundsatz der Situs-Regel bei Immobilien lässt keinen Raum für Parteiautonomie.[492] Eine Rechtswahl ist beinahe in jeder Rechtsordnung ausgeschlossen.[493] Das Argument der engeren Verbindung zu einer Rechtsordnung scheidet bei Immobilien aus. Es ist zwar wünschenswert für die Parteien, aus praktischen Gründen alle Vorgänge einem Statut zu unterstellen.[494] Doch ist dies bei im Ausland belegenen Grundstücken nicht möglich, denn sie weisen bereits eine engere Verbindung zum Belegenheitsort auf.[495] Des Weiteren kann eine einheitliche Anknüpfung an das Gesellschaftsstatut der übertragenden Gesellschaft deutschen Rechts unter dem Gesichtspunkt des Ordre-Public-Vorbehalts nicht gerechtfertigt werden. Dabei fehlt es bereits an einem Inlandsbezug.[496]

Die Vermögensübertragung kraft Verschmelzung wird nach dem deutschen Recht zwar an einem einheitlichen Vermögensstatut angeknüpft. Nimmt aber der Belegenheitsstaat die Verweisung über Art. 43 Abs. 1 EGBGB an, so wird das Recht des Belegenheitsstaates angewendet und die Übertragung des dort belegenen Vermögensgegenstands wird somit vom Gesamtstatut abspalten. Die daraus resultierende Durchbrechung des Gesamtstatuts bzw. des Vermögensstatuts durch das ausländische Sachstatut als Einzelstatut beeinflusst die Vermögensübertragung, die nach den deutschen Vorgaben im Wege einer Universalsukzession erfolgen würde.[497] Die differenzierte Anknüpfung der ausländischen Rechtsordnung und dementsprechend die Nichtanerkennung der in Deutschland geltenden Gesamtrechtsnachfolge führt zur Einzelübertragung der dort belegenen Grundstücke. Der inländische Teil des Vermögens geht im Wege der Gesamtrechtsnachfolge an die übernehmende Gesellschaft über, während der im Ausland belegene Teil nach den Vorgaben des Belegenheitsorts übertragen wird.

---

492 *V. Hein* in Westrik/van der Weide (Hrsg.), Party Autonomy in International Property Law, S. 106; *Hay*, 47 AmJCompL (1999), 633 645 f.; *Einsele*, RabelsZ 60 (1996) 417 436; *Kieninger* in FS Martiny, S. 391 f.; *Flessner* in FS Koziol, S. 125.

493 Siehe ausführlicher dazu die Länderübersicht in Staudinger/*Mansel* (2015) IntSachenR, Anh. II zu Art. 43-46 EGBGB, Rn. 2 ff.

494 *Wendehorst* in MüKo-BGB, Bd. 13, Art. 46 EGBGB, Rn. 35.

495 *Limmer* in Reithmann/Martiny, IntVertragsR, Rn. 6.835; Grüneberg/*Thorn*, BGB, Art. 46 EGBGB, Rn. 3.

496 Staudinger/*Mansel* (2015) IntSachenR, Art. 43 EGBGB, Rn. 1156.

497 Staudinger/Mansel (2015) IntSachenR, Art. 43 EGBGB, Rn. 955; *Grunewald* in Lutter, UmwG, § 20, Rn. 11; *Vossius* in Widmann/Mayer, UmwG/UmwStG (Stand: Mai 2018), § 20, Rn. 39.

iii) Bewegliches Vermögen

aa) Grundsätze

Der Grundsatz der *lex rei sitae* gilt ebenfalls für bewegliche Sachen, die zum im Ausland belegenen Vermögen der übertragenden Gesellschaft gehören. Insoweit ist auf die obigen Ausführungen zu verweisen. Anders als in anderen Rechtsordnungen wird aus deutscher Sicht auch bei der Übertragung von Rechten an beweglichen Sachen auf eine Rechtswahlmöglichkeit verzichtet.[498] Dies soll dem Umstand Rechnung tragen, dass keine von dem *numerus clausus* abweichenden Rechte in die deutsche Rechtsordnung eingeführt werden.[499]

Die Natur der beweglichen Sachen erlaubt im Wege der Verlegung der Sache zum gewünschten Ort die Änderung des Belegenheitsorts. Damit wird ein Statutenwechsel herbeigeführt, denn es kommt auf das Recht des Staates an, in dem sich die Sache physisch befindet.[500] Die Änderung des geltenden Rechts kann jedoch Auswirkungen auf Sicherungsrechte haben, die mit der Sache verbunden sind.[501] Infolge der Geltung der jeweiligen *lex rei sitae* kann es dazu kommen, dass der neue Ort die mit der Sache verbundenen Sicherungsrechte nicht kennt. Art. 43 Abs. 2 und Abs. 3 EGBGB regeln diese Frage. Aus deutscher Sicht werden der deutschen Rechtsordnung fremde dingliche Rechte grundsätzlich anerkannt.[502] Diese Anerkennung bedeutet, dass das im Ausland begründete dingliche Recht auf einer Sache insoweit bestehen bleibt, als es einem funktionsäquivalenten Sachenrechtstyp zugeordnet werden kann.[503] Diese Anerkennung geschieht im Wege der Substitution, wobei nach einem funktionsäquivalenten Institut gesucht wird.[504] Kann eine funktionsäquivalente Rechtsfigur jedoch nicht gefunden werden, so wird das Institut der Anpassung herangezogen, um eventuelle Normenwidersprüche zu beseitigen.[505]

---

498 Art. 1206 Abs. 3 des Zivilgesetzbuchs der Russischen Föderation; Staudinger/*Mansel* (2015) IntSachenR Anh. II zu Art. 43-46 EGBGB, Rn. 247.

499 *V. Hein* in Westrik/van der Weide (Hrsg.), Party Autonomy in International Property Law, S. 106.

500 Staudinger/*Mansel* (2015) IntSachenR, Art. 43 EGBGB, Rn. 4; *Wendehorst* in MüKo-BGB, Bd. 13, Art. 43 EGBGB, Rn. 112.

501 *Röthel*, JZ 2003, 1027 1030; *Basedow* in FS Martiny, S. 255 f.; *Martiny*, IPRax 2012, 119 124.

502 *Looschelders*, IPR, Art. 43 EGBGB, Rn. 52.

503 *Looschelders*, IPR, Art. 43 EGBGB, Rn. 51.

504 *Basedow* in FS Martiny, S. 256; *Mansel* in FS Lorenz, S, 689 f.

505 *V. Bar/Mankowski*, IPR I, § 7 VII, Rn. 249 f.

bb) Vermeidung der Statutenaufspaltung

Die Parteien können zudem das auf das bewegliche Vermögen anzuwendende Recht mittelbar wählen, wenn sie den Belegenheitsort der Vermögensgegenstände ändern.[506] Diese Ortsänderung und der damit einhergehende Statutenwechsel[507] ermöglichen den Parteien, die beweglichen Sachen dem gewünschten Statut zu unterstellen – in diesem Fall dem Gesellschaftsstatut der übertragenden Gesellschaft. Die Rechte an diesen Sachen, darunter auch die Eigentumsübertragung, richten sich dementsprechend nach dem Gesellschaftsstatut der übertragenden Gesellschaft, das nunmehr das neue Sachstatut darstellt. Ob diese Lösung unter dem Gesichtspunkt der Transportkosten jedoch sinnvoll ist, kann an dieser Stelle dahinstehen.

Eine Statutenaufspaltung kann aber auch dann vermieden werden, wenn eine Rechtswahl wirksam getroffen wurde. Zwar kennt die deutsche Rechtsordnung eine Rechtswahl im internationalen Sachenrecht nicht. Es gibt jedoch Rechtsordnungen, wie beispielsweise das russische Internationale Sachenrecht, die Rechtswahlvereinbarungen bezüglich Übertragungen der Rechte an beweglichen Sachen gestatten.[508] Die Parteien können die Anwendung der Vorschriften der gewünschten Rechtsordnung dann erreichen, wenn sie eine Rechtswahlvereinbarung zu deren Gunsten treffen. Die deutsche *lex fori* wird in diesem Fall deutsches Recht einschließlich des Internationalen Privatrechts anwenden. Art. 43 EGBGB sieht vor, dass dingliche Rechte an Sachen sich nach der *lex rei sitae* richten. Nach objektiver Anknüpfung gemäß Art. 43 EGBGB wird zwar auf das beispielhaft genannte russische Recht als *lex rei sitae* verwiesen. Dieses Recht wird aber infolge der nach seinen Vorschriften wirksam getroffenen Rechtswahlvereinbarung auf das deutsche Recht zurückverweisen. Das deutsche Recht nimmt die Rückverweisung gemäß Art. 4 Abs. 1 Satz 2 EGBGB an und wird dementsprechend die eigenen materiell-rechtlichen Vorschriften anwenden müssen.[509] So werden die Vermögensgegenstände einer deutschen

---

506 *V. Hein* in Westrik/van der Weide (Hrsg.), Party Autonomy in International Property Law, S. 109.

507 Zu Unterscheidung zwischen schlichtem und qualifiziertem Statutenwechsel siehe *Looschelders*, IPR, Art. 43 EGBGB, Rn. 44 f.; *Wendehorst* in MüKo-BGB, Bd. 13, Art. 43 EGBGB, Rn. 136 ff.; *Kropholler*, IPR, § 54 III, S. 559 ff.

508 Siehe bspw. Art. 1206 Abs. 3 des Zivilgesetzbuchs der Russischen Föderation; Staudinger/*Mansel* (2015) IntSachenR Anh. II zu Art. 43-46 EGBGB, Rn. 247.

509 *Kropholler*, IPR, § 24 II, S. 173.

übertragenden Gesellschaft einem einheitlichen Übertragungsstatut unterliegen können, obgleich sie in unterschiedlichen Staaten belegen sind.

iv) Forderungen

aa) Allgemeines

Zum übertragenden Vermögen der übertragenden Gesellschaft gehören auch Forderungen, die dem Recht eines Drittstaats unterliegen.[510] Grundsätzlich richtet sich das auf die Übertragung von Forderungen anwendbare Recht nach den Regelungen des Art. 14 Rom I-VO. Mitgliedschaftsrechte und Immaterialgüterrechte sind aus dem Anwendungsbereich des Art. 14 Rom I-VO ausgeschlossen und richten sich nach den für sie speziellen Vorgaben.[511] Für die Ermittlung des maßgeblichen Statuts für die Übertragung der Forderung ist zwischen dem Forderungsstatut und dem Abtretungsstatut zu differenzieren und gesondert anzuknüpfen.[512] So beschreibt das Forderungsstatut das Recht, das auf das Rechtsverhältnis, aus dem sich eine Forderung ergibt, anwendbar ist, wohingegen das Abtretungsstatut das Recht darstellt, das auf das Rechtsverhältnis zwischen dem Gläubiger (Zedent) und dem Erwerber der Forderung (Zessionar) anzuwenden ist.[513]

Das Verhältnis zwischen dem Alt- und Neugläubiger der Forderung richtet sich gemäß Art. 14 Abs. 1 Rom I-VO nach dem Abtretungsstatut.[514] Das Abtretungsstatut umfasst die Begründung der Verpflichtung, die Forderung zu übertragen, sowie die Erfüllung des Verfügungsgeschäfts, also den *inter partes* Forderungsübergang als solchen.[515] Das Abtretungsstatut ist also für die Frage maßgeblich, in welcher Art und Weise die Forderung übertragen wird sowie ob der Neugläubiger Inhaber der Forderung wird.[516] Mit anderen Worten

---

510 *Vossius* in Widmann/Mayer, UmwG/UmwStG (Stand: April 2018), § 20, Rn. 37.

511 Vgl. Staudinger/*Hausmann* (2021) Rom I-VO Art. 14, Rn. 3; vgl. *Doehner* in Hüßtege/Mansel, BGB, Art. 14 Rom I-VO, Rn. 6.

512 *V. Hoffmann/Thorn*, IPR, § 10, Rn. 90.

513 *V. Hoffmann/Thorn*, IPR, § 10, Rn. 90.

514 Erwägungsgrund 38 Rom I-VO; vgl. *Martiny* in MüKo-BGB, Bd. 13, Art. 14 Rom I-VO, Rn. 21.

515 *Martiny* in MüKo-BGB, Bd. 13, Art. 14 Rom I-VO, Rn. 23 f.; *Kieninger* in Ferrari/Kieninger et. al., IntVertragsR, Art. 14 Rom I-VO, Rn. 6 f.; BeckOGK-BGB/*Hübner* Rom I-VO Art. 14 Rn. 17; *Doehner* in Hüßtege/Mansel, BGB, Art. 14 Rom I-VO, Rn. 11 f.

516 *Flessner*, IPRax 2009, 35 38 ff.; Grüneberg/*Thorn*, BGB, Rom I, Art 14, Rn. 3; *Martiny* in MüKo-BGB, Bd. 13, Art. 14 Rom I-VO, Rn. 24; Staudinger/*Hausmann* (2021) Rom I-VO Art. 14, Rn. 35.

lässt sich nach dem Abtretungsstatut bestimmen, wie die Forderung wirksam zu übertragen ist und ob diese beispielsweise durch Abtretung erfolgt oder ob die Übertragung im Wege der Gesamtrechtsnachfolge ohne einen gesonderten Übertragungsakt zulässig ist. Das hierfür maßgebliche Recht ist nach den allgemeinen Grundsätzen für vertragliche Schuldverhältnisse zu ermitteln, also nach Art. 3 ff. Rom I-VO.[517]

Gemäß Art. 14 Abs. 2 Rom I-VO regelt hingegen das Forderungsstatut das Rechtsverhältnis zwischen dem Schuldner und dem Zedenten und stimmt mit dem Recht überein, das auf das Rechtsgeschäft anwendbar ist, dem die Forderung zugrunde liegt.[518] Nach dem Forderungsstatut richtet sich die Übertragbarkeit der Forderung, d. h. ob die Übertragung der Forderung dem Schuldner entgegengehalten werden kann und ob etwaige Abtretungsverbote bzw. -beschränkungen gelten.[519] Die Missachtung der nach dem Forderungsstatut geltenden Abtretungsverbote bzw. -beschränkungen kann dazu führen, dass die Abtretung zwar im Verhältnis zwischen Alt- und Neugläubiger wirksam, dennoch im Verhältnis zu dem Schuldner unwirksam ist.[520] Ferner erfasst das Forderungsstatut die befreiende Wirkung der Leistung durch den Schuldner der Forderung.[521]

Wird durch das Abtretungsstatut das Recht eines Mitgliedstaates berufen, so ist die Übertragung der Forderung im Wege der Gesamtrechtsnachfolge als Teil des gesamten Vermögens unproblematisch.[522] Anders ist jedoch dann zu verfahren, wenn das Abtretungsstatut das Recht eines Drittstaates ist, das die Übertragung im Wege der Gesamtrechtsnachfolge im Zuge der grenzüberschreitenden Verschmelzung nicht anerkennt.[523] In diesem Fall wird die Forderung nach dem maßgeblichen Abtretungsstatut übertragen und die Übertragungsbestimmungen des Drittstaates sind zu beachten.[524]

Von der Übertragung der geschuldeten Forderung an den Zessionar ist zum einen der Schuldner des Zedenten betroffen. So ändert sich die Person des

517 *Doehner* in Hüßtege/Mansel, BGB, Art. 14 Rom I-VO, Rn. 11.

518 Vgl. *Martiny* in MüKo-BGB, Bd. 13, Art. 14 Rom I-VO, Rn 27 m. w. N.

519 BeckOK-BGB/*Spickhoff*, Rom I-VO, Art. 14, Rn. 9; *Doehner* in Hüßtege/Mansel, BGB, Art. 14 Rom I-VO, Rn. 17; BeckOGK-BGB/*Hübner* Rom I-VO Art. 14 Rn. 18; *Martiny* in MüKo-BGB, Bd. 13, Art. 14 Rom I-VO, Rn. 27 f., 33; *Kieninger* in Ferrari/Kieninger et. al., IntVertragsR, Art. 14 Rom I-VO, Rn. 8 f.

520 Vgl. *Doehner* in Hüßtege/Mansel, BGB, Art. 14 Rom I-VO, Rn. 17.

521 Art. 14 Abs. 2 Rom I-VO.

522 *Vossius* in Widmann/Mayer, UmwG/UmwStG (Stand: April 2018), § 20, Rn. 196.

523 BeckOGK-UmwG/*Rieckers/Cloppenburg*, § 20, Rn. 15, 17.

524 BeckOGK-UmwG/*Rieckers/Cloppenburg*, § 20, Rn. 15, 17.

Gläubigers, an den der Schuldner nunmehr mit befreiender Wirkung leisten kann. Die Stellung des Schuldners darf ferner auch aufgrund der Übertragung der Forderung nicht verschlechtert und seine Interessen dürfen nicht in Gefahr gebracht werden.[525] Zudem wird in einigen Rechtsordnungen verlangt, den Schuldner von der Forderungsübertragung in Kenntnis zu setzen.[526]

Zum anderen werden die Interessen der Gläubiger des Zedenten beeinträchtigt, da sich der Umfang des Vermögens verringert, aus dem sie ihre eigenen Ansprüche befriedigen können.[527] Vor diesem Hintergrund stellt sich die Frage, wie sich die Übertragung der Forderung im Zuge einer grenzüberschreitenden Verschmelzung gegenüber dem Schuldner und dem Gläubiger des Zedenten auswirken kann, wenn die Übertragung der Forderung einem Recht unterliegt, das von dem von Zessionar (übernehmende Gesellschaft) und Zedenten (übertragende Gesellschaft) bestimmten Recht, also deren Gesellschaftsstatut, abweicht.

bb) Übertragung der im Binnenmarkt belegenen Forderungen

Mit der Umsetzung des Art. 121 GesRiLi in das nationale Recht sämtlicher mitgliedstaatlicher Rechtsordnungen wurde die Übertragung des Vermögens der übertragenden Gesellschaft im Rahmen einer grenzüberschreitenden Verschmelzung im Wege der Gesamtrechtsnachfolge als Ganzes bereits normiert.[528] Forderungen, die dem Vermögen der übertragenden Gesellschaft gehören, gehen mit dem Wirksamwerden der Verschmelzung an die übernehmende Gesellschaft über.[529] Für die Übertragbarkeit der Forderung und für die Frage, ob diese Übertragung Wirkung gegenüber dem Schuldner der Forderung entfaltet, ist zudem das maßgebliche Forderungsstatut zu beachten.[530]

Die Anordnung und der darauffolgende Vollzug der Gesamtrechtsnachfolge führen somit dazu, dass das gesamte Vermögen einschließlich der bestehenden Forderungen mit einem Rechtsakt übertragen wird, ohne dabei die einzelnen Vermögensgegenstände aufzulisten oder mit einzelnen Übertragungsakten übertragen zu lassen.[531] Die Durchbrechung der sachenrechtlichen Grundsätze

---

525 Staudinger/*Hausmann* (2021) Rom I-VO Art. 14, Rn. 47.

526 *Hartley*, Int. Comp. L.Q. 60 (2011) 29 45; *Verhagen/van Dongen*, J. Priv. Int. L. 6 (2010) 1 6.

527 *Einsele*, RabelsZ 49 (2010), 91 99.

528 Statt vieler vgl. *Bayer* in Lutter, UmwG, § 122a, Rn. 16.

529 *Vossius* in Widmann/Mayer, UmwG/UmwStG (Stand: April 2018), § 20, Rn. 196.

530 Vgl. BeckOK-BGB/*Spickhoff*, Rom I-VO, Art. 14, Rn. 7.

531 *Marsch-Barner/Oppenhoff* in Kallmeyer, UmwG, § 20, Rn. 8; *Grunewald* in Lutter, UmwG, § 20 Rn. 32; *Winter* in Schmitt/Hörtnagl, UmwG, § 20 Rn. 73 f.; *Leonard/*

der Spezialität und der Bestimmtheit zielt darauf ab, die Vermögensübertragung im Wege der Verschmelzung zu erleichtern.[532] Dies gilt auch in Bezug auf etwaige Abtretungsbeschränkungen und -verbote im Zusammenhang mit der Übertragung von Forderungen, sofern das Forderungsstatut eine mitgliedstaatliche Rechtsordnung ist, die das Institut der Gesamtrechtsnachfolge kennt.[533] Etwaige Abtretungsverbote zu Lasten der übertragenden Gesellschaft als Altgläubiger gelten weiterhin für die übernehmende Gesellschaft als Neugläubiger.[534]

Dennoch ist fraglich, welche Auswirkungen die Änderung des Gläubigers der Forderungen im Rahmen einer grenzüberschreitenden Verschmelzung auf Personengruppen hat, die mit der übertragenden Gesellschaft verbunden sind, so z. B.Schuldner oder Gläubiger der übertragenden Gesellschaft, und inwieweit deren Interessen von dem Verschmelzungsvorgang beeinträchtigt werden. Darauf ist sogleich einzugehen.[535]

cc) Übertragung der in einem Drittstaat belegenen Forderungen

Verweist das Abtretungsstatut auf das Recht eines Drittstaates, das das Institut der Gesamtrechtsnachfolge im Rahmen einer Verschmelzung nicht kennt, können die Forderungen einer übertragenden Gesellschaft nicht im Wege der Gesamtrechtsnachfolge im Rahmen der Verschmelzung als Teil der einheitlichen Vermögensmasse übertragen werden.[536] In diesem Fall wird die Forderung nach den Übertragungsanforderungen des maßgeblichen Abtretungsstatuts an die übernehmende Gesellschaft übertragen. So kann beispielsweise von der übertragenden Gesellschaft verlangt werden, den Schuldner über die anstehende Übertragung der Forderung und die Zuweisung des neuen Gläubigers zu informieren.[537] Unterbleibt eine entsprechende Anzeige des neuen Gläubigers, so gilt die Forderung als nicht übertragen.

Simon in Semler/Stengel/Leonard, UmwG, § 20 Rn. 13; *Vossius* in Widmann/Mayer, UmwG/UmwStG (Stand: April 2018), § 20, Rn. 196.

532 *Simon* in KölnKomm zum UmwG, § 2, Rn. 38.

533 Vgl. BeckOGK-UmwG/*Rieckers/Cloppenburg*, § 20 Rn. 44; *Leonard/Simon* in Semler/Stengel/Leonard, UmwG, § 20 Rn. 13; *Heidinger* in Henssler/Strohn, GesR, § 20 UmwG, Rn. 11.

534 *Vossius* in Widmann/Mayer, UmwG/UmwStG (Stand: April 2018), § 20, Rn. 197.

535 Siehe Kapitel C. II. 2. b). iv). dd) und ee) unten.

536 Staudinger/*Mansel* (2015) IntSachenR, Art. 43 EGBGB, Rn. 313 f.

537 *Vossius* in Widmann/Mayer, UmwG/UmwStG (Stand: April 2018), § 20, Rn. 37, 49; *Doehner* in Hüßtege/Mansel, BGB, Art. 14 Rom I-VO, Rn. 12; *Grunewald* in Lutter, UmwG, § 20 Rn. 16; *Winter* in Schmitt/Hörtnagl, UmwG, § 20 Rn. 33;

Unterliegt ferner die Forderung dem Recht eines Drittstaates, das die Gesamtrechtsnachfolge im Rahmen der grenzüberschreitenden Verschmelzung nicht anerkennt, so gilt die Durchbrechung der sachenrechtlichen Grundsätze der Spezialität und der Bestimmtheit, die im Rahmen der Gesamtrechtsnachfolge nicht erfolgt.[538] Dementsprechend sind die nach dem Forderungsstatut geltenden Abtretungsbeschränkungen und -verbote im Zusammenhang mit der Übertragung der Forderung zu beachten.

dd) Auswirkungen der Übertragung gegenüber dem Schuldner der übertragenden Gesellschaft

Aus den obigen Ausführungen ergibt sich Klärungsbedarf hinsichtlich der Frage, inwieweit sich die verschmelzungsbedingte Übertragung der Forderung auf das Verhältnis zwischen dem Schuldner und der aus der Verschmelzung hervorgehenden Gesellschaft auswirkt und wie dessen Interessen von dieser Übertragung beeinflusst werden.

Der Schuldner einer Forderung gehört nicht dem Kreis derjenigen Personengruppen an, deren Interessen im Falle einer Verschmelzung als schutzwürdig erachtet werden und für die bestimmte Schutzmechanismen zur Verfügung stehen. Solche Gruppen sind namentlich die Anteilsinhaber[539] oder Gläubiger[540] der beteiligten Gesellschaften. Der Schuldner hat zunächst ein Interesse daran, zu wissen, an wen er leisten muss und ob dies mit befreiender Wirkung geschieht.[541] Dies ist insbesondere dann von Bedeutung, wenn er Gefahr läuft, dass er nicht mehr an den Berechtigten, namentlich den Zedenten, leistet. Aus diesem Grund wird in einigen Rechtsordnungen eine Abtretungsanzeige gefordert, um diese Gefahr zu beseitigen.[542] Andere Rechtsordnungen gestatten die Leistung mit befreiender Wirkung auch an den Altgläubiger.[543] Bei grenzüberschreitenden Verschmelzungen besteht hingegen eine solche Gefahr nicht. Der

---

BeckOGK-UmwG/*Rieckers/Cloppenburg*, § 20, Rn. 17; *Hartley*, Int. Comp. L.Q. 60 (2011) 29 45; *Verhagen/van Dongen*, J. Priv. Int. L. 6 (2010) 1 6.

538 *Simon* in KölnKomm zum UmwG, § 2, Rn. 38.

539 Zum Anteilsinhaberschutz siehe § 122h UmwG, der u. a. bestimmt, wann die Anteilsinhaber einer übertragenden Gesellschaft ausländischen Rechts vom Spruchverfahren Gebrauch machen können; dazu siehe *Bayer/Schmidt*, NZG 2006, 841 844.

540 Zum Gläubigerschutz siehe § 22 UmwG, § 122j UmwG; siehe dazu noch statt vieler *Krause/Kulpa*, ZHR 171 (2007) 38 74.

541 *Eidenmüller*, AcP 204 (2004), 457 487.

542 *Einsele*, RabelsZ 49 (2010), 91 103 f.

543 § 407 Abs. 1 BGB.

übertragende Rechtsträger – und gleichzeitig der Altgläubiger des Schuldners – wird ohne Abwicklung aufgelöst. Daher kann der Schuldner an den Altgläubiger ohnehin nicht mehr leisten, auch wenn er von der Übertragung der Forderung keine Kenntnis erlangt hat und seinen neuen Gläubiger noch nicht kennt. Wer sein neuer Gläubiger ist, geht aus dem Register hervor, in dem die Verschmelzung und die daraus resultierenden Folgen eingetragen sind.[544] Die aus der Verschmelzung hervorgehende Gesellschaft ist dann berechtigt, die Begleichung der Forderung zu verlangen oder die Leistung des Schuldners entgegenzunehmen.

Ist der neue Gläubiger einmal bekannt, so hat der Schuldner ferner ein Interesse daran, dass seine Rechtsposition nach der Übertragung der Forderung unverändert bleibt.[545] Ihm sollen weiterhin diejenigen Rechte zustehen, die ihm nach dem Forderungsstatut zustünden. Somit muss er in der Lage sein, Einwendungen aus dem mit dem Altgläubiger abgeschlossenen Vertrag dem Neugläubiger bzw. der aus der Verschmelzung hervorgehenden Gesellschaft entgegenzuhalten. Hat der Schuldner beispielsweise das Recht auf Aufrechnung mit bestehenden Gegenforderungen gegen den Altgläubiger, so sind diese dem Neugläubiger entgegenzuhalten.[546] Ob es sich hierbei um Gegenforderungen aus dem Hauptvertrag handelt oder aus anderen Verträgen, kann bei einer grenzüberschreitenden Verschmelzung dahingestellt werden. Denn diese Gegenforderungen gehen als Passivvermögen der übertragenden Gesellschaft auf die übernehmende Gesellschaft über.[547] Insoweit ist festzuhalten, dass die verschmelzungsbedingte Vermögensübertragung und deren Unterstellung unter das Gesellschaftsstatut der übertragenden und der übernehmenden Gesellschaft grundsätzlich keine Gefahr für die Interessen des Schuldners darstellt.

ee) Auswirkungen der Übertragung gegenüber Dritten

Ferner ist fraglich, ob die Forderungsübertragung im Rahmen der grenzüberschreitenden Verschmelzung eine *erga omnes* Wirkung hat und Dritten entgegengehalten werden kann. Zunächst ist auf die Frage einzugehen, wer in diesem Zusammenhang als Dritter gilt. Dritte sind in solchen Konstellationen Gläubiger des Zedenten, also des ursprünglichen Inhabers der Forderung sowie

544 Bspw. § 122l UmwG, wenn die übernehmende Gesellschaft deutschem Recht unterliegt.

545 *Flessner* in FS Canaris II, S. 552 f.

546 *Eidenmüller*, AcP 204 (2004), 457 485.

547 EuGH, Urteil v. 5.3.2015 – Rs. C-343/13 - Modelo Continente Hipermercados, Rn. 23 f. = ZIP 2015, 776.

Insolvenzverwalter des Vermögens des Zedenten.[548] Diese Personen gehören zwar nicht zu dem Personenkreis, der unmittelbar durch die Übertragung der Forderung betroffen wird, dennoch ist es für diesen Personenkreis von Interesse, ob sich die Forderung weiterhin in der dem Zedenten gehörenden Vermögensmasse befindet.[549]

Bei einer grenzüberschreitenden Verschmelzung ist der ursprüngliche Inhaber der Forderung die übertragende Gesellschaft (Zedent), die mit dem Wirksamwerden der Verschmelzung liquidationslos aufgelöst wird. Dritte, deren Interessen durch die Forderungsübertragung im Rahmen der grenzüberschreitenden Verschmelzung beeinträchtigt werden könnten, sind unter anderem die Gläubiger der übertragenden Gesellschaft, für die von Belang ist, ob die Forderung zu dem Vermögen des Zedenten gehört. Solange es sich also um die Gläubiger der übertragenden Gesellschaft handelt, ist die Problematik zur Drittwirkung der Abtretung einer Forderung, die für Art. 14 Rom I-VO diskutiert wird,[550] bei der verschmelzungsbedingten Übertragung der Forderung von geringer praktischer Relevanz. Dies begründet sich darauf, dass an Stelle des Zedenten, also der übertragenden Gesellschaft, in allen Rechten und Pflichten die übernehmende bzw. aus der Verschmelzung hervorgehende Gesellschaft tritt, in deren Vermögensmasse sich die Forderung nach dem Wirksamwerden der Verschmelzung befindet.[551] Im Übrigen ist für die Drittwirkung der Abtretung, insbesondere für die Frage nach dem Inhaber der Forderung bei Mehrfachabtretung auf das nationale Kollisionsrecht abzustellen.[552] Dies gilt sowohl bei der Übertragung der Forderung im Wege der Gesamtrechtsnachfolge bei den im Binnenmarkt belegenen Forderungen als auch bei der Übertragung der Forderung im Wege der

---

548 *Garcimartín Alférez* in Ferrari/Leible (Hrsg.), Rome I Regulation, Art. 14, S. 218.

549 *Stefer*, IPRax 2021, 155.

550 Zur Problematik der Drittwirkung der Zession siehe Staudinger/*Hausmann* (2021) Rom I-VO Art. 14, Rn. 55 ff.; *Leible/Müller*, IPRax 2012, 491 492 f.; *Mann/Nagel*, WM 2011, 1499 1500 f.; zum Verordnungsvorschlag der Kommission zu den Drittwirkungen der Abtretung vgl. *Einsele*, IPRax 2019, 477 478 sowie 479 ff; *Stefer*, IPRax 2021, 155 158; EuGH, Urteil v. 9.10.2019, Rs. C-548/18, BGL BNP Paribas SA. /. Teambank AG Nürnberg = IPRax 2021, 173, Leitsatz über die Nichtanwendung der Rom I-VO auf Fragen bzgl. der Drittwirkung einer Forderungsabtretung.

551 *Vossius* in Widmann/Mayer, UmwG/UmwStG (Stand: April 2018), § 20, Rn. 26.

552 EuGH, Urteil v. 9.10.2019, Rs. C-548/18, BGL BNP Paribas SA. /. Teambank AG Nürnberg = IPRax 2021, 173 174; *Mankowski*, RIW 2019, 725 728; Kieninger, NJW 2019, 3353 3355.

Einzelrechtsnachfolge, wenn das maßgebliche Vertragsstatut die Übertragung der Forderung an weitere Bedingungen knüpft.

Sofern es sich also um Dritte handelt, die in einer Beziehung zu der übertragenden Gesellschaft stehen, wird an das Gesellschaftsstatut der übertragenden Gesellschaft angeknüpft. Die GesRiLi hat in Kauf genommen, dass durch die Verschmelzung die Interessen Dritter beeinträchtigt werden können und dafür Schutzmechanismen zur Verfügung gestellt, die die Interessen der Gläubiger entsprechend sicherstellen sollen.[553] So haben die Gläubiger der übertragenden Gesellschaft Anspruch auf Sicherheitsleistung, wenn sie glaubhaft machen können, dass ihre Interessen aufgrund der Verschmelzung gefährdet werden.[554] So wird gewährleistet, dass diese durch die Verschmelzung ihres Schuldners, nämlich der übertragenden Gesellschaft auf eine andere Gesellschaft, nicht beeinträchtigt werden. Allein der grenzüberschreitende Charakter der Verschmelzung reicht jedoch nicht aus, die Gefährdung der Interessen zu rechtfertigen und womöglich die Forderungsübertragung infrage zu stellen.[555]

ff) Fazit

Zusammengefasst kann festgehalten werden, dass Forderungen dem gesamten Vermögen der übertragenden Gesellschaft zugeordnet werden, unabhängig davon, welches Recht auf den der Forderung zugrundeliegenden Hauptvertrag Anwendung findet. Daher können sie einem einheitlichen Übertragungsstatut unterstellt werden, das sämtliche Posten des Gesellschaftsvermögens erfasst. Das Gesellschaftsstatut der übertragenden Gesellschaft ordnet die Übertragung an, während für den Vollzug der Übertragung das Gesellschaftsstatut der aus der Verschmelzung hervorgehenden Gesellschaft anwendbar ist.

Durch die Verschmelzung erlischt die übertragende Gesellschaft und an ihre Stelle tritt die aus der Verschmelzung hervorgehende Gesellschaft als ihre Rechtsnachfolgerin. Letztere tritt infolgedessen als Gläubiger im Verhältnis zu dem Schuldner der Forderung auf. Die Interessen des Schuldners der Forderung

---

553 Art. 122 Abs. 2 GesRiLi; § 122j UmwG.

554 §§ 122a Abs. 2 i. V. m. 22 UmwG, wenn es sich bei der übernehmenden bzw. aus der Verschmelzung hervorgehenden Gesellschaft um eine Gesellschaft deutschen Rechts handelt; § 122j UmwG, wenn es sich bei der übertragendenden Gesellschaft um eine Gesellschaft deutschen Rechts handelt; *Krause/Kulpa*, ZHR 171 (2007) 38 74; rechtsvergleichend zum Gläubigerschutz siehe *Kalss*, ZGR 2009, 74 82 ff; siehe auch *Leydecker*, Gläubigerschutz bei grenzüberschreitenden Verschmelzungen, S. 111 ff.

555 *Kieninger*, EWS 2006, 49 52; *Passarge/Stark*, GmbHR 2007, 803 809.

werden dadurch nicht beeinträchtigt, denn es besteht zum einen nicht mehr die Gefahr der doppelten Leistung. Es wird an den Rechtsnachfolger des Altgläubigers mit befreiender Wirkung geleistet. Dem Schuldner zustehende Einwendungen sollen jedoch weiterhin aufrechterhalten werden. Auf das Forderungsstatut ist ausnahmsweise zurückzugreifen, sofern ersichtlich ist, dass seine Rechte gefährdet werden. Auch die Frage der Wirkung der Forderungsübertragung auf Dritte dürfte in diesem Zusammenhang von geringer Bedeutung sein. Denn in einem grenzüberschreitenden Verschmelzungsvorgang sind die Gläubiger der übertragenden Gesellschaft bereits gesichert, indem sie Sicherheitsleistungen verlangen können, um ihre Forderungen gegenüber dem neuen Schuldner, nämlich der übernehmenden Gesellschaft, abzusichern.

v) Wertpapiere

aa) Allgemeines zu den Wertpapieren

(a) Begriff

Zum Gesellschaftsvermögen der übertragenden Gesellschaft können auch Wertpapiere gehören. Diese können entweder in entmaterialisierter Form erscheinen und die Gestalt eines buchmäßigen Werts haben, wie dies in einigen Ländern der Fall ist, oder sind sie in einer Urkunde verkörpert und haben dementsprechend physische Form.[556]

Die Verbriefung des Rechts erfolgt zum einen auf einzelnen Urkunden, die dann als Streifband aufbewahrt oder sammelverwahrt werden.[557] Das ist die Form, in der Wertpapiere derselben Gattung unterschiedlicher Wertpapierinhaber in einem Depot aufbewahrt werden.[558] Bei der Streifbandverwahrung ist der jeweilige Wertpapierinhaber Eigentümer des gesonderten Bestands, während bei der Sammelverwahrung die Wertpapierinhaber Miteigentümer an dem Sammelbestand sind. Je nach Wertpapierart bezieht sich das Miteigentum der Wertpapierinhaber anteilig auf die Höhe entweder des Nennbetrags oder der Stückzahl der Wertpapiere.[559] Zum anderen werden die Wertpapiere auf einer Global- bzw. Sammelurkunde verbrieft. Die Sammelurkunde wird in § 9a DepotG definiert. Demgemäß ist eine Sammelurkunde ein Wertpapier, das mehrere Rechte verbrieft, die jedes für sich in vertretbaren Wertpapieren einer und

---

556 Statt vieler vgl. *Einsele* in MüKo-HGB, Bd. 6, DepotG, Rn. 52; *Lüttringhaus* in Heidel/Hüßtege/Mansel/Noack, BGB AT, Anh. zu Art. 46 d EGBGB, Rn. 3.

557 *Einsele*, WM 2000, 7 9 f.

558 § 5 Abs. 1 S. 1 DepotG.

559 § 6 Abs. 1 S. 1 DepotG.

derselben Art verbrieft sein könnten.[560] Sie werden im Regelfall in einer Wertpapiersammelbank verwahrt, es sei denn, der Hinterleger verlangt die gesonderte Aufbewahrung der Sammelurkunde.[561]

(b) Wertpapierrechtsstatut

Ob eine Urkunde als Wertpapier qualifiziert wird, hängt vom Wertpapierrechtsstatut ab.[562] Als Wertpapierrechtsstatut wird jenes Statut bezeichnet, aus dem sich das Rechtsverhältnis ergibt, das das verbriefte Recht begründet (Hauptstatut).[563] Um ein Beispiel zu nennen: Mitgliedschaftsrechte an einer Gesellschaft sind in Urkunden verbrieft. Fragen betreffend die Beteiligung an einer Gesellschaft unterliegen dem Gesellschaftsstatut.[564] So gilt das Gesellschaftsstatut der Gesellschaft, an der die Mitgliedschaften gehalten werden, als Wertpapierrechtsstatut.[565] Das Hauptstatut bzw. Wertpapierrechtsstatut entscheidet darüber, wie über das verbriefte Recht verfügt wird.[566] Es entscheidet insbesondere darüber, ob das verbriefte Recht beispielsweise durch seine Abtretung oder durch Übereignung und Übergabe des physischen Dokuments übertragen wird, in dem das verbriefte Recht verkörpert ist. In diesem Zusammenhang kann das unten noch auszuführende Wertpapiersachstatut berufen werden.[567] Schließlich unterliegt dem Wertpapierrechtsstatut auch die Frage, ob eine Rechtswahlvereinbarung zulässig ist.[568]

---

560 § 9a DepotG; dazu siehe *Einsele* in MüKo-HGB, Bd. 6, DepotG, Rn. 57; *Lehmann/Hoffmann*, WM 2013, 1389 1394.

561 § 9a Abs. 1 S. 1 DepotG.

562 Statt vieler vgl. Staudinger/*Mansel* (2015) IntSachenR, Anh. zu Art. 43 EGBGB, Rn. 72.

563 *Wendehorst* in MüKo-BGB, Bd. 13, Art. 43 EGBGB, Rn. 194; *Land*, DB 2013, 2697 2700.

564 Vgl. *Martiny* in MüKo-BGB, Bd. 13, Art. 1 Rom I-VO, Rn. 66 ff.

565 OLG Celle, Urteil v. 7.9.1983 – 9 U 34/83 = ZIP 1984, 594 600; OLG Karlsruhe, Urteil v. 18.11.1983 – 15 U 110/81 = IPRspr. 1983, Nr. 20, S. 68; OLG Köln, Urteil v. 9.6.1994 – 18 U 239/93 = IPRax 1996, 340 342; Staudinger/*Großfeld*, (1998) IntGesR, Rn. 341 ff.; *Schall*, WM 2011, 2249 2250; Einsele, Bank- und KapitalR, § 7, Rn. 81.

566 Staudinger/*Mansel* (2015) IntSachenR, Anh. zu Art. 43 EGBGB, Rn. 23 ff.; *Wendehorst* in MüKo-BGB, Bd. 13, Art. 43 EGBGB, Rn. 194; *Lüttringhaus* in Heidel/Hüßtege/Mansel/Noack, BGB AT, Anh. zu Art. 46 d EGBGB, Rn. 9a; Grüneberg/*Thorn*, BGB, Art. 43 EGBGB, Rn. 1.

567 Staudinger/*Mansel* (2015) IntSachenR, Anh. zu Art. 43 EGBGB, Rn. 26; *Einsele*, Wertpapierrecht als Schuldrecht, S. 399.

568 *Lüttringhaus* in Heidel/Hüßtege/Mansel/Noack, BGB AT, Anh. zu Art. 46 d EGBGB, Rn. 11.

(c) *Wertpapiersachstatut*

Das Wertpapiersachstatut regelt die dinglichen Rechtsfragen in Bezug auf das Wertpapier, nämlich die Rechte auf die physische Urkunde, auf der das Wertpapierrecht verkörpert wird.[569] Das Wertpapiersachstatut ist für die Verfügung über das auf dem Wertpapier verbriefte Recht dann maßgeblich, wenn das Wertpapierrechtsstatut darauf verweist und die Verfügung über das Recht mit der Verfügung über die Urkunde verbindet, auf der das Recht verbrieft ist.[570] Dies ist der Fall bei den Inhaberpapieren. Diese setzten für die Ausübung des verbrieften Rechts das Vorlegen der Urkunde voraus, worauf das Wertpapierrecht verbrieft ist.[571] Werden also die sachenrechtlichen Normen des Wertpapiersachstatuts berufen, so bedarf es für die wirksame Übertragung des verbrieften Rechts der Übereignung und Übergabe der Urkunde, die das Wertpapierrecht verkörpert. So erfolgt beispielsweise die Übertragung des Mitgliedschaftsrechts an einer Gesellschaft durch Übereignung und Übergabe der Urkunde, auf der das Recht verbrieft ist. Übertragungsstatut ist in diesem Fall das Recht des Belegenheitsorts des Wertpapiers (*lex cartae sitae*).[572]

Nach dem Wertpapiersachstatut richten sich nicht nur Verfügungen über das auf der Urkunde verbriefte Recht, sondern auch Verfügungen über die Urkunde selbst. Die Urkunde, auf der das Recht verbrieft ist, wird rechtlich als bewegliche Sache behandelt.[573] Über dingliche Rechtsfragen hinsichtlich der beweglichen Sachen entscheidet das Recht des Belegenheitsorts der Sache, im vorliegenden Fall der Belegenheitsort der Wertpapierurkunde, sodass *lex rei sitae* gleich *lex cartae sitae* ist.[574]

bb) *Rechtlicher Rahmen*

(a) *Unionsrecht – Rom I-VO*

Was die Verfügung über die Wertpapiere anbelangt, kommt die Rom I-VO zur Anwendung, solange es sich um schuldrechtliche Verpflichtungen handelt. Zu

569 *Wendehorst* in MüKo-BGB, Bd. 13, Art. 43 EGBGB, Rn. 194.

570 Staudinger/*Mansel* (2015) IntSachenR, Anh. zu Art. 43 EGBGB, Rn. 26; *Einsele*, Wertpapierrecht als Schuldrecht, S. 399.

571 *Einsele*, EuZW 2018, 402 403.

572 BGH, Urteil v. 19.1.1994 – IV ZR 207/92 = NJW 1994, 939 940; *Göthel* in M&A-Transaktionen § 8, Rn. 76 f., 92 ff.

573 Erman/*Hohloch*, BGB, Art. 43 EGBGB, Rn. 8.

574 BayObLG, Urteil v. 8.10.2020 – 101 SchH 120/20 = IPRax 2021, 373; vgl. *Mankowski*, IPRax 2021, 352; *Einsele*, EuZW 2018, 402 403.

beachten ist stets der Ausnahmebereich des Art. 1 Abs. 2 Rom I-VO. Dementsprechend erstreckt sich die Anwendbarkeit der Verordnung gemäß Art. 1 Abs. 2 lit. d) Rom I-VO nicht auf Wechsel, Schecks und andere handelbare Wertpapiere. Vom Anwendungsbereich der Rom I-VO sind somit auf Wertpapieren verbriefte Rechte erfasst, die durch Abtretung des verbrieften Rechts übertragen werden, unabhängig von der Verfügung über die Urkunde, die das Recht verkörpert.[575] Die Abtretung des verbrieften Rechts wird vom Wertpapierrechtsstatut angeordnet, das sich aus dem Rechtsverhältnis ergibt, das das auf der Urkunde verbriefte Recht begründet. Für Übertragungen verbriefter Rechte gelten also die einschlägigen Normen der Rom I-VO, solange keine dingliche Übertragung der Urkunde selbst erforderlich ist.

Abtretungen von Rechten richten sich nach Art. 14 Rom I-VO. Dabei besteht noch die Möglichkeit, das für die Abtretung geltende Recht durch Rechtswahlvereinbarung nach Art. 3 Rom I-VO zu bestimmen. Insoweit können die an der Verschmelzung beteiligen Parteien das für die Abtretung dieser Art von Wertpapieren maßgebliche Recht wählen und es der Einheitlichkeit halber dem Gesellschaftsstatut unterstellen, das für die Übertragung des gesamten Vermögens anzuwenden ist. Eine nachträgliche Rechtswahl ist ebenfalls möglich, solange Dritte diese erkenne können und ihre Interessen dadurch nicht beeinträchtigt werden.[576] Im Übrigen ist auf die obigen Ausführungen zu den Forderungen zu verweisen.

(b) Genfer Abkommen zum Wechsel- und Scheckrecht

Wie bereits ausgeführt, schließt Art. 1 Abs. 2 lit. d) Rom I-VO aus dem Anwendungsbereich der Rom I-VO sämtliche Verpflichtungen des Wechsel- und Scheckrechts ausdrücklich aus. In Betracht kommen somit vorhandene völkerrechtliche Vereinbarungen, die vorrangig vor den nationalen Normen anzuwenden sind.[577] Dafür gelten die Genfer Abkommen,[578] die Kollisionsnormen zur Übertragung der auf den vorgenannten Wertpapieren verbrieften Rechte enthalten. Die Regelungen der Abkommen wurden innerstaatliches Recht und sind in Art. 91–98 WG für Wechsel und in Art. 61–66 ScheckG für Schecks zu finden.

575 *Martiny* in Reithmann/Martiny, IntVertragsR, Rn. 1.96; Staudinger/*Magnus* (2021) Rom I-VO, Art. 1, Rn. 65.

576 Art. 3 Abs. 2 S. 2 Rom I-VO.

577 Art. 3 EGBGB; vgl. Grüneberg/*Thorn*, BGB, Art. 3 EGBGB, Rn. 5, 10.

578 RGBl. II 1993, 377 444 für WG; RGBl. II 1993, 537 594 für ScheckG.

Die Übertragung des auf einem Wechsel verbrieften Rechts bzw. einer Forderung richtet sich nach Art. 95 WG. Danach ist der Ausstellungsort des Wechsels unter anderen für die Frage maßgeblich, wie die dem Wechsel zugrunde liegende Forderung auf den Erwerber übergeht.[579] Des Weiteren für die Frage, ob der Inhaber der Urkunde auch der Erwerber der verbrieften Forderung ist.[580] Im Übrigen ist auf die Abtretung der Forderung, die auf dem Wechsel verbrieft ist, das jeweils im Einzelfall geltende Forderungsstatut anzuwenden.[581] Eine Rechtswahl ist zwar grundsätzlich zulässig, sie muss jedoch zum einen für Dritte erkennbar sein und darf zum anderen deren Interessen nicht beinträchtigen, sollte sie ihnen gegenüber wirken.[582] Das Eigentum am Wechsel richtet sich nach dem Wirkungsstatut, nämlich nach dem Recht des Zahlungsorts.[583] Handelt es sich um ein Blankoindossament, so kommt es in diesem Fall auf die allgemeinen Kollisionsregeln der Art. 43 ff. EGBGB an, also auf die *lex rei* bzw. *cartae sitae* des Wechsels.[584]

Entsprechendes gilt für Schecks. Die Verfügung über die auf dem Scheck verbrieften Rechte richtet sich nach dem Wirkungsstatut, also nach dem Recht des Orts, an dem der Scheck ausgestellt worden ist, sofern die Parteien kein abweichendes Recht per Rechtswahl bestimmt haben.[585] Verfügungen über Schecks ohne Zeichnung unterliegen hingegen nicht mehr den Normen des ScheckG, sondern dem Wertpapiersachstatut.[586] Aus deutscher Sicht wäre also hierfür Art. 43 EGBGB maßgeblich, der auf das Recht des Belegenheitsorts der Sache bzw. der Urkunde verweist.[587]

579 *Bülow*, WG/ScheckG/ABG, Art. 95 WG, Rn. 1.

580 Staudinger/*Magnus* (2021) Rom I-VO, Anh. I zu Art. 1, Rn. 17; Baumbach/Hefermehl/*Casper*, WG/ScheckG, Art. 95 WG, Rn. 1.

581 *Martiny* in Reithmann/Martiny, IntVertragsR, Rn. 1.100.

582 Staudinger/*Magnus* (2021) Rom I-VO, Anh. I zu Art. 1, Rn. 19.

583 *Bülow*, WG/ScheckG/ABG, Art. 93 WG, Rn. 1 f.

584 Baumbach/Hefermehl/*Casper*, WG/ScheckG, Art. 95 WG, Rn. 1; *Bülow*, WG/ScheckG/ABG, Art. 93 WG, Rn. 5.

585 BGH, Urteil v. 26-09-1989 – XI ZR 178/88 = NJW 1990, 242 243; *Kieninger* in Ferrari/Kieninger et. al., IntVertragsR, Art. 1, Rom I-VO, Rn. 14.

586 Staudinger/*Magnus* (2021) Rom I-VO, Anh. I zu Art. 1, Rn. 29.

587 *Leible* in Hüßtege/Mansel, BGB, Art. 1, Rom I-VO, Rn. 53; Baumbach/Hefermehl/*Casper*, WG/ScheckG, Art. 63 ScheckG, Rn. 1.

(c) Nationales autonomes Kollisionsrecht

Verpflichtungen aus anderen handelbaren Wertpapieren, insbesondere Inhaber- und Orderpapieren, werden ebenfalls aus dem Anwendungsbereich der Rom I-VO gemäß Art. 1 Abs. 2 lit. d) ausgeschlossen. Der Ausschluss bezieht sich also auf schuldrechtliche Verpflichtungen, die aus der Handelbarkeit bzw. Umlaufsfunktion der Wertpapiere entstehen, und es gelten insoweit die allgemeinen Kollisionsregeln.[588] Die Handelbarkeit bezieht sich auf die Übertragbarkeit des auf dem Wertpapier verbrieften Rechts, für dessen Übertragung die Übergabe der Urkunde erforderlich ist.[589] Hierfür ist also die Abtretung der verbrieften Forderung nicht mehr ausreichend. Damit das verbriefte Recht auf den neuen Erwerber wirksam übergeht, bedarf es der Übertragung des Wertpapiers selbst, das das Recht verkörpert. Insoweit kommt es zur Anwendung des Wertpapiersachstatuts, dessen Berufung durch das Wertpapierrechtsstatut bzw. Hauptstatut erfolgt, das sich aus dem Rechtsverhältnis ergibt, das das verbriefte Recht begründet. Aus deutscher Sicht gilt zum einen § 17a DepotG als spezielle Regelung und zum anderen gelten Art. 43 bis 46 EGBGB, solange die vorgenannte Regelung nicht eingreift.

(aa) § 17a DepotG

§ 17a DepotG ist infolge der Umsetzung des Art. 9 Abs. 2 der Finalitätsrichtlinie entstanden.[590] Demgemäß richten sich Verfügungen über Wertpapiere oder Sammelbestandteile nach dem Recht des Staates, unter dessen Aufsicht das Register oder das Konto geführt wird, soweit sie mit rechtsbegründender Wirkung in ein Register eingetragen bzw. in ein Konto gebucht werden. Eine Übereignung und Übergabe der Urkunden, auf denen das Recht verbrieft ist, findet also nicht statt. § 17a DepotG hat einen recht eingeschränkten Anwendungsbereich, erfasst werden Anteile an Sammelbeständen sowie an Sammelurkunden.[591]

Diese Norm ist in zweierlei Hinsicht problematisch. Zum einen hatte der deutsche Gesetzgeber die Regelung überschießend umgesetzt.[592] Er hat nämlich

---

588 *Kegel/Schurig*, IPR, § 18 I, S. 652.

589 Vgl. *v. Bar* in FS Lorenz, S. 285.

590 Richtlinie 98/26/EG des Europäischen Parlaments und des Rates vom 19. Mai 1998 über die Wirksamkeit von Abrechnungen in Zahlungs- sowie Wertpapierliefer- und -abrechnungssystemen (Finalitätsrichtlinie); dazu siehe *Mankowksi*, IPRax 2021, 352 354; *Einsele*, EuZW 2018, 402 405; vgl. auch *Keller*, WM 2000, 1269.

591 *Keller*, WM 2000, 1269 1281.

592 *Einsele*, EuZW 2018, 402 405.

den Anwendungsbereich der Regelung auf sämtliche Wertpapiere ausgedehnt, obwohl er ihn auf Sicherungsrechte bei Wertpapieren beschränken sollte.[593] Damit ist zwar die Harmonisierung für den richtlinientreuen Teil erreicht.[594] Soweit aber die Regelung mit den Vorgaben der Richtlinie nicht übereinstimmt, gilt sie für Binnenmarktkonstellationen nicht zwingend.[595]

Zum anderen wurde im Hinblick auf die Voraussetzung der rechtsbegründenden Eintragung der Wertpapiere in ein Register diskutiert, ob diese Regelung ins Leere liefe.[596] Das deutsche Recht kennt zwar die Registereintragung, misst diesem Vorgang jedoch keine rechtsbegründende Wirkung bei.[597] Die Geltung des § 17a DepotG wird aber infolge der richtlinienkonformen Auslegung auch auf Wertpapiere ausgedehnt, solange diese in Deutschland sammelverwahrt werden.[598] Werden also beispielsweise Aktien an einer Gesellschaft in einer Sammelurkunde erfasst und in ein Aktienregister eingetragen, das in Deutschland geführt wird, so ist für die Verfügung über die Aktien deutsches Recht maßgeblich.[599] Maßgeblich sind demzufolge die sachenrechtlichen Vorschriften jenes Orts, an dem sich die kontoführende Stelle befindet, die den Vollzug der Verfügung zugunsten des Empfängers vornimmt.[600] Somit verweist § 17a DepotG nicht auf die *lex cartae sitae*, sondern auf die *lex libri siti*, nämlich das Recht des Registerorts oder des Orts des kontoführenden Verwahrers.[601]

Zwar wird die praktische Bedeutung dieser Norm bezweifelt.[602] Sie hat jedoch Transparenz geschaffen, was die Ermittlung des auf Verfügungen über

593 Vgl. *Einsele*, WM 2000, 2415 2419 ff. m. w. N. zur Umsetzung der Richtlinie in anderen EU-Staaten; zur Problematik der überschießenden Umsetzung von Richtlinien siehe *Habersack/Verse* in Europäische Methodenlehre, § 14, Rn. 1 ff.

594 *Einsele*, WM 2000, 2415 2424.

595 *Hommelhoff* in FG 50 Jahre BGH, S. 923; *Höpfner/Rüthers*, AcP 209 (2009) 1 20.

596 *Einsele* in MüKo-HGB, Bd. 6, DepotG, Rn. 208; *Schefold*, IPRax 2000, 468 475.

597 *Schefold*, IPRax 2000, 468 475.

598 Staudinger/*Mansel* (2015) IntSachenR, Anh. zu Art. 43 EGBGB, Rn. 70; *Mankowski* in Reithmann/Martiny, IntVertragsR, Rn. 6.1702.

599 Vgl. *Lehmann/Hoffmann*, WM 2013, 1389 1394.

600 OLG Frankfurt am Main, Urteil v. 24.11.2010 – 4 U 92/10 = ZEV 2011, 478 479; *Mankowski* in Reithmann/Martiny, IntVertragsR, Rn. 6.1701; Staudinger/*Mansel* (2015) IntSachenR, Anh. zu Art. 43 EGBGB, Rn. 71; *Wendehorst* in MüKo-BGB, Bd. 13, Art. 43 EGBGB, Rn. 247; *Lehmann/Hoffmann*, WM 2013, 1389 1394; *Schefold*, IPRax 2000, 468 476; *Keller*, WM 2000, 1269 1282.

601 *Wendehorst* in MüKo-BGB, Bd. 13, Art. 43 EGBGB, Rn. 243; vgl. auch *Mankowksi*, IPRax 2021, 352 354.

602 Ausführlich *Einsele*, MüKo-HGB, Bd. 6, DepotG, Rn. 200 ff.

Wertpapiere anzuwendenden Rechts betrifft.[603] Bei der Sammelverwahrung von Wertpapieren können auch mehrere Zwischenverwahrer eingeschaltet werden, sodass es schwer feststellbar werden kann, wo die Wertpapiere belegen sind.[604] Dies erschwert wiederum die Beantwortung der Frage, nach welchem Recht über die Wertpapiere und die verbrieften Rechte verfügt wird. Die Bestimmung eines leicht feststellbaren Orts – namentlich des Orts, an dem die kontoführende Stelle den Vollzug zugunsten des Empfängers vornimmt – kann aber zur Förderung der Rechtssicherheit in komplizierten Fällen beitragen.[605]

(bb) Art. 43 EGBGB

Solange die Voraussetzungen des § 17a DepotG nicht erfüllt sind, greift Art. 43 EGBGB.[606] Erfasst werden also Wertpapiere, die weder sammelverwahrt werden noch in einer Sammelurkunde verbrieft sind.[607] Daher fallen unter den Anwendungsbereich des Art. 43 EGBGB Wertpapiere, die streifbandverwahrt werden und auf Einzelurkunden verbrieft sind. Sie werden als Sache im rechtlichen Sinne behandelt und das darauf anwendbare Recht richtet sich nach ihrem Belegenheitsort.[608] Da die Wertpapiere als bewegliche Sachen wahrgenommen werden, können sie gemäß Art. 43 Abs. 2 EGBGB zum von den Parteien gewünschten Ort gebracht werden.[609] Damit wird ein Statutenwechsel herbeigeführt, der dazu führt, dass die die Wertpapiere betreffenden Rechtsfragen – darunter auch die dinglichen – nunmehr dem neuen Belegenheitsrecht unterliegen.[610] Infolgedessen unterliegt auch die Übertragung des verbrieften Rechts dem neuen Wertpapiersachstatut.

Außerdem ist Art. 43 EGBGB dann maßgeblich, wenn es sich um die dinglichen Rechtsverhältnisse handelt, die die Urkunde selbst betreffen.[611] Das Papier, auf dem das Recht verbrieft wird, wird rechtlich als Sache behandelt und dementsprechend finden die einschlägigen sachenrechtlichen Normen Anwendung.[612]

---

603 *Mankowski* in Reithmann/Martiny, IntVertragsR, Rn. 6.1701.

604 *Girsberger* in FS Schnyder, S. 78 f.; *Thévenoz*, Stan. J.L. Bus. & Fin. 13 (2007-2008), 384 387 f.

605 *Mankowski* in Reithmann/Martiny, IntVertragsR, Rn. 6.1701.

606 Staudinger/*Mansel* (2015) IntSachenR, Anh. zu Art. 43 EGBGB, Rn. 17.

607 *Schefold*, IPRax 2000, 468 476.

608 Erman/*Hohloch*, Art. 43 EGBGB, Rn. 8.

609 BGH, Urteil v. 19.1.1994 – IV ZR 207/92 = NJW 1994, 939.

610 Staudinger/*Mansel* (2015) IntSachenR, Art. 43 EGBGB, Rn. 4.

611 Grüneberg/*Thorn*, BGB, Art. 43 EGBGB, R. 1; Erman/*Hohloch*, Art. 43 EGBGB, Rn. 8.

612 BGH, Urteil v. 19.1.1994 – IV ZR 207/92 = NJW 1994, 939; *S. Lorenz*, NJW 1995, 176 177; *Einsele*, IPRax 1995, 163 164.

Das darauf verbriefte Recht und sämtliche dieses betreffende Fragen unterliegen weiterhin dem Hauptstatut.[613]

cc) Praktische Bedeutung bei grenzüberschreitenden Verschmelzungen

In den Fällen, in denen die Übertragung der Wertpapierrechte von der Gesamtrechtsnachfolge nicht erfasst wird, ist zur Bestimmung des Übertragungsstatuts der auf Wertpapieren verbrieften Rechte auf das Wertpapierrechtsstatut abzustellen. Danach richtet sich die Frage, wie die verbrieften Rechte zu übertragen sind. Dabei muss zunächst zwischen Rechten unterschieden werden, die durch Abtretung und solchen, die durch Übereignung und Übergabe der Urkunde übertragen werden. Im ersten Fall unterliegt die Verfügung über das verbriefte Recht dem Schuldstatut, das grundsätzlich eine Rechtswahlmöglichkeit zulässt. Hier erscheint es ratsam, das Gesellschaftsstatut der übertragenden Gesellschaft per Rechtswahl für maßgeblich zu erklären, um auf diese Weise eine Statutenaufspaltung zu vermeiden.

Im zweiten Fall ist wiederum zwischen Wertpapieren zu differenzieren, die sammelverwahrt werden oder auf Sammelurkunden verbrieft sind, und solchen, die streifbandverwahrt werden oder auf Einzelurkunden verbrieft sind. Bei den sammelverwahrten oder auf Sammelurkunden verbrieften Wertpapieren wird das materielle Recht des Verfügungsempfängers angewendet. Verfügungsempfänger, nämlich Erwerber des verbrieften Rechts, ist bei einer grenzüberschreitenden Verschmelzung die aus der Verschmelzung hervorgehende Gesellschaft, zu deren Gunsten die verbrieften Rechte übertragen werden. Daher ist das Gesellschaftsstatut dieser Gesellschaft maßgeblich. Zugleich ist letzteres auch ausschlaggebend für den Vollzug der Vermögensübertragung des inländischen Vermögens der übertragenden Gesellschaft, der die in Rede stehenden verbrieften Rechte gehören. Daraus folgt, dass die Statutenaufspaltung zwar hinsichtlich der Anordnung der Gesamtrechtsnachfolge für diese Vermögensgegenstände nicht vermieden wird. Die Übertragung im Wege der Gesamtrechtsnachfolge wird nämlich vom Gesellschaftsstatut der übertragenden Gesellschaft angeordnet.[614] Bei den sammelverwahrten oder auf Sammelurkunden verbrieften Wertpapieren erfolgt die Anordnung der Übertragung des verbrieften Rechts nach dem Recht des Verfügungsempfängers, nämlich nach dem Gesellschaftsstatut der übernehmenden Gesellschaft. Der Vollzug der Vermögensübertragung des gesamten Vermögens sowie der vorerwähnten Wertpapiere findet jedoch nach

---

613 Staudinger/*Mansel* (2015) IntSachenR, Anh. zu Art. 43 EGBGB, Rn. 74.

614 *Göthel* in M&A-Transaktionen, § 29, Rn. 16.

dem gleichen Recht statt, nämlich dem Gesellschaftsstatut der aus der Verschmelzung hervorgehenden Gesellschaft, das für das Wirksamwerden der Verschmelzung maßgeblich ist.

Bei Wechseln und Schecks ist gemäß Art. 95 WG bzw. Art. 66 ScheckG grundsätzlich das Recht des Ausstellungsorts maßgeblich. Wird nach diesem Recht die Übertragung des gesellschaftsrechtlichen Vermögens im Wege der Gesamtrechtsnachfolge nicht anerkannt, so erfolgt eine Statutenaufspaltung für die Wertpapiere, die nach dem Recht dieses Orts ausgestellt worden sind. Dennoch wird den Parteien eine Rechtswahlmöglichkeit eingeräumt, die die Unterstellung unter ein einheitliches Statut zur Folge haben kann. So können auch in einem Drittstaat ausgestellte Schecks oder Wechsel nach dem gleichen Statut übertragen werden, das auch für die Übertragung des Restvermögens der Gesellschaft gilt.

Im Übrigen gilt Art. 43 EGBGB. Demgemäß gilt das Recht des Belegenheitsorts (Art. 43 Abs. 1 EGBGB). Die Wertpapiere als bewegliche Sachen können an einen neuen Ort gebracht werden. Dies führt nach dem Grundsatz der *lex rei sitae* zur Anwendung des Rechts derjenigen Rechtsordnung, in der sich die Sache bzw. das Wertpapier nunmehr befindet. Werden die Wertpapiere in den Staat gebracht, dessen Recht die übertragende Gesellschaft unterliegt, so gilt nach dem Statutenwechsel das Gesellschaftsstatut der übertragenden Gesellschaft als neues Sachstatut. Handelt es sich um eine Gesellschaft deutschen Rechts, so wird das deutsche materielle Recht angewendet. Daher werden sämtliche in Deutschland belegenen Vermögensgegenstände nach einem einheitlichen Recht im Wege der Gesamtrechtsnachfolge auf die übernehmende Gesellschaft übertragen.

vi) Immaterialgüterrechte

aa) Allgemeines

Die Immaterialgüterrechte oder Rechte des geistigen Eigentums gehören zum Vermögen der übertragenden Gesellschaft; sie werden einem Rechtssubjekt zugeordnet und entfalten absolute Wirkung, ähnlich wie dingliche Rechte.[615] Die Immaterialgüterrechte können infolge ihrer Rechtsnatur keinen physischen Bezug zu einem Ort aufweisen.[616] Sie haben einen Bezug zu der Person

615 *Drexl* in MüKo-BGB, Bd. 13, Art. 8 Rom II-VO, Rn. 1; *Obergfell*, in Reithmann/Martiny, IntVertragsR, Rn. 6.1043 f.; Staudinger/*Fezer/Koos* (2019) IntImmatGütR, Rn. 863; zur Problematik der Qualifikation der Rechte geistigen Eigentums als Sache siehe *Fawcett/Torremanns*, Intellectual Property and Private International Law, Rn. 13.13 ff.

616 Staudinger/*Fezer/Koos* (2019) IntImmatGütR, Rn. 863.

des Inhabers des Immaterialgüterrechts, die vor Verletzungen dieses Rechts geschützt werden muss. Der Begriff „Rechte des geistigen Eigentums" erfasst zum einen die Urheberrechte und zum anderen die gewerblichen Schutzrechte, die unter den Oberbegriff Immaterialgüterrechte subsumiert werden.[617] Diese Differenzierung liegt im Prinzip darin begründet, dass die Urheberrechte einen starken Bezug zu derjenigen Person haben, der das Urheberrecht zuzuordnen ist, während gewerblichen Schutzrechten hingegen diese Eigenschaft fehlt.[618] Diese Differenzierung hat auch Auswirkungen auf die Übertragung der vorgenannten Rechte, insbesondere in Bezug auf das darauf anwendbare Recht. Fragen der Sukzession, insbesondere im Zusammenhang mit Verschmelzungen, richten sich ebenfalls nach diesem Prinzip.[619]

Zunächst ist es von Bedeutung, einen kurzen Überblick über die Übertragung dieser Rechte zu verschaffen. Sodann wird auf deren Übertragung im Hinblick auf die grenzüberschreitende Verschmelzung eingegangen. In diesem Zusammenhang wird dargestellt, wie die das Immaterialgüterrechtsstatut prägenden Grundsätze die Anwendung des jeweils maßgeblichen Gesellschaftsstatuts im Rahmen einer grenzüberschreitenden Verschmelzung beeinflussen können. Dies ist dann relevant, wenn das zu schützende Recht nicht im Hoheitsgebiet des Staates „belegen" ist, dessen Recht das Gesellschaftsstatut der übertragenden Gesellschaft darstellt.

bb) Übertragung von Immaterialgüterrechten

(a) Allgemeines

Die Übertragung der Immaterialgüterrechte wird grundsätzlich beim nationalen Kollisionsrecht belassen, das dem Schutzlandprinzip folgt; dies betrifft sowohl Urheber- als auch gewerbliche Schutzrechte.[620] Das Schutzlandprinzip lässt sich aus dem Territorialitätsprinzip herleiten.[621] Auch die Übertragbarkeit von Immaterialgüterrechten unterliegt dem nationalen Kollisionsrecht, also dem Recht des Schutzlands.[622] Sie kann als Vorfrage in gesellschaftsrechtlichen

---

617 Zum Begriff siehe ausführlicher *Pahlow*, ZGE 6 (2014), 429 ff.

618 *Obergfell* in Reithmann/Martiny, IntVertragsR, Rn. 6.1044.

619 *Drexl* in MüKo-BGB, Bd. 13, Art. 8 Rom II-VO, Rn. 222 ff.

620 OLG Hamburg, Urteil v. 27.4.2011 – 5 U 26/09, Rn. 89; Staudinger/*Fezer*/*Koos* (2019) IntImmatGütR, Rn. 862; *Drexl* in MüKo-BGB, Bd. 13, Art. 8 Rom II-VO, Rn. 222; *Stimmel*, GRUR Int 2010, 783 790; *Gaster*, ZUM 2006, 8 9.

621 *Göthel* in M&A-Transaktionen, § 8, Rn. 111.

622 *Grünberger* in Hüßtege/Mansel, BGB, Art. 8, Rom II-VO, Rn. 56.

Zusammenhängen auftreten, soweit es sich um Rechte handelt, die dem Gesellschaftsvermögen zuzuordnen sind.[623] Bei einer grenzüberschreitenden Verschmelzung muss also zunächst geklärt werden, ob die Immaterialgüterrechte, die zu dem zu übertragenden Gesellschaftsvermögen gehören, überhaupt übertragbar sind. Um dies zu bejahen, wird in diesem Fall auf das Recht des Schutzlandes verwiesen. Hierbei handelt es sich um eine Gesamtnormverweisung.[624] Dieses Recht bestimmt sodann, welches Recht für die Übertragung der Immaterialgüterrechte maßgeblich ist.

Wird also eine deutsche Gesellschaft in eine griechische verschmolzen, so werden die gesellschaftsrechtlichen Normen des deutschen und griechischen Rechts kumulativ angewendet. Beide Rechtsordnungen sehen die Gesamtrechtsnachfolge als Übertragungsweise vor.[625] Sollten zu dem Vermögen der übertragenden Gesellschaft Immaterialgüterrechte gehören, so werden sie einschließlich des gesamten Vermögens auf die übernehmende Gesellschaft übertragen. Dies ist der Fall, wenn die Immaterialgüterrechte im Binnenmarkt „belegen" sind. Hier entstehen keine Divergenzen zwischen der Anwendung des Gesellschafts- und des Immaterialgüterrechtsstatuts, da die beiden Statuten zusammenfallen. Der jeweilige Mitgliedstaat, der zugleich Schutzland ist, sieht aufgrund der umgesetzten Vorschriften der GesRiLi für Vermögensübertragungen kraft Verschmelzung die Gesamtrechtsnachfolge vor, solange es sich um Kapitalgesellschaften handelt. Werden die Immaterialgüterrechte in Staaten verwertet, die nicht dem Binnenmarkt angehören und dem Grundsatz der Gesamtrechtsnachfolge bei der Vermögensübertragung nicht folgen, so erfolgt die Spaltung vom Gesamtstatut, das für die Übertragung des Gesellschaftsvermögens gilt.

Bei grenzüberschreitenden Verschmelzungen unter Beteiligung von Personengesellschaften ist es dem jeweiligen Mitgliedstaat als Schutzland jedoch überlassen, zu bestimmen, wie die Vermögensübertragung zu erfolgen hat. Werden bei der Übertragung von Immaterialgüterrechten beispielsweise besondere Übertragungsakte erforderlich, so ist darin eine Spaltung vom Gesamtstatut und dementsprechend eine Unterstellung unter ein gesondertes Übertragungsstatut zu sehen.

---

623 *Drexl* in MüKo-BGB, Bd. 13, Art. 8 Rom II-VO, Rn. 222.

624 *Göthel* in M&A-Transaktionen, § 8, Rn. 112; *Walter* in Loewenheim, Handbuch des UrhR, § 58, Rn. 32.

625 Siehe § 2 UmwG; Art. 75 Abs. 1 lit. a) griechisches AktG; Art. 55 Abs. 2 griechisches GmbHG.

Die Anwendung des vorerwähnten Schutzlandprinzips und des damit verbundenen Territorialitätsprinzips führt dazu, dass auf den jeweiligen Staat verwiesen wird, um die Übertragbarkeit der betroffenen Immaterialgüterrechte zu bestimmen. Dies hat zur Folge, dass die Übertragung der gleichen, aber in unterschiedlichen Staaten belegenen Immaterialgüterrechte voneinander unabhängig erfolgt.[626] Hat zum Beispiel die übertragende Gesellschaft in verschiedenen Ländern den Nutzern Lizenzen für die Nutzung eines Produktes eingeräumt, so wird sich deren Übertragbarkeit nach dem jeweiligen Schutzland richten. Die Übertragung der vorgenannten Lizenz in einem Staat hat also nicht die gleichzeitige Übertragung der in anderen Staaten eingeräumten Lizenzen zur Folge. Vielmehr muss die Übertragung des vorgenannten gewerblichen Schutzrechts in dem jeweiligen Staat einzeln vorgenommen werden, in dem Schutz für dieses Recht beansprucht wird. Daher kommt es auf die Anknüpfung des einzelnen Schutzlands an, um die Frage beantworten zu können, ob die dort verwerteten Immaterialgüterrechte im Wege der Gesamtrechtsnachfolge nach dem Gesellschaftsstatut der beteiligten Gesellschaften übertragen werden, oder ob die Übertragung nach den dort geltenden Normen stattfinden soll.

(b) Das Territorialitäts- und Universalitätsprinzip im Hinblick auf die grenzüberschreitende Verschmelzung

(aa) Das Territorialitätsprinzip

Wie bereits ausgeführt, stellt das Territorialitätsprinzip die Grundlage für die Anwendung des Schutzlandprinzips dar.[627] Die Heranziehung des Schutzlandprinzips bei der Übertragung der Immaterialgüterrechte lässt sich vor allem mit deren Natur begründen; ihre Anerkennung und der damit einhergehende Schutz hängen von jenem Staat ab, der ihnen durch Erlass entsprechender Akte Bestand verleiht.[628] Hinzu kommt, dass die wirtschaftlichen Aspekte, die mit dem zu schützenden Recht und dessen eventueller Verletzung verbunden sind, in der Regel von dem jeweiligen Staat bestimmt werden.[629] Für die Anwendung des Rechts des Schutzlands spricht des Weiteren, dass dies Wettbewerbsgleichheit für die Nutzer der Rechte gewährleistet und seine Nichtanwendung

---

626 *Grünberger* in Hüßtege/Mansel, BGB, Art. 8, Rom II-VO, Rn. 44.

627 *Göthel* in M&A-Transaktionen, § 8, Rn. 111; *Gaster*, ZUM 2006, 8 9.

628 *V. Bar*, IPR, 2. Bd., § 6, Rn. 702; *Sack*, WRP 2000, 269 271.

629 *Basedow/Metzger* in FS Boguslavskij, S. 155; *Ullrich*, GRUR Int. 1995, 623 625.

möglicherweise zur Inländerdiskriminierung führen würde.[630] Auch Praktikabilitätsgründe rechtfertigen die Bevorzugung des Schutzlandprinzips. Die Parteien können sich nämlich auf die Anwendung eines einheitlichen Rechts für alle Rechte am gleichen Ort verlassen.[631] Schließlich wird aufgrund des Verkehrsschutzes dem Territorialitätsprinzip und dementsprechend dem Schutzlandprinzip große Bedeutung beigemessen.[632] Es wäre für einen Staat unbillig, die in seiner Rechtsordnung geltenden Rechtsverhältnisse nicht selber auszugestalten, sondern an fremde Rechtsordnungen anzupassen.[633]

Die Anknüpfung an das Recht des Schutzlandes kann sich jedoch im Falle einer grenzüberschreitenden Verschmelzung als umständlich erweisen. Dies liegt vor allem an der Natur des Verschmelzungsvorgangs, der die Übertragung des gesamten Vermögens als eine einheitliche Vermögensmasse vorsieht. Das Schutzlandprinzip – also die Zuordnung des Immaterialgüterrechts zu dem Staat, in dem das Recht verwertet wird und Schutz beansprucht – führt dazu, dass die Übertragung des Rechts in einem Staat nicht die gleichzeitige Übertragung in einem anderen Staat, in welchem das gleiche Recht verwertet wird und schutzbedürftig ist, zur Folge hat.[634] Dieses Bündel von Rechten gehört zwar dem Rechtsinhaber, die Verfügung darüber richtet sich jedoch nach dem jeweiligen Schutzland.

Gerade diese Folge ist bei grenzüberschreitenden Verschmelzungen problematisch. Einer der Grundsätze der Verschmelzung ist die *uno-actu-Übertragung* des Gesamtvermögens der Gesellschaft. Die Übertragung ein und desselben Vermögensgegenstandes, wie beispielsweise einer Lizenz, die in mehreren Staaten Nutzern eingeräumt wurde und ein Schutzrecht darstellt, erfordert nach dem Territorialitätsprinzip mehrfache Übertragungen. Ein und dasselbe Nutzungsrecht muss demzufolge nämlich so oft übertragen werden, wie die Lizenz in verschiedenen Staaten eingeräumt wurde. Dies hat die Rechtszersplitterung

---

630 Vgl. Dreier/Schulze/*Dreier*, UrhG, Vor § 120 UrhG, Rn. 48; Staudinger/*Fezer/Koos*, (2015) IntImmatGütR, Rn. 885; *Basedow* in Basedow/Kono/Metzger (Hrsg.) Intellectual Property in the Global Arena, S. 9.

631 Dreier/Schulze/*Dreier*, UrhG, Vor § 120 UrhG, Rn. 48.

632 Dreier/Schulze/*Dreier*, UrhG, Vor § 120 UrhG, Rn. 48; *v. Bar*, IPR, 2. Bd., § 6, Rn. 706 m. w. N.

633 Vgl. *Grünberger*, ZvglRWiss 108 (2009), 134 147; *Ullrich*, GRUR Int. 1995, 623 625.

634 Staudinger/*Fezer/Koos* (2019) IntImmatGütR, Rn. 901; *van Engelen*, El.J. Comp. Law, vol. 14.3 (December 2010), http://www.ejcl.org, S. 21 [zuletzt aufgerufen am 28.02.2020].

zur Folge und stellt das Abstellen auf das Territorialitätsprinzip insbesondere bei verschmelzungsrelevanten Konstellationen infrage.

(bb) Das Universalitätsprinzip

In Abkehr von dem Territorialitätsprinzip wird zumindest für das Urheberrecht die Heranziehung des Universalitätsprinzips erwogen.[635] Nach diesem Prinzip wird das Recht nicht einem beschränkten räumlichen Bereich zugeordnet, sondern einheitlich einem Rechtssubjekt.[636] Dieser Vorschlag hat insbesondere in Bezug auf urheberrechtliche Konstellationen am Boden gewonnen, da Urheberrechte einen engeren Bezug zu der Person des Urhebers aufweisen.[637] Bei der Heranziehung des Universalitätsprinzips wird die Natur der Urheberrechte ins Zentrum gestellt. Es handelt sich dabei um Rechte, die, im Gegensatz zu den gewerblichen Schutzrechten, keines besonderen Rechtsakts des Staates bedürfen, in dessen Hoheitsgebiet sie verwertet werden.[638] Das Abstellen auf das Territorialitätsprinzip und die damit einhergehende strenge Verbindung zu einem bestimmten Staat – losgelöst von der Person des Urhebers – verursacht bei Grenzübergang einen unnötigen Untergang und anschließendes Wiederentstehen des Urheberrechts.[639] Ein anderer Ansatz, nämlich ein vom Schutzland abweichender Anknüpfungspunkt, bei dem die Person des Rechtsinhabers maßgebend ist, würde somit die vorgenannten Änderungen im Hinblick auf die Existenz des Urheberrechts beseitigen.[640]

Das Universalitätsprinzip bietet also die Möglichkeit einer einheitlichen Anknüpfung an.[641] Zum einen wird vorgeschlagen, an das Recht des Ursprungslands anzuknüpfen.[642] Zum anderen wird das Gesellschaftsstatut des Schöpfers oder sein gewöhnlicher Aufenthaltsort in Erwägung gezogen.[643] Die Befürworter

---

635 *Drobnig*, RabelsZ 40 (1976), 195 197; *Ginsburg*, GRUR Int. 2000, 97 108 ff.; wohl auch *Obergfell* in Reithmann/Martiny, IntVertragsR, Rn. 6.1068.

636 *Drexl* in MüKo-BGB, Bd. 13, Art. 8 Rom II-VO, Rn. 21; *Grünberger* in Hüßtege/Mansel, BGB, Art. 8, Rom II-VO, Rn. 6.

637 Vgl. grundlegend *Drobnig*, RabelsZ 40 (1976), 195 197; so auch *Schack*, MMR 2000, 59 62 ff.; *Klass*, GRUR Int. 2007, 373 380; a. A. *Basedow/Metzger* in FS Boguslavskij, S. 158; Fromm/Nordemann/*Nordemann-Schiffel*, UrhR, Vorbem. §§ 120 bis 128 ff. Rn. 61.

638 Art. 5 Abs. 2 S. 1 RBÜ; dazu vgl. *Klass*, GRUR Int. 2007, 373 379.

639 *Klass*, GRUR Int. 2007, 373 380.

640 So bereits *Drexl* in MüKo-BGB, Bd. 13, Art. 8 Rom II-VO, Rn. 21.

641 *Grünberger* in Hüßtege/Mansel, BGB, Art. 8, Rom II-VO, Rn. 6.

642 *Schack*, MMR 2000, 59 62.

643 Staudinger/*Fezer/Koos* (2019) IntImmatGütR, Rn. 896.

dieses Prinzips sehen das Territorialitätsprinzip als ein Relikt der Vergangenheit an, das sich nicht mehr mit dem internationalen Rechtsverkehr im Hinblick auf dessen Globalisierung vereinbaren lässt, da dadurch der Ablauf der transnationalen Transaktionen für die beteiligten Parteien aufwendig wird.[644] Die Heranziehung des Universalitätsprinzips und gegebenenfalls die Anknüpfung an das Recht des Ursprungslands sollen zumindest bei Urheberrechten erfolgen, denn diese weisen einen beachtlichen Bezug zu der Person des Urhebers auf, was sie von den gewerblichen Schutzrechten unterscheidet.[645] Die Anknüpfung gemäß dem Universalitätsprinzip soll nach dieser Ansicht zumindest für die Inhaberschaft erfolgen und kann zur Vermeidung einer Rechtszersplitterung führen, die sonst durch die Anwendung des Territorialitätsprinzips entsteht.[646]

(cc) Stellungnahme

Bei der Vermögensübertragung im Rahmen der grenzüberschreitenden Verschmelzung geht es hauptsächlich um die Frage, wie die gesellschaftlichen Vermögensgegenstände, darunter auch das Immaterialgüterrecht, das zu dem Vermögen des Rechtsinhabers gehört, zu übertragen sind. Dingliche Rechte an einer Sache und Fragen bezüglich der Verfügung über eine Sache richten sich nach dem Recht ihres Belegenheitsorts.[647] Mit den dinglichen Rechten an Immaterialgüterrechten sowie mit deren Übertragung sollte man nicht anders verfahren. Die Immaterialgüterrechte sind zwar eine rechtliche Fiktion, sie stellen aber trotzdem einen Vermögensgegenstand dar und gehören daher zum Gesellschaftsvermögen. Zwar fehlt ihnen die physische Natur, die ihre Belegenheit in einer Rechtsordnung leicht feststellbar machen könnte. Dies bedeutet aber nicht, dass bei ihnen die Zuordnung zu einer bestimmten Rechtsordnung nicht möglich ist. Dies ist nämlich der Ort, in dem sie durch staatliche Verleihungsakte Existenz erlangen und verwertet werden können.

Ähnlich wie beim Sacheigentum sollte es auch bei Immaterialgüterrechten nicht auf die Person des Eigentümers ankommen, wenn es sich um die Verfügung über die Vermögensgegenstände handelt. Vielmehr ist auf den Belegenheitsort abzustellen. Dies ist bei Immaterialgüterrechten derjenige Ort, an dem

644 *Klass*, GRUR Int. 2007, 373 380 f.; *Schack*, UrhR, S. 410, Rn. 912.

645 *Obergfell* in Reithmann/Martiny, IntVertragsR, Rn. 6.1044.

646 Staudinger/*Fezer/Koos* (2019) IntImmatGütR, Rn. 896; *van Engelen*, El.J. Comp. Law, vol. 14.3 (December 2010), http://www.ejcl.org, S. 21 [zuletzt aufgerufen am 28.02.2020]; *Klass*, GRUR Int. 2007, 373 378.

647 Siehe statt aller Staudinger/*Mansel* (2015) IntSachenR, Art. 43 EGBGB, Rn 12 ff.

sie verwertet und vor Verletzungen geschützt werden. Wenn die der übertragenden Gesellschaft gehörenden Sachen, wie beispielsweise Grundstücke, in mehreren Rechtsordnungen belegen sind, dann ist das Recht jeder dieser Rechtsordnungen im Einzelnen anzuwenden, soweit es sich um die Übertragung der dort belegenen Vermögensgegenstände handelt. Dies erfolgt unabhängig vom Interesse der Parteien, die Übertragungsvorgänge einem Statut zu unterwerfen, beispielsweise dem Gesellschaftsstatut der übertragenden Gesellschaft.[648] Entsprechend ist die Vorgehensweise bei der Übertragung von Immaterialgüterrechten von der Person des Rechtsinhabers abgekoppelt und mit dem Schutzland verbunden. Dies trägt dem Umstand Rechnung, dass die Gewährleistung der Rechtssicherheit und des Verkehrsschutzes Vorrang vor individuellen Interessen der an einem Rechtsvorgang beteiligten Parteien haben.[649]

cc) Praktische Bedeutung für grenzüberschreitende Verschmelzungen

Bei der Ermittlung des Immaterialgüterrechtsstatuts gilt das weltweit anerkannte Schutzlandprinzip, das aus dem Territorialitätsprinzip hergeleitet wird. Allmählich steigt zwar die Tendenz, einige Fragen auf das Universalitätsprinzip zu stützen – doch diese Tendenz stößt auf einen erheblichen Widerstand, der fordert, den Grundsatz der Territorialität gewohnheitsrechtlich anzuerkennen und diesem zu folgen. Die Wirkung der hoheitlichen Verleihungsakte, die Inländerdiskriminierung sowie der Verkehrsschutz sind Gründe, die die Heranziehung des Territorialitätsprinzips rechtfertigen.

Bei der Übertragung des Gesellschaftsvermögens kraft Verschmelzung wird bei der übertragenden Gesellschaft deutschen Rechts die Gesamtrechtsnachfolge angeordnet, die ihr gesamtes Vermögen erfasst. Daher liegt es in ihrem Interesse, das mit ihr verbundene Immaterialgüterrecht in einem Akt übertragen zu lassen. Das Territorialitätsprinzip führt hingegen zu einer Rechtszersplitterung. Die von den jeweiligen Rechtsordnungen unabhängige Übertragung des Immaterialgüterrechts erfordert einzelne, sich nach dem Recht der jeweiligen Rechtsordnung richtende Übertragungen. Dieses Problem kann aber vermieden werden, indem für die Frage der Übertragung in Abkehr vom Schutzlandprinzip auf das Universalitätsprinzip abgestellt wird. Dies erlaubt nämlich die einheitliche Zuordnung des Rechts an ein und denselben Rechtsträger. Dies wäre für die Parteien einer grenzüberschreitenden Verschmelzung wünschenswert, da sie sich einzelne Übertragungen ersparen könnten. Aber auch wenn sich einige

---

648 *Wendehorst* in MüKo-BGB, Bd. 13, Art. 46 EGBGB, Rn. 38.
649 Vgl. Dreier/Schulze/*Dreier*, UrhG, Vor § 120 UrhG, Rn. 48.

überzeugen lassen, dem Universalitätsprinzip bei Vermögensübertragung kraft Verschmelzung in grenzüberschreitenden Konstellationen zu folgen, bereitet dies dennoch in der Praxis erhebliche Probleme. Denn das Schutzlandprinzip, das mit dem Territorialitätsprinzip eng verbunden ist, genießt eine breite Anerkennung, die die Durchsetzung jeglicher Ansprüche, die sich infolge des Universalitätsprinzips ergäben, erschweren würde.

vii) Zwischenergebnis

Das Gesellschaftsstatut der übertragenden Gesellschaft gilt also nicht umfassend, wenn es sich um Vermögenswerte handelt, die einem anderen Recht unterliegen. Dies lässt sich zunächst aus dem Territorialitätsprinzip herleiten, das gebietet, dass kein Staat gezwungen ist, solche Handlungen zu dulden, die seiner eigenen Rechtsordnung entgegenstehen. Sollten die beteiligten Parteien dies nicht beachten, kann dies dazu führen, dass Übertragungen, die unzulässigerweise nach dem Gesellschaftsstatut der übertragenden Gesellschaft durchgeführt wurden, wirkungslos bleiben. Dies kann wiederum den bereits komplizierten Verschmelzungsvorgang erschweren. Um diese Gefahr zu vermeiden, ist es notwendig, den Übertragungsvorgang richtig zu qualifizieren und die Übertragung der im Ausland belegenen Vermögenswerte nach dem festgestellten maßgeblichen Recht vorzunehmen. Die ausländische Rechtsordnung wird dann bestimmen, ob eine Statutenaufspaltung erforderlich ist oder nicht.

Eine einheitliche Anknüpfung an das Gesellschaftsstatut der beteiligten Gesellschaften kann aber erfolgen, wenn die ausländische Rechtsordnung für ihre eigenen Verschmelzungsvorgänge die Übertragung im Wege der Gesamtrechtsnachfolge kennt oder wenn sie die Anwendung der deutschen umwandlungsrechtlichen Vorschriften nicht beanstandet. Die Statutenaufspaltung wird dann vermieden, wenn die ausländische Rechtsordnung auf das Gesellschaftsstatut der beteiligten Gesellschaften verweist. So ist beispielsweise das Übertragungsstatut im Falle der sammelverwahrten Wertpapiere das Statut des Verfügungsempfängers, also desjenigen, zu dessen Gunsten die Buchung vorgenommen wird. Verfügungsempfänger bei der Übertragung der Wertpapiere ist die aus der Verschmelzung hervorgehende Gesellschaft, deren Gesellschaftsstatut für den Vollzug der Übertragung maßgeblich ist. Zum anderen gibt es die Möglichkeit, in einigen Fällen das maßgebliche Statut zu beeinflussen. Dies geschieht vor allem bei beweglichen Sachen. Dabei kann ein Statutenwechsel einerseits herbeigeführt werden, wenn die Sache zum gewünschten Ort gebracht wird. Ob dies immer sinnvoll ist und den Interessen der Parteien entspricht, ist im Einzelfall zu prüfen. Andererseits gestatten einige Rechtsordnungen die

Rechtswahl bei der Übertragung von Rechten an beweglichen Sachen. Ist die Sache in einer solchen Rechtsordnung belegen und wurde eine Rechtswahlvereinbarung nach diesem Recht zugunsten der deutschen Rechtsordnung wirksam getroffen, so nimmt die deutsche Rechtsordnung die Verweisung an und wendet eigenes Recht an.

In allen anderen Fällen ist die Einflussnahme auf das anwendbare Recht nicht möglich. Daher muss die Übertragung der Vermögensgegenstände nach dem Recht des Staates erfolgen, in dem sie belegen sind oder dem sie zwingend unterliegen, wie dies beispielsweise bei Immaterialgüterrechten der Fall ist. Somit findet eine Statutenaufspaltung statt. Die im Inland belegene Vermögensmasse geht auf die aus der Verschmelzung hervorgehende Gesellschaft im Wege der Gesamtrechtsnachfolge über, während die im Ausland befindlichen Vermögenswerte im Wege der Einzelrechtsnachfolge nach den dort geltenden Vorgaben übertragen werden. Dies wird zudem als Notfalllösung der Befürworter der einheitlichen Anwendung des Gesellschaftsstatuts der übertragenden Gesellschaft auch für im Ausland belegenes Vermögen verwendet.

c) Übertragung des in einem Drittstaat belegenen Gesellschaftsvermögens

In der Praxis werden die Vermögensgegenstände der übertragenden Gesellschaft, die in einem Drittstaat belegen sind, im Wege der Einzelrechtsnachfolge an die übernehmende Gesellschaft übertragen. Dies findet zu einem dem Wirksamwerden der Verschmelzung nachgelagerten Zeitpunkt, zeitnah zu deren Wirksamwerden, statt. In Anbetracht der unzulässigen Ausgliederung des kraft Verschmelzung zu übertragenden Vermögens werden die im Ausland belegenen Vermögensgegenstände als Teil des Gesamtvermögens an die übernehmende Gesellschaft übertragen. Hierzu können Auffangklauseln in dem Verschmelzungsvertrag bzw. -plan verwendet werden, die in das Gesamtvermögen der übertragenden Gesellschaft auch das in einem Drittstaat belegene Vermögen einbeziehen. Solche Auffangklauseln sind in einem Spaltungsvertrag üblich. In einem solchen Fall wird ähnlich wie in einem Verschmelzungsplan bzw. -vertrag das Gesellschaftsvermögen im Wege der Gesamtrechtsnachfolge (partiell) von der übertragenden an die übernehmende Gesellschaft übertragen.

Schuldrechtlich gilt das Vermögen der übertragenden Gesellschaft also als übertragen. Der dingliche Vollzug erfolgt jedoch nach den Vorgaben der ausländischen Rechtsordnung. Hält beispielsweise die übertragende Gesellschaft Anteile an einer Gesellschaft mit Sitz in einem Drittstaat, der die Gesamtrechtsnachfolge nicht kennt, so erfolgt die Übertragung der besagten Anteile im Wege eines lokalen Anteilsübertragungsvertrags (*share transfer agreement*).[650] Die dingliche Übertragung wird in diesem Fall nach dem Recht des Belegenheitsorts vollzogen.

3. Ergebnis

Im Ergebnis ist also festzuhalten, dass die Übertragung des Gesellschaftsvermögens bei einer grenzüberschreitenden Verschmelzung einem einheitlichen Übertragungsstatut dann unterliegt, wenn es sich um einen Verschmelzungsvorgang zwischen Kapitalgesellschaften aus dem Binnenmarkt handelt. Die in allen Mitgliedstaaten vorbehaltlose Umsetzung der GesRiLi hat dazu geführt, dass das zu übertragende Gesellschaftsvermögen im Wege der Gesamtrechtsnachfolge als Ganzes an die übernehmende oder neue Gesellschaft übergeht. Die Durchsetzung dieser Übertragungsweise für die vorgenannten Konstellationen hat zur Folge, dass die Vermögensübertragung kraft Verschmelzung einem einheitlichen Vermögensstatut unterstellt wird, das mit dem Gesellschaftsstatut der übertragenden Gesellschaft übereinstimmt.

Bei grenzüberschreitenden Verschmelzungen unter Beteiligung von Personengesellschaften aus dem Binnenmarkt sowie bei außerhalb des Binnenmarkts belegenem Vermögen gilt die Übertragung des gesellschaftlichen Vermögens im Wege der Gesamtrechtsnachfolge nur eingeschränkt, da die GesRiLi keine entsprechenden Vorgaben für diese Fälle bereithält.[651] In Ermangelung einer Harmonisierung werden die Voraussetzungen für die Vermögensübertragung von jener Rechtsordnung festgelegt, die für die Begründung dinglicher Rechte an einer Sache berufen wird.[652] Je nach Rechtsnatur des zu übertragenden Vermögensgegenstandes kann beispielsweise das Recht des Belegenheitsorts bei beweglichen sowie unbeweglichen Sachen oder das Recht des Verwertungsorts bei Immaterialgüterrechten berufen werden. Das Sachstatut entscheidet darüber, wie die Übertragung der Sachen zu geschehen hat.[653] Handelt es sich bei der *lex fori* beispielsweise um deutsches Recht, wird das Sachstatut gemäß Art. 43 ff. EGBGB bestimmt. Die Verweisung gemäß Art. 43 ff. EGBGG ist eine Gesamtverweisung, so dass auf das gesamte Recht der berufenen Rechtsordnung

650 *Leonard/Simon* in Semler/Stengel/Leonard, UmwG, § 20, Rn. 10.
651 BeckOKG-UmwG/*Klett*, § 122a, Rn. 29; *Göthel* in M&A-Transaktionen, § 29, Rn. 17.
652 *Vossius* in Widmann/Mayer, UmwG/UmwStG (Stand: April 2018), § 20, Rn. 47 f.; BeckOGK-UmwG/*Rieckers/Cloppenburg*, § 20, Rn. 17.
653 Vgl. BeckOKG-BGB/*Prütting*, Art. 43 EGBGB, Rn. 105 f.; *v. Hoffmann/Thorn*, IPR, § 12, Rn. 13; *Kropholler*, IPR, § 54 I, S. 555.

einschließlich der kollisionsrechtlicher Vorschriften verwiesen wird.[654] Nimmt die durch die *lex fori* berufene Rechtsordnung die Verweisung an, so erfolgt die Übertragung der Vermögensgegenstände im Wege der Einzelrechtsnachfolge nach den Übertragungsvorschriften des Rechts des maßgeblichen Sachstatuts. Verweist die angerufene Rechtsordnung hingegen auf jenes Recht zurück bzw. weiter, das die Übertragung der Sache im Rahmen einer Verschmelzung dem Gesellschaftsstatut unterstellt, so erfolgt die Übertragung der Vermögensgegenstände einer übertragenden Gesellschaft nach einem einheitlichen Übertragungsstatut.[655] Werden die Vorgaben der berufenen Rechtsordnung nicht beachtet, so kann dies dazu führen, dass die Übertragung der Vermögensgegenstände wirkungslos bleibt und die zu übertragenden Vermögensgegenstände an die übernehmende bzw. neue Gesellschaft nicht übergehen.

III. Fragen betreffend die fehlerhafte Vermögensübertragung im Zuge der Verschmelzung

1. Allgemeines

a) Grundsatz der Auflösung ohne Abwicklung

Eines der Wesensmerkmale der Verschmelzung ist, dass der übertragende Rechtsträger liquidationslos aufgelöst wird.[656] Die übertragende Gesellschaft geht unter, während ihr Vermögen an die übernehmende Gesellschaft als eine einheitliche Vermögensmasse übertragen wird. Die Übertragung des Vermögens als Ganzes im Wege der Gesamtrechtsnachfolge erfolgt unter entsprechender Durchbrechung der Grundsätze der Spezialität und der Bestimmtheit und macht die Abwicklung des Gesellschaftsvermögens in dieser Phase entbehrlich.[657] Es wird weder für die Befriedigung der Gläubiger der übertragenden Gesellschaft verwendet noch an ihre Anteilsinhaber verteilt. Die Gläubiger werden mit dem Wirksamwerden der Verschmelzung einen neuen Schuldner zugewiesen bekommen, nämlich die übernehmende Gesellschaft. Zugleich erhalten die Anteilsinhaber der übertragenden Gesellschaft Anteile an der übernehmenden

---

654 Vgl. Staudinger/*Mansel* (2015) IntSachenR, Art. 43 EGBGB, Rn. 1146 m. w. N.w.; BeckOKG-BGB/*Prütting*, Art. 43 EGBGB, Rn. 41.

655 Vgl. *v. Hoffmann/Thorn*, IPR, § 12, Rn. 27

656 § 122a Abs. 2 UmwG i. V. m. § 20 Abs. 1 Nr. 2 UmwG; vgl. statt vieler *Heidinger* in Henssler/Strohn, GesR, § 20 UmwG, Rn. 46.

657 *Stengel* in Semler/Stengel/Leonard, UmwG, § 2, Rn. 38 f.; *Simon* in KölnKomm zum UmwG, § 2, Rn. 75.

Gesellschaft bzw. – beim Ausscheiden – eine Barabfindung als Gegenleistung für die übertragenen Vermögensgegenstände, die nunmehr dem Vermögen der übernehmenden Gesellschaft angewachsen sind.[658]

Mit der Aufstellung des gemeinsamen Verschmelzungsplans werden die Verschmelzungsbedingungen festgehalten.[659] Dieser enthält Mindestanforderungen, die den Verschmelzungsvorgang betreffen. Darunter fallen unter anderem die Bewertung des zu übertragenden Vermögens in seiner Gesamtheit[660] sowie Angaben zum Umtauschverhältnis für die Gewährung von Anteilen an die Anteilsinhaber der übertragenden Gesellschaft.[661] Da die Auflistung der Anforderungen des § 122c Abs. 2 UmwG exemplarisch ist, ist davon auszugehen, dass der Verschmelzungsplan weitere Vereinbarungen enthalten kann.[662]

Die oben ausgeführten Rechtsfolgen treten aber erst zum Zeitpunkt des Wirksamwerdens der Verschmelzung ein.[663] Dieser hängt davon ab, welchen Zeitpunkt das Gesellschaftsstatut der übernehmenden Gesellschaft für maßgeblich erklärt. So ist beispielsweise nach deutschem Recht die konstitutive Eintragung der Verschmelzung ins deutsche Register maßgebend, damit die Verschmelzung ihre Rechtsfolgen entfalten kann.[664] Nach österreichischem Recht begründet bereits der Untergang der übertragenden Gesellschaft sowie ihre Löschung aus dem Register ihres Gründungsorts das Wirksamwerden der Verschmelzung, während in den Niederlanden die Verschmelzung mit der Beurkundung des gemeinsamen Verschmelzungsplans durch einen holländischen Notar wirksam

---

658 *Grunewald* in Lutter, UmwG, § 20, Rn. 6.

659 *Drinhausen* in Semler/Stengel/Leonard, UmwG, § 122c, Rn. 1.

660 Art. 122 lit. k) GesRiLi; § 122c Abs. 2 Nr. 11 UmwG; Art. 3 lit. ia) des gr. Gesetzes über die grenzüberschreitende Verschmelzung im Binnenmarkt.

661 Art. 122 lit. b) GesRiLi;. § 122c Abs. 2 Nr. 3 UmwG; Art. 3 lit. b) des gr. Gesetzes über die grenzüberschreitende Verschmelzung im Binnenmarkt.

662 *Hörtnagl* in Schmitt/Hörtnagl, UmwG/UmwStG, § 122c, Rn. 4; *Marsch-Barner/Wilk* in Kallmeyer, UmwG, § 122c, Rn. 2; *Mayer* in Widmann/Mayer, UmwG/UmwStG (Stand: Mai 2019), § 122c, Rn. 37.

663 Art. 131 GesRiLi; siehe für die deutsche Rechtsordnung § 20 Abs. 1 UmwG; vgl. *Leonard/Simon* in Semler/Stengel/Leonard, UmwG, § 20, Rn. 1 ff.; *Marsch-Barner/Oppenhoff* in Kallmeyer, UmwG, § 20, Rn. 1 ff.

664 Siehe § 122a Abs. 1 i. V. m. § 20 Abs. 1 UmwG; siehe dazu noch *Marsch-Barner/Oppenhoff* in Kallmeyer, UmwG, § 20, Rn. 33. Die Durchführung der Eintragung bei grenzüberschreitenden Verschmelzungen findet nach den Vorgaben des § 122l UmwG statt, während die daraus resultierenden Folgen sich nach § 20 UmwG richten.

wird.[665] Je nachdem also, welchem Recht die übernehmende Gesellschaft unterliegt, ist dieses Recht für das Auftreten der verschmelzungsrechtlichen Rechtsfolgen maßgeblich.

Im Falle einer deutschen übernehmenden Gesellschaft ist der Vorgang der grenzüberschreitenden Verschmelzung mit deren Wirksamwerden endgültig abgeschlossen. Damit erlischt der übertragende Rechtsträger.[666] Dabei erfolgt keine Abwicklung des Gesellschaftsvermögens, es geht automatisch an den übernehmenden Rechtsträger im Wege der Gesamtrechtsnachfolge über.[667] Auch eines gesonderten Akts bedarf es hierfür nicht.[668] Sobald also die Verschmelzung für wirksam erklärt wird, können die vorgenannten Rechtsfolgen nicht mehr rückgängig gemacht werden.[669] Mängel, die den Parteien während der Verschmelzungsphase unterlaufen sind, werden zwar durch das Wirksamwerden der Verschmelzung nicht geheilt.[670] Für den dadurch entstandenen Schaden wird aber die Haftung der Verantwortlichen geprüft und diese werden dann entsprechend in Anspruch genommen.[671]

b) Darstellung der Problematik

Wie bereits ausgeführt, wird das Vermögen der übertragenden Gesellschaft im Rahmen einer grenzüberschreitenden Verschmelzung im Wege der Gesamtrechtsnachfolge dann übertragen, wenn das für die Übertragung des Vermögensgegenstands berufene Recht die Gesamtrechtsnachfolge für die Vermögensübertragung im Zuge einer Verschmelzung kennt.[672] Das ist zum einen der Fall, wenn es sich um eine mitgliedstaatliche Rechtsordnung handelt, die im Rahmen der Umsetzung der GesRiLi die Übertragung im Wege der Gesamtrechtsnachfolge im Zuge einer grenzüberschreitenden Verschmelzung bereits statuiert hat. Zum anderen gilt dies füreinen Drittstaat, der das vorgeschriebene Institut der Gesamtrechtsnachfolge anerkennt bzw. auf das Gesellschaftsstatut

665 OGH Wien Beschl. v. 20.3.2003 – 6 Ob 283/02i = IPRax 2004, 128 130; Art. 2:318 Abs. 1 niederländisches Zivilgesetzbuch.
666 Siehe Art. 131 Abs. 1 lit. c) GesRiLi; § 20 Abs. 1 Nr. 2 UmwG.
667 § 20 Abs. 1 Nr. 1.
668 *Marsch-Barner/Oppenhoff* in Kallmeyer, UmwG, § 20, Rn. 33.
669 Siehe dazu noch *Leonard/Simon* in Semler/Stengel/Leonard, UmwG, § 20, Rn. 84.
670 § 20 Abs. 2 UmwG; *Marsch-Barner/Oppenhoff* in Kallmeyer, UmwG, § 20, Rn. 34, 38.
671 *Marsch-Barner/Oppenhoff* in Kallmeyer, UmwG, § 20, Rn. 36 ff.; *Leonard/Simon* in Semler/Stengel/Leonard, UmwG, § 20, Rn. 88.
672 *Leonard/Simon* in Semler/Stengel/Leonard, UmwG, § 20, Rn. 10.

der an der Verschmelzung beteiligten Gesellschaften, die das Prinzip der Gesamtrechtsnachfolge anwenden, zurück bzw. weiterverweist.[673] Erkennt die drittstaatliche Rechtsordnung, in der die Sache belegen ist, die Übertragung des Vermögensgegenstands im Wege der Gesamtrechtsnachfolge nicht an bzw. verweist auf das eigene Recht, das die Gesamtrechtsnachfolge nicht kennt, so erfolgt die Übertragung des Vermögensgegenstands nach den materiellen Vorschriften dieser Rechtsordnung im Wege der Einzelrechtsnachfolge.[674]

Die Auflösung ohne Abwicklung der übertragenden Gesellschaft kann sich dann als problematisch erweisen, wenn die Übertragung ihres Vermögens nicht ordnungsgemäß nach den Vorgaben des Rechts durchgeführt wurde, das für die Übertragung des in Rede stehenden Vermögensgegenstands maßgeblich ist. Abhängig von der Rechtsnatur des Vermögensgegenstandes werden verschiedene Anknüpfungspunkte für die Ermittlung des Übertragungsstatuts verwendet. Zu nennen ist beispielsweise der Belegenheitsort für bewegliche und unbewegliche Sachen, der Ausstellungsort für Schecks und Wechsel sowie der Verwertungsstaat nach dem Schutzlandprinzip bei Immaterialgüterrechten.

Die mit der Auflösung ohne Abwicklung einhergehende Problematik bezieht sich auf die unterlassene Übertragung des Gesellschaftsvermögens nach den Bestimmungen des maßgeblichen Übertragungsstatus, die abweichend von der Gesamtrechtsnachfolge erfolgen sollte. Dies führt dazu, dass die neue Eigentümerin (übernehmende Gesellschaft) von der Rechtsordnung des Übertragungsstatuts nicht als Eigentümerin der Sache anerkannt wird, während die von dieser Rechtsordnung anerkannte Eigentümerin (übertragende Gesellschaft) bereits liquidationslos untergegangen ist und nicht mehr existiert. In der GesRiLi wird nicht geregelt, wie mit Problemen infolge fehlerhafter Vermögensübertragung umzugehen ist. Daher wird hierfür auf die Anwendung der Normen des jeweiligen Mitgliedstaates abgestellt – stets unter Beachtung der Unionskonformität –, da wie anderenorts ausgeführt eine „Entschmelzung" nicht zulässig ist.[675] Infolgedessen wird die Frage aufgeworfen, wie mit der Übertragung der im Ausland belegenen Sachen aus deutscher Sicht zu verfahren ist, die nicht im Wege der Gesamtrechtsnachfolge übertragenen werden.[676]

---

673 Vgl. statt aller Staudinger/*Mansel* (2015) IntSachenR, Art. 43 EGBGB, Rn. 313 f.

674 *Vossius* in Widmann/Mayer, UmwG/UmwStG (Stand: April 2018), § 20, Rn. 42.

675 Art. 134 GesRiLi; vgl. auch *Marsch-Barner/Oppenhoff* in Kallmeyer, UmwG, § 20, Rn. 47 ff. zur Entschmelzung.

676 Siehe dazu sogleich unter 2. Übertragung des Restvermögens.

Die ausgeführte Problematik kann besser am Beispiel einer Verschmelzung zwischen einer deutschen und einer griechischen AG veranschaulicht werden. Beide Staaten haben die GesRiLi vorbehaltlos in ihre nationale Rechtsordnung umgesetzt, sodass der Verschmelzungsvorgang grundsätzlich reibungslos durchgeführt werden soll. Mit der konstitutiven Eintragung der Verschmelzung ins deutsche Register geht das gesamte Vermögen der griechischen an die deutsche AG über, während die griechische Kapitalgesellschaft aufgelöst wird und ihre Aktionäre Aktien, also Mitgliedschaftsrechte, an der deutschen übernehmenden Gesellschaft erhalten. Die griechische übertragende Kapitalgesellschaft verfügt jedoch neben dem in Griechenland belegenen Vermögen über ein Grundstück in einem Drittstaat, der die Vermögensübertragung kraft Gesamtrechtsnachfolge nicht anerkennt und die Übertragung von Vermögensgegenständen im Wege der Einzelrechtsnachfolge vorsieht.

Aus Sicht der deutschen *lex fori* ist für die Begründung dinglicher Rechte an Sachen und dementsprechend für die Übertragung des Eigentums an einer Sache Art. 43 EGBGB maßgeblich. Demzufolge ist auf den Belegenheitsort der Sache anzuknüpfen, um das Sachstatut zu ermitteln. Im hiesigen Beispiel wird die Anordnung der Übertragung des Grundstücks von dem Gesellschaftsstatut der übertragenden Gesellschaft nicht erfasst, sondern es gilt vielmehr das Recht seines Belegenheitsorts als Übertragungsstatut.[677] Das Gesellschaftsstatut der übertragenden Gesellschaft ist erst dann als Übertragungsstatut berufen, wenn die im Zuge der Anknüpfung gemäß Art. 43 EGBGB bestimmte Rechtsordnung darauf weiterverweist.

Wird das Recht des Belegenheitsorts als Sachstatut bzw. Übertragungsstatut nicht beachtet, so wird die Übertragung des Vermögensgegenstandes in diesem Staat nicht anerkannt.[678] Mit anderen Worten ist die Übertragung des Vermögens in dem Belegenheitsstaat in Abweichung von seinen Vorgaben unwirksam und somit wird die übernehmende Gesellschaft nicht Eigentümerin des dort belegenen Vermögens. Eigentümerin nach dem dort geltenden Recht bleibt also weiterhin die übertragende Gesellschaft. Diese wird aber mit dem Wirksamwerden der Verschmelzung aufgelöst, sodass die Sache im Ergebnis herrenlos wird. Im deutschen Schrifttum werden Lösungen hinsichtlich der Frage vorgeschlagen, wie mit der am Belegenheitsort nunmehr als herrenlos geltenden Sache umzugehen ist.[679] Diese Lösungsvorschläge beziehen sich auf den Zeitpunkt

677 Vgl. statt aller Staudinger/*Mansel* (2015) IntSachenR, Art. 43 EGBGB, Rn. 313 f.

678 Vgl. *Vossius* in Widmann/Mayer, UmwG/UmwStG (Stand: April 2018), § 20, Rn. 43.

679 BGH, Urteil v. 10.10.1988 - II ZR 92/88 = NJW 1989, 220 221 f.; *Grunewald* in Lutter, UmwG, § 20, Rn. 11; *Leonard/Simon* in Semler/Stengel/Leonard, UmwG, § 20, Rn. 10;

nach dem Wirksamwerden der Verschmelzung, also dann, wenn die übertragende Gesellschaft bereits aufgelöst worden und eine wirksame Übertragung nach dem jeweils maßgeblichen Übertragungsstatut seitens der übertragenden Gesellschaft nicht mehr möglich ist.

In solchen Fällen wird von der deutschen Literatur vorgeschlagen, das verbleibende, im Ausland belegene Vermögen unter analoger Anwendung der Vorschriften zur Nachtragsliquidation zu übertragen.[680] Demgemäß soll die aufgelöste Gesellschaft fiktiv weiter existieren, um weitere Abwicklungsmaßnahmen zu ergreifen, sollte es sich nach ihrer Auflösung herausstellen, dass diese notwendig sind und während der Abwicklung nicht durchgeführt wurden.[681] Das Wiederaufleben der aufgelösten Gesellschaft ist mithin streng zweckgebunden und bezieht sich auf die Erfüllung dieses Zwecks, nämlich die wirksame Übertragung des Restvermögens.[682] In der Regel handelt es sich bei den durchzuführenden Abwicklungsmaßnahmen um die Verteilung bestehenden Restvermögens, das im Liquidationsverfahren übersehen wurde.[683] Ob und wie die Heranziehung der Nachtragsliquidation bei grenzüberschreitenden Verschmelzungen möglich ist, wird sogleich erörtert.

2. Übertragung des Restvermögens bei Auflösung einer Gesellschaft

a) Nachtragsliquidation

Herrenlose Vermögensmassen sind der deutschen Rechtsordnung unbekannt.[684] Daher wird das Vermögen, das einer gelöschten Gesellschaft gehörte,

Marsch-Barner/Oppenhoff in Kallmeyer, UmwG, § 20, Rn. 5; *Fisch*, NZG 2016, 448 453; *Bungert* in FS Heldrich 535; *Racky*, DB 2003, 923 926.

680 Vgl. statt vieler *Marsch-Barner/Oppenhoff* in Kallmeyer, UmwG, § 20, Rn. 5; so auch *Fisch*, NZG 2016, 448 453.

681 § 273 Abs. 4 Satz 1 AktG; siehe dazu noch *Koch* in MüKo-AktG, Bd. 4, § 273, Rn. 30 ff.

682 BGH, Beschl. v. 22.11.2016 – II ZB 19/15 = DNotZ 2017, 551, Rn. 13 m. w. N. auf die ständige Rechtsprechung; vgl. *Koch* in MüKo-AktG, Bd. 4, § 273, Rn. 30 zum Zweck der Nachtragsabwicklung.

683 Vgl. *Koch* in MüKo-AktG, Bd. 4, § 273, Rn. 33; *Krömker/Otte*, BB 2008, 964 966.

684 BGH, Beschl. v. 22.11.2016 – II ZB 19/15 = DNotZ 2017, 551, Rn. 13 m. w. N.; KG, Beschl. v. 17.3.2014 = NZG 2014 901 902; OLG Stuttgart, Urteil v. 18.3.1974 – 5 U 17/72 = NJW 1974, 1627 1628; siehe auch *Primaczenko/Fröhlich*, DNotZ 2017, 556; *J. Schmidt*, WM 2017, 329.

einem Rechtssubjekt zugeordnet.[685] Wird eine Gesellschaft aufgelöst, ohne ihr Vermögen vollständig abgewickelt zu haben, so wird die Verteilung des verbleibenden Vermögens im Wege der Nachtragsliquidation gemäß § 273 Abs. 4 AktG nachgeholt. Demgemäß besteht der aufgelöste Rechtsträger als Rest- bzw. Spaltgesellschaft fort, solange Gesellschaftsvermögen vorhanden ist, das im Wege der ursprünglichen Abwicklung nicht verteilt wurde.[686]

Das Nachtragsliquidationsverfahren nach § 273 Abs. 4 AktG wird auch auf ausländische Gesellschaften entsprechend angewendet, die aus ihrem Heimatregister gelöscht wurden.[687] Dies wurde durch einen Beschluss des BGH bestätigt, der sich mit dem Schicksal des verbleibenden Vermögens einer englischen *limited* befassen musste.[688]

Aus der Entscheidung geht hervor, dass, um das verbliebene Vermögen der aufgelösten Gesellschaft ausländischen Rechts abwickeln zu können, diese zudem über Vermögen im deutschen Hoheitsgebiet verfügen muss.[689] Der Fortbestand der ausländischen aufgelösten Gesellschaft wird in der deutschen Rechtsordnung fingiert, solange die Abwicklung des im Inland belegenen Vermögens dauert.[690] Die Ausdehnung des für deutsche Gesellschaften geltenden Nachtragsliquidationsverfahrens auf ausländische Gesellschaften wird in Anbetracht der Interessen Dritter gerechtfertigt.[691] Im Vordergrund stehen die

685 OLG Hamm, Urteil v. 11.4.2014 – I-12 U 142/13 = IPRax 2015, 446 704; vgl. *Krömker/Otte*, BB 2008, 964.

686 Vgl. *Koch* in MüKo-AktG, Bd. 4, § 273, Rn. 32 f.; *Drescher* in Henssler/Strohn, GesR, § 273 AktG, Rn. 13.

687 BGH, Beschl. v. 22.11.2016 – II ZB 19/15 = DNotZ 2017, 551 LS; OLG Hamm, Urteil v. 11.4.2014 – I-12 U 142/13 = IPRax 2015, 446 704; OLG Jena, Beschl. v. 22.8.2007 – 6 W 244/07 = NZG 2007, 877 878; siehe dazu noch *Otte-Gräbener*, GWR 2017, 139; *J. Schmidt*, WM 2017, 329.

688 BGH, Beschl. v. 22.11.2016 – II ZB 19/15 = DNotZ 2017, 551.

689 BGH, Beschl. v. 22.11.2016 – II ZB 19/15 = DNotZ 2017, 551 LS; KG, Beschl. v. 17.3.2014 = NZG 2014 901 902; OLG Hamm, Urteil v. 11.4.2014 – I-12 U 142/13 = IPRax 2015, 446 704; OLG Düsseldorf, Hinweisbeschl. v. 10.5.2010 – 24 U 160/09 = NZG 2010, 1226 1227; OLG Jena, Beschl. v. 22.8.2007 – 6 W 244/07 = NZG 2007, 877 878.

690 BGH, Beschl. v. 22.11.2016 – II ZB 19/15 = DNotZ 2017, 551 LS mit Anm. *Primaczenko/Fröhlich*, DNotZ 2017, 556 557 f.

691 OLG Jena, Beschl. v. 22.8.2007 – 6 W 244/07 = NZG 2007, 877 878; Staudinger/*Großfeld*, IntGesR (1998), Rn. 840.

Interessen der Gesellschaftsgläubiger.[692] Es besteht des Weiteren ein berechtigtes Interesse der Gesellschafter der aufgelösten Gesellschaft an der Erhaltung des Vermögens in seiner Gesamtheit, also auch desjenigen Teils, der sich in Deutschland befindet.[693]

b) Voraussetzungen

i) Vorliegen verteilungsfähigen Vermögens

Aus den obigen Ausführungen lassen sich die Voraussetzungen herauslesen, die ein Nachtragsverfahren zulassen. Zunächst muss verteilungsfähiges Vermögen vorhanden sein, das vor der Auflösung und Abwicklung der übertragenden Gesellschaft sowie deren entsprechender Löschung aus dem zuständigen Register unvollständig verteilt wurde. Unbeachtlich ist zunächst für die Eröffnung des Nachtragsliquidationsverfahrens, ob das Register im In- oder Ausland geführt und aus welchem Grund die übertragende Gesellschaft aus dem Register gelöscht wurde.[694] Der Grund für die Löschung ist erst dann entscheidend, wenn der Nachtragsliquidator bestellt werden soll.[695]

ii) Fingiertes Fortbestehen der Restgesellschaft

Die aufgelöste Gesellschaft ausländischen Rechts besteht weiterhin im Inland als fiktive Gesellschaft zum Zwecke der Abwicklung des vorhandenen Vermögens fort. Allerdings ist klärungsbedürftig, welchem Statut die im Zuge der Nachtragsliquidation entstandene Restgesellschaft unterliegt. In diesem Zusammenhang werden unterschiedliche Auffassungen vertreten, die einerseits auf die nach deutschem Recht geltende Sitztheorie abstellen und andererseits das anwendbare Recht abhängig vom Recht des Gründungsstaates ermitteln. Darauf ist sogleich einzugehen.

---

692 BGH, Urteil v. 6.10.1960 – VII ZR 136/59 = NJW 1961, 22 23; KG, Beschl. v. 17.3.2014 = NZG 2014, 901 902.

693 OLG Jena, Beschl. v. 22.8.2007 – 6 W 244/07 = NZG 2007, 877 878.

694 BGH, Beschl. v. 22.11.2016 – II ZB 19/15 = DNotZ 2017, 551 552, Rn. 16; siehe dazu noch *Koch* in Hüffer/Koch, AktG, § 273, Rn. 13.

695 BGH, Beschl. v. 22.11.2016 – II ZB 19/15 = DNotZ 2017, 551 552, Rn. 16; OLG Jena, Beschl. v. 22.8.2007 – 6 W 244/07 = NZG 2007, 877 878; *Primaczenko/Fröhlich*, DNotZ 2017, 556 557 f.

aa) Anknüpfung gemäß der Sitztheorie

Einerseits wird die Auffassung vertreten, dass für die Ermittlung des maßgeblichen Gesellschaftsstatuts der gelöschten, übertragenden Gesellschaft ausländischen Rechts auf das Recht des Staates abgestellt werden soll, in dem die wieder ins Leben gerufene Restgesellschaft zum Zweck der Abwicklung des Restvermögens tätig wird.[696] Sofern deutsches Recht die *lex fori* ist, wird das maßgebliche Gesellschaftsstatut nach dieser Ansicht gemäß der in Deutschland geltenden Sitztheorie ermittelt.[697] Demgemäß ist das Recht jenes Staates maßgeblich, in dem der effektive Verwaltungssitz dieser Gesellschaft liegt, also das Recht, nach dem sie wieder ins Leben gerufen worden ist.[698]

Diese Ansicht wird damit begründet, dass die unionsrechtliche Niederlassungsfreiheit nicht auf das Gründungsrecht verweist, nachdem die Gesellschaft aus dem Register ihres Gründungsstaates gelöscht wurde.[699] Mit ihrer Löschung aus dem Register des Gründungsstaates verliert nämlich die aufgelöste Gesellschaft ihren Ansprüche auf Niederlassungsfreiheit, da sie nach ihrem Gründungsrecht nicht mehr existiert.[700] Daher gelten die Niederlassungsfreiheit und die damit einhergehende Anerkennung der Gesellschaft durch die anderen Mitgliedstaaten, wie diese Gesellschaft nach ihrem Gründungsrecht errichtet worden war, nicht mehr.[701] Solange die aufgelöste Gesellschaft ausländischen Rechts die nach deutschem Recht für ihre ursprüngliche Rechtsform geltenden Anforderungen nicht erfüllt, wird sie als GbR oder OHG behandelt.[702]

bb) Anknüpfung abhängig vom Satzungssitz der Gesellschaft

Zum anderen wird ein Ansatz vorgeschlagen, der die differenzierte kollisionsrechtliche Behandlung der aufgelösten Gesellschaften empfiehlt, die von deren

---

696 *Borges*, IPRax 2005, 134 138; a. A. *Mansel* in LA Kegel, S. 112,

697 OLG Hamm, Urteil v. 11.4.2014 – I-12 U 142/13 = IPRax 2015, 446 447; OLG Düsseldorf, Hinweisbeschl. v. 10.5.2010 – 24 U 160/09 = NZG 2010, 1226 1227; *Borges*, IPRax 2005, 134 140; a. A. vgl. *J. Schmidt*, ZIP 2008, 2400 2401; siehe auch *Mansel* in LA Kegel, S. 112; *J. Schmidt*, WM 2017, 329.

698 OLG Hamm, Urteil v. 11.4.2014 – I-12 U 142/13 = IPRax 2015, 446 704; OLG Düsseldorf, Hinweisbeschl. v. 10.5.2010 – 24 U 160/09 = NZG 2010, 1226 1227; *Borges*, IPRax 2005, 134 138.

699 Grüneberg/*Thorn*, BGB, Anh. Art. 12 EGBGB, Rn. 8; *Primaczenko/Fröhlich*, DNotZ 2017, 556 559; *Klöhn/Schwarz*, IPRax 2015, 412 415.

700 *Borges*, IPRax 2005, 134 140.

701 *Primaczenko/Fröhlich*, DNotZ 2017, 556 559.

702 *Borges*, IPRax 2005, 134 141.

satzungsmäßigen Sitz abhängig ist.[703] Wird eine bereits aufgelöste Gesellschaft ausländischen Rechts mit verbleibendem Vermögen auf deutschem Boden für die Abwicklung dieses Vermögens wieder ins Leben gerufen, so wird ihr Gesellschaftsstatut nach den allgemein geltenden Kollisionsregeln bestimmt.[704] So werden Gesellschaften aus dem Binnenmarkt nach der Gründungstheorie dem Recht des Staates unterstellt, in dem sich ihr satzungsmäßiger Sitz befindet, während für die Drittstaatgesellschaften weiterhin die Sitztheorie Geltung beansprucht.[705]

Die auf Unionsebene primärrechtlich verankerte Niederlassungsfreiheit stellt auf das Gründungsrecht einer im Binnenmarkt errichteten Gesellschaft ab.[706] Dementsprechend sind sämtliche Fragen, die von der Entstehung bis zur Auflösung und Liquidation einer Gesellschaft reichen, dem Recht des Gründungsstaates zu unterstellen.[707] Es wird des Weiteren ausgeführt, dass das Wiederaufleben einer Gesellschaft zur ihrer Wiedereintragung in jenes Register führt, welches ihre Löschung vorgenommen hat.[708] Somit unterliegt die wieder ins Leben gerufene Gesellschaft dem Recht des Staates, in dem sie registriert ist, und folglich dem Recht des Staates, nach dessen Grundsätzen sie errichtet wurde.[709]

Sofern also eine in Deutschland agierende Restgesellschaft einer aufgelösten Gesellschaft ausländischen Rechts nach dem Recht eines Mitgliedstaates gegründet wurde, finden für sie die Grundsätze der unionsrechtlich verankerten Niederlassungsfreiheit Anwendung und es gilt für sie weiterhin ihr Gründungsrecht.[710] Wird also eine nach dem Recht eines Mitgliedstaates wirksam gegründete Kapitalgesellschaft in Deutschland als Personengesellschaft qualifiziert, so steht dies nach der EuGH-Rechtsprechung der Niederlassungsfreiheit entgegen.[711]

---

703 *Krömker/Otte*, BB 2008, 964 965; KG, Beschl. v. 17.3.2014 – 20 U 254/12 = NZG 2014, 901

704 Vgl. *J. Schmidt*, WM 2017, 329.

705 Vgl. *J. Schmidt*, ZIP 2008, 2400 2401.

706 EuGH, Urteil v. 27.9.1988, Rs. 81/87, Daily Mail = IPRax 1989, 381 Rn. 19.

707 *Kindler* in MüKo-BGB, Bd. 13, IntGesR, Rn. 639 f.; Staudinger/*Großfeld*, IntGesR (1998), Rn. 287.

708 Vgl. *Krömker/Otte*, BB 2008, 964 965 in Bezug auf eine englische *limited*.

709 Ebenda.

710 *Otte-Gräbener*, GWR 2017, 139; Bezug nehmend auf eine *limited* englischen Rechts siehe *Mansel* in LA Kegel, S. 121.

711 EuGH, Urteil v. 5.11.2002 – Rs C-208/00, Überseering, Slg. 1999, I – 1459, Rn. 95; *Kindler*, NJW 2003, 1073 1076.

cc) Stellungnahme

Die kollisionsrechtliche Einordnung der Gesellschaft wird nach den deutschen Kollisionsregeln bestimmt, soweit ein deutsches Gericht angerufen wurde.[712] Für die Ermittlung des auf die Gesellschaft anwendbaren Rechts gelten vorrangig die unionsrechtlichen Vorgaben sowie völkerrechtliche Vereinbarungen mit kollisionsrechtlichem Inhalt, die auf die Anwendung der Gründungstheorie abstellen.[713] Liegen die Voraussetzungen für deren Heranziehung nicht vor, so kommt deutsches autonomes Kollisionsrecht zur Anwendung, das der Sitztheorie folgt.[714] Infolgedessen gilt für die Gesellschaften, die im Binnenmarkt gegründet wurden, die Gründungstheorie.[715] Dies ergibt sich aus der in Art. 49 i. V. m. Art. 54 AEUV verankerten Niederlassungsfreiheit.[716] Die EuGH-Rechtsprechung bestimmt ferner, dass Vorgaben des Gründungsstaates in Bezug auf die dort gegründete Gesellschaft von den anderen Mitgliedstaaten anzuerkennen sind.[717] Die Gesellschaft verdankt ihre Existenz ihrem Gründungsstaat, der die Voraussetzungen dafür festlegt, wann sie entsteht und wann sie aufhört, zu existieren.[718] Das Gesellschaftsstatut ist also für sämtliche Fragen maßgeblich, die das Entstehen, Leben und Aufgehen einer Gesellschaft bestimmen.[719]

Das Gründungsrecht befindet somit darüber, wie die Auflösung der Gesellschaft zu erfolgen hat. Es entscheidet mithin, wann sie endgültig aufgelöst wurde. Nach einigen Rechtsordnungen besteht die Möglichkeit, die Gesellschaft unter Umständen wieder ins Leben zu rufen.[720] Die griechische Rechtsordnung sieht beispielsweise vor, dass – soweit sich im Nachhinein herausgestellt hat, dass die Gesellschaft über verteilungsfähiges Vermögen verfügt – sie weiterhin bestehen bleibt, bis dieses Vermögen abgewickelt wird, auch wenn die gesetzlich festgesetzte Höchstdauer des Abwicklungsverfahrens längst überschritten

---

712 Statt aller siehe *Kegel/Schurig*, IPR, § 15 II, S. 498.

713 Art. 3 EGBGB; vgl. statt aller Grüneberg/*Thorn*, BGB, Art. 3 EGBGB, Rn. 5, 10.

714 *Kropholler*, IPR, § 55 I, S. 571.

715 In diesem Sinne auch der BGH, Beschl. v. 22.11.2016 – II ZB 19/15 = DNotZ 2017, 551 555, Rn. 21.

716 Vgl. Grabitz/Hilf/Nettesheim/*Forsthoff*, Art. 54 AEUV, Rn. 9.

717 EuGH, Urteil v. 5.11.2002 – Rs C-208/00, Überseering, Slg. 1999, I – 1459, Rn. 72.

718 EuGH, Urteil v. 16.12.2008 – Rs C-210/06, Cartesio, Slg. 2008, I – 9641, Rn. 109 f.; EuGH, Urteil v. 27.9.1988, Rs. 81/87, Daily Mail, Rn. 19.

719 *Kindler* in MüKo-BGB, Bd. 13, IntGesR, Rn 524.

720 *Krömker/Otter*, BB 2008, 964 965.

ist und die Gesellschaft aus dem Unternehmensregister gelöscht wurde.[721] Der nach dem Gründungsrecht fingierte Fortbestand ist dementsprechend von den anderen Mitgliedstaaten zu beachten, da die Gesellschaft nach ihrem Gründungsrecht weiterhin existiert.[722] Sieht hingegen das Gründungsrecht kein Wiederauflebensverfahren für die aufgelöste Gesellschaft vor, und gibt es dennoch verteilungsfähiges Vermögen im Inland, so ist das Fortbestehen der fiktiven Gesellschaft nach dem Recht von deren effektivem Verwaltungssitz zu beurteilen. Das Gründungsrecht bestimmt nämlich, nach welchem Recht das Wiederaufleben einer mitgliedstaatlichen Gesellschaft erfolgt.

Auf den ersten Blick führt die teilweise vertretene Ansicht, die Restgesellschaft sei dem deutschen Recht zu unterstellen,[723] zu einem Statutenwechsel. Während die Auflösung sich nach dem Gründungsrecht bestimmt, richten sich Fragen, die zwar nach dem Erlöschen entstanden sind, aber im Zusammenhang mit der Auflösung stehen, nach dem Recht des effektiven Verwaltungssitzes. Dennoch handelt es sich in diesem Fall tatsächlich um einen Gleichlauf verschiedener Gesellschaftsstatuten für ein und dieselbe Gesellschaft. Sieht das Gründungsstatut vor, dass die aufgelöste Gesellschaft bei Vorliegen verteilungsfähigen Vermögens weiterhin – auch als fiktive Gesellschaft – fortbestehen darf, so existiert sie in diesem Fall sowohl nach dem Gründungs- als auch nach dem Recht des Verwaltungssitzstaates, das ihr Wiederbeleben initiiert hat. Im vorliegenden Beispiel bestünde also die griechische aufgelöste Gesellschaft gleichzeitig nach griechischem Recht (Gründungsrecht) sowie nach deutschem Recht (Verwaltungssitzstaat) fort. Der EuGH hat jedoch mit seiner Rechtsprechung klargestellt, dass eine Gesellschaft nach demjenigen Recht existiert, dem sie sich bei ihrer Gründung unterworfen hat.[724] Die Unterstellung der Gesellschaft – auch in der Form einer Restgesellschaft – einem anderen Recht, als demjenigen, das für ihre Existenz maßgeblich ist, stellt einen Verstoß gegen die in der EuGH Rechtsprechung festgelegten Grundsätze dar.

721 Areopag, Entscheidungs-Nr.: 1669/2014; Areopag, Entscheidungs-Nr.: 1345/2013; Berufungsgericht Athen, Entscheidungs-Nr.: 5920/2014 (Nomos-Datenbank Juristischer Informationen).

722 Vgl. EuGH, Urteil v. 27.9.1988, Rs. 81/87, Daily Mail, Rn. 19.

723 Vgl. OLG Hamm, Urteil v. 11.4.2014 – I-12 U 142/13 = IPRax 2015, 446 704; OLG Düsseldorf, Hinweisbeschl. v. 10.5.2010 – 24 U 160/09 = NZG 2010, 1226 1227; Borges, IPRax 2005, 134 138.

724 EuGH, Urteil v. 5.11.2002 – Rs C-208/00, Überseering, Slg. 1999, I – 1459, Rn. 95.

3. Übertragbarkeit auf grenzüberschreitende Verschmelzungsvorgänge

a) Qualifikation

Die Frage nach dem für grenzüberschreitende Verschmelzungen maßgeblichen Recht lässt sich durch Heranziehung der modifizierten Vereinigungstheorie beantworten. Demgemäß gilt für die jeweilige Phase der Verschmelzung das Gesellschaftsstatut der beteiligten Gesellschaften, das entweder im Einzelnen oder kumulativ anzuwenden ist.[725] Dies hängt davon ab, ob für die Durchführung der Verschmelzung die beteiligte Gesellschaft einzeln tätig werden muss oder ob es der gemeinsamen Handlung aller beteiligten Gesellschaften bedarf.[726] Was das Wirksamwerden der Verschmelzung und die damit einhergehende Entfaltung ihrer Rechtsfolgen betrifft, richtet sich dies nach dem Gesellschaftsstatut der aus der Verschmelzung hervorgehenden Gesellschaft.[727] Das Gesellschaftsstatut dieser Gesellschaft bestimmt den Zeitpunkt und die Weise, wie die Vermögensübertragung stattfindet, wie die Anteilsinhaber der übertragenden Gesellschaft Anteile an der aus der Verschmelzung hervorgehenden Gesellschaft oder Barabfindung erhalten und schließlich, zu welchem Zeitpunkt sich die übertragende Gesellschaft auflöst.[728] Nachdem die Verschmelzung wirksam geworden ist, richten sich sämtliche damit zusammenhängenden Fragen nach dem Gesellschaftsstatut der aus der Verschmelzung hervorgegangenen Gesellschaft.[729]

b) Regelungslücke

Zwar hält die GesRiLi umfassende Regelungen zur Durchführung der grenzüberschreitenden Verschmelzungen von Kapitalgesellschaften im Binnenmarkt bereit. Durch einen Blick in die Vorschriften der umgesetzten GesRiLi lässt sich aber nicht ableiten, wie zu verfahren ist, wenn verbleibendes, nicht übertragenes Gesellschaftsvermögen vorhanden ist. Die GesRiLi sieht lediglich vor, dass eine bereits für wirksam erklärte Verschmelzung nicht mehr für nichtig erklärt werden kann.[730] Daraus ist abzuleiten, dass bereits eingetretene Rechtsfolgen nicht

---

725 Staudinger/*Großfeld*, IntGesR (1998), Rn. 686 ff.

726 *Drinhausen* in Semler/Stengel/Leonard, UmwG, Einl. C, Rn. 16.

727 Vgl. *Marsch-Barner/Wilk* in Kallmeyer, UmwG, Vor § 122a-122m, Rn. 2.

728 *Göthel* in M&A-Transaktionen, § 29, Rn. 10.

729 *Simon* in KölnKomm zum UmwG, Vor § 122a, Rn. 26.

730 Art. 134 GesRiLi umgesetzt in die deutsche Rechtsordnung in § 20 Abs. 3 UmwG; in der griechischen Rechtsordnung ist eine entsprechende Regelung in Art. 15 des

mehr rückgängig gemacht werden.[731] Die Verschmelzung bleibt somit bestehen und ihre Rechtsfolgen, nämlich die – auch partielle – Gesamtrechtsnachfolge, die Anteilsgewährung sowie die Auflösung ohne Abwicklung, werden von der fehlerhaften Übertragung des Restvermögens der übertragenden Gesellschaft nicht beeinflusst.[732] In Ermangelung harmonisierten Rechts ist auf die jeweilige Rechtsordnung abzustellen, um die Fragen im Hinblick auf das Schicksal des Restvermögens der übertragenden Gesellschaft zu beantworten.

c) Analoge Anwendung der Nachtragsliquidation gem. § 273 Abs. 4 AktG

Die Übertragung der oben ausgeführten Grundsätze zur Anwendung der Nachtragsliquidation für ausländische Gesellschaften auf grenzüberschreitende Verschmelzungen ist in zweierlei Hinsicht problematisch. Zum einen bezieht sich die Problematik auf den Belegenheitsort des verbleibenden Vermögens. Zwar handelt es sich bei einer grenzüberschreitenden Verschmelzung um eine übertragende Gesellschaft ausländischen Rechts, die aus ihrem Heimatregister gelöscht wurde und über verteilungsfähiges, aber nicht vollständig abgewickeltes Vermögen verfügt. Die Abwicklung des verbleibenden Gesellschaftsvermögens nach den obigen Ausführungen zur Nachtragsliquidation bezieht sich auf im Inland belegene Vermögensgegenstände. Liegt das verteilungsfähige Vermögen jedoch nicht im Hoheitsgebiet Deutschlands, so ist dies insofern problematisch, als dies gegen das Territorialitätsprinzip verstößt.[733] Die deutsche Rechtsordnung kann nämlich nicht über das Schicksal der Vermögensgegenstände befinden, die außerhalb ihres Territoriums liegen.[734] Somit scheidet die Anwendung des Nachtragsliquidationsverfahrens nach dem deutschen Recht aus, um das in

---

Gesetzes 3777/2009 über grenzüberschreitende Verschmelzungen von Kapitalgesellschaften und andere Regelungen (im Folgenden: G. 3777/2009) normiert, das der Umsetzung der GesRiLi ins griechische Recht diente. Art. 77 griechisches AktG sieht die Nichtigkeit einer Verschmelzung aber dann vor, wenn die konstitutiven Publizitätserfordernisse nicht erfüllt wurden. Dies steht im Einklang mit Art. 128 GesRiLi, der die Überprüfung der Rechtmäßigkeit der Verschmelzung nach den Vorgaben des jeweiligen Mitgliedstaates vorsieht.

731 *Marsch-Barner/Oppenhoff* in Kallmeyer, UmwG, § 20, Rn. 47 ff. zur Entschmelzung.

732 *Leonard/Simon* in Semler/Stengel/Leonard, UmwG, § 20, Rn. 84.

733 KG, Beschl. v. 17.3.2014 = NZG 2014 901; OLG Hamm, Urteil v. 11.4.2014 – I-12 U 142/13 = IPRax 2015, 446 704.

734 Vgl. *Kropholler*, IPR, § 22 I, S. 152 ff.

einem Drittstaat belegene Vermögen einer mitgliedstaatlichen, übertragenden Gesellschaft nach ihrer Löschung aus dem Heimatregister abzuwickeln.

Im Hinblick auf die grenzüberschreitenden Verschmelzungen gelten weiterhin die Prinzipien der Niederlassungsfreiheit in Bezug auf die Entstehung, das Leben und die Auflösung der Gesellschaft gemäß dem Gründungsrecht.[735] Ferner gelten die Grundsätze der modifizierten Vereinigungstheorie, die für die Ermittlung des auf grenzüberschreitende Verschmelzungen anwendbaren Rechts maßgebend ist.[736] Das Gesellschaftsstatut der übertragenden Gesellschaft, das für die Voraussetzungen der Verschmelzung maßgeblich ist, ist das Recht des Staates, in dem sie gegründet wurde.[737] Es ist daher auf ihr Gründungsrecht abzustellen, um die Voraussetzungen für ihre Auflösung zu bestimmen. Im vorliegenden Beispiel ist das Gesellschaftsstatut der übertragenden Gesellschaft griechischen Rechts maßgeblich, um die Voraussetzungen ihrer Auflösung zu bestimmen. Beim Vorliegen verteilungsfähigen Vermögens betrachtet die griechische Rechtsordnung die nach ihrem Recht gegründete übertragende Gesellschaft nicht als aufgelöst. Vielmehr wird ihr Fortbestehen fingiert, solange verbleibendes Vermögen besteht, das vor der Auflösung nicht übertragen wurde.[738] Auch wenn sie aus dem griechischen Register gelöscht wurde, besteht sie ausschließlich zum Zwecke der Übertragung des verbleibenden Vermögens fort. Die Restgesellschaft unterliegt also ihrem ursprünglichen Gründungsrecht.[739]

d) Substitution

Das Wiederaufleben der aufgelösten übertragenden Gesellschaft findet nach den obigen Ausführungen gemäß den materiell-rechtlichen Normen des Gründungsstaates statt, und nicht nach deutschem Recht, in dem Staat also, in dem das verteilungsfähige Vermögen belegen ist. Es stellt sich die Frage, ob dieser

735 EuGH, Urteil v. 16.12.2008 – Rs C-210/06, Cartesio Oktató és Szolgáltató bt, Slg. 2008, I – 9641, Rn. 107 ff.; EuGH, Urteil v. 13.12.2005 – Rs. C-411/03, SEVIC Systems AG, Slg. 2005, I-10805; EuGH, Urteil v. 5.11.2002 – Rs. C-208/00, Überseering, Slg. 1999, I – 1459, Rn. 80.

736 *Drinhausen* in Semler/Stengel/Leonard, UmwG, Einl. C, Rn. 16; *Marsch-Barner/Wilk* in Kallmeyer, UmwG, Vor §§ 122a-122m, Rn. 2; *Simon/Rubner* in KölnKomm zum UmwG, Vor § 122a ff. Rn 22 f.

737 *Kindler* in MüKo-BGB, Bd. 13, IntGesR, Rn. 639.

738 Vgl. *Rokas*, GesR, § 42 Rn. 10.

739 Siehe bereits *Mansel* in LA Kegel, S. 122 f. in Bezug auf den Fortbestand einer *limited-Restgesellschaft* englischen Rechts.

Vorgang auch in Deutschland die Rechtsfolgen der Nachtragsliquidation auslösen kann.[740] Dies lässt sich anhand der Anwendung des Rechtsinstruments der Substitution beantworten.[741] Hiermit wird geprüft, ob ein ausländisches und ein deutsches Rechtsinstitut derartige Gleichwertigkeit aufweisen, dass die Tatbestandsmerkmale des einen Rechtsinstituts durch die des anderen ersetzt werden und zugleich ähnliche Rechtsfolgen auslösen können.[742] Dies ist dann der Fall, wenn ein Tatbestandsmerkmal einer Sachnorm erfüllt wird, auch wenn die Erfüllung von dessen Voraussetzungen nach einem anderen Recht erfolgte, als demjenigen, das für die anzuwendende Sachnorm maßgeblich ist.[743]

i) Voraussetzungen

Damit die Substitution bejaht werden kann, müssen die dafür festgelegten Voraussetzungen vorliegen. Zum einem ist zu prüfen, ob die Sachnorm, deren Tatbestand durch einen nach ausländischem Recht erfüllten Tatbestand zu ersetzen ist, die Substitution zulässt.[744] Generell wird diese Frage bejaht.[745] Nur ausnahmsweise ist davon auszugehen, dass die Substitution unzulässig ist.[746] Anschließend ist zu fragen, ob das ausländische Rechtsinstitut, durch das das inländische ersetzen wird, mit diesem funktional äquivalent ist.[747] Dabei ist zu beachten, dass es in solchen Fällen nicht darum geht, dass die beiden Rechtsinstitute identisch sind.[748] Vielmehr geht es darum, dass sie in ihrer Funktion gleichwertig sind.[749] Damit ist gemeint, dass das substituierte und das substituierende Rechtsinstitut in ihren Voraussetzungen und ihrer Wirkung ähnlich sein müssen.[750]

---

740 *Kropholler*, IPR, § 33 II, S. 231.

741 Vgl. *Mansel* in FS Kropholler, S. 364.

742 Vgl. *v. Hoffmann/Thorn*, IPR, § 6, S. 234, Rn. 40.

743 Siehe ausführlich zur Begrifflichkeit und Problematik der Substitution *Mansel* in FS Lorenz, S. 689 f.; vgl. *Lüttringhaus* in Basedow (Hrsg.) Encyclopedia of Private International Law, Substitution, S. 14 ff.

744 *V. Hein* in MüKo-BGB, Bd. 12, Einl. IPR, Rn. 255 m. w. N.

745 *Kropholler*, IPR, § 33 II, S. 231.

746 Vgl. *Mansel* in FS Kropholler, S. 353 ff. zur Unzulässigkeit der Substitution; siehe auch *Spellenberg* in MüKo-BGB, Bd. 12, Art. 11 EGBGB, Rn. 96 zu den Gleichwertigkeitskriterien der Beurkundung am Beispiel des ausländischen notary public.

747 *Kropholler*, IPR, § 33 II, S. 232; *Mansel* in FS Lorenz, S. 697 f.

748 *V. Hein* in MüKo-BGB, Bd. 12, Einl. IPR, Rn. 257.

749 Statt aller siehe *Kropholler*, IPR, § 33 II, S. 233.

750 Vgl. *Mansel* in FS Lorenz, S. 697.

ii) Vergleichbarkeit der beteiligten Rechtsordnungen

aa) Deutsches Recht

Wird eine Gesellschaft aufgelöst und stellt sich später heraus, dass ihr Vermögen unvollständig abgewickelt wurde, so wird die Verteilung des verbleibenden Vermögens im Wege der Nachtragsliquidation gemäß § 273 Abs. 4 AktG nachgeholt. Für diese Zwecke besteht der aufgelöste Rechtsträger als Rest- bzw. Spaltgesellschaft fort, denn herrenlose Vermögensmassen sind der deutschen Rechtsordnung unbekannt.[751]

Das Nachtragsliquidationsverfahren nach § 273 Abs. 4 AktG wird auch auf ausländische Gesellschaften entsprechend angewendet, die aus ihrem Heimatregister gelöscht wurden.[752] Dies wurde endgültig durch einen Beschluss des BGH bestätigt, der sich mit dem Schicksal des verbleibenden Vermögens einer englischen *limited* befassen musste.[753] Später urteilte das KG Berlin im gleichen Sinne über die Nachtragsliquidation einer im Ausland gelöschten Gesellschaft, die noch über verteilungsfähiges Vermögen in Deutschland verfügte.[754]

Aus dem BGH- sowie dem späteren KG-Beschluss geht hervor, dass, solange eine aus ihrem Heimatregister gelöschte Gesellschaft über verteilungsfähiges Vermögen im Inland verfügt, diese für die Zwecke der Abwicklung dieses Vermögens fortbesteht.[755] Die Ausdehnung des für deutsche Gesellschaften geltenden Nachtragsliquidationsverfahrens auf ausländische Gesellschaften wird in Anbetracht der Interessen Dritter gerechtfertigt.[756] Dritte sind in diesem Sinne

751 BGH, Beschl. v. 22.11.2016 – II ZB 19/15 = DNotZ 2017, 551, Rn. 13 m. w. N.; KG, Beschl. v. 17.3.2014 = NZG 2014 901 902; OLG Stuttgart, Urteil v. 18.3.1974 – 5 U 17/72 = NJW 1974, 1627 1628; siehe auch *Primaczenko/Fröhlich*, DNotZ 2017, 556; *J. Schmidt*, WM 2017, 329; vgl. *Koch* in MüKo-AktG, § 273, Rn. 32 f.; *Drescher* in Henssler/Strohn, GesR, § 273 AktG, Rn. 18 m. w. N.

752 BGH, Beschl. v. 22.11.2016 – II ZB 19/15 = DNotZ 2017, 551 LS; OLG Hamm, Urteil v. 11.4.2014 – I-12 U 142/13 = IPRax 2015, 446 704; OLG Jena, Beschl. v. 22.8.2007 – 6 W 244/07 = NZG 2007, 877 878; siehe dazu noch *Otte-Gräbener*, GWR 2017, 139; *J. Schmidt*, WM 2017, 329.

753 BGH, Beschl. v. 22.11.2016 – II ZB 19/15 = DNotZ 2017, 551.

754 KG, Beschl. v. 6.6.2019 – 22 W 22/18 = WM 2019, 122.

755 BGH, Beschl. v. 22.11.2016 – II ZB 19/15 = DNotZ 2017, 551 LS; KG, Beschl. v. 17.3.2014 = NZG 2014 901 902; OLG Hamm, Urteil v. 11.4.2014 – I-12 U 142/13 = IPRax 2015, 446 704; OLG Düsseldorf, Hinweisbeschl. v. 10.5.2010 – 24 U 160/09 = NZG 2010, 1226 1227; OLG Jena, Beschl. v. 22.8.2007 – 6 W 244/07 = NZG 2007, 877 878; *Primaczenko/Fröhlich*, DNotZ 2017, 556 557 f.

756 OLG Jena, Beschl. v. 22.8.2007 – 6 W 244/07 = NZG 2007, 877 878; Staudinger/*Großfeld*, IntGesR (1998), Rn. 840.

zum einen die Gesellschaftsgläubiger und zum anderen die Gesellschafter der aufgelösten Gesellschaft.[757]

bb) Griechisches Recht

Die Liquidation einer juristischen Person ist nach griechischem Recht in §§ 72 ff. griechisches Bürgerliches Gesetzbuch (AK – *Astikos Kodikas*) sowie in den speziellen Vorschriften geregelt, die jeweils für Aktiengesellschaften[758] sowie für Gesellschaften mit beschränkter Haftung[759] gelten. Demgemäß wird das Fortbestehen einer juristischen Person für die Zwecke der Abwicklung fingiert. Des Weiteren wird nach Ablauf von fünf bzw. zehn Jahren angenommen, dass die Liquidation beendet ist. Mit der konstitutiven Eintragung der Löschung der Gesellschaft in das Gesellschaftsregister existiert die juristische Person nicht mehr.

Sollte sich zu einem der Löschung der Gesellschaft nachgelagerten Zeitpunkt herausstellen, dass diese noch über verteilungsfähiges Vermögen verfügt, so tritt ihre Löschung nicht ein.[760] Die Gesellschaft wird in das zuständige Gesellschaftsregister eingetragen und besteht in diesem Fall fort, um das noch bestehende Vermögen abzuwickeln.[761] Der fiktive Fortbestand tritt auch dann ein, wenn die Gesellschaft aus dem Gesellschaftsregister gelöscht worden und die Höchstdauer der Liquidation überschritten ist.[762] Das verteilungsfähige Vermögen soll nämlich für die Befriedigung der Gläubiger eingesetzt werden, deren Ansprüche gegenüber der Gesellschaft aus der gesellschaftlichen Vermögensmasse getilgt werden.[763] Dementsprechend widerspräche es dem *Telos* der Norm, die Liquidation strengen Zeiteinschränkungen zu unterwerfen, da diese primär darauf abzielt, die Interessen der Gläubiger zu schützen.[764]

---

757 BGH, Urteil v. 6.10.1960 – VII ZR 136/59 = NJW 1961, 22 23; KG, Beschl. v. 17.3.2014 = NZG 2014, 901 902; OLG Jena, Beschl. v. 22.8.2007 - 6 W 244/07 = NZG 2007, 877 878.

758 Griechisches Gesetz 4548/2018 betreffend Aktiengesellschaften (im Folgenden: griechisches AktG).

759 Griechisches Gesetz 4541/2018 betreffend Gesellschaften mit beschränkter Haftung (im Folgenden: griechisches GmbHG).

760 Vgl. *Rokas*, GesR, § 42, Rn. 16.

761 Areopag, Entscheidungs-Nr.: 1669/2014; Rokas, GesR, § 42, Rn. 16.

762 Areopag, Entscheidungs-Nr.: 1345/2013.

763 Berufungsgericht Athen 5920/2014.

764 Areopag, Entscheidungs-Nr.: 1669/2014; Areopag, Entscheidungs-Nr.: 1345/2013; Berufungsgericht Athen, Entscheidungs-Nr.: 5920/2014 (Nomos-Datenbank Juristischer Informationen).

iii) Ergebnis

Im vorliegenden Beispiel der grenzüberschreitenden Verschmelzung einer griechischen Gesellschaft in eine Gesellschaft deutschen Rechts ist die Substituierbarkeit des Rechtsinstituts des Wiederauflebens der aufgelösten Gesellschaft zu bejahen. Dies ergibt sich zunächst daraus, dass grundsätzlich von einer Zulässigkeit der Substitution auszugehen ist.[765] Vergleicht man die funktionale Äquivalenz des Wiederauflebens der Gesellschaft nach deutschem und nach griechischem Recht, gelangt man leicht zu dem Ergebnis, dass diese ähnliche Wirkung entfalten. Damit ein Nachtragsliquidator nach deutschem Recht bestellt werden kann, muss die Gesellschaft, die über verteilungsfähiges Vermögen verfügt, wieder ins Leben gerufen werden.[766] So kann sie zum Zwecke der Abwicklung des verbleibenden Vermögens als Restgesellschaft tätig werden.[767] Das Wiederaufleben nach griechischem Recht hat eine dem deutschen Nachtragsliquidationsverfahren entsprechende Wirkung. Die Gesellschaft besteht fiktiv fort und ihr Fortbestehen ist streng an die Verteilung des ihr gehörenden Vermögens gebunden, das erst nach ihrer Auflösung wiederentdeckt wurde.[768] Die Tatbestandsvoraussetzung des Wiederauflebens der Gesellschaft, die in der deutschen Sachnorm, nämlich § 273 Abs. 4 AktG verwendet wird, wird nach dem griechischen Recht erfüllt. Da das nach griechischem Recht zu erfolgende Wiederaufleben der Gesellschaft praktisch die gleiche Wirkung hat, wie das Wiederaufleben einer Gesellschaft nach deutschem Recht, ist die Substitution in diesem Fall nicht zu beanstanden. Die wieder ins Leben gerufene übertragende Gesellschaft griechischen Rechts kann also die Abwicklung des verteilungsfähigen Vermögens vollziehen, unabhängig davon, wo dieses belegen ist. Das ist dem Umstand geschuldet, dass sie die Eigentümerin der auch im Drittstaat belegenen Vermögensgegenstände ist und gemäß den dortigen Anforderungen über ihr Vermögen verfügen kann.

---

765 *V. Hein* in MüKo-BGB, Bd. 12, Einl. IPR, Rn. 255; *Kropholler*, IPR, § 33 II, S. 231; *Mansel* in FS Kropholler, S. 367; *Rehm,* RabelsZ 64 (2000), 104 108.

766 § 273 Abs. 4 AktG.

767 Statt aller siehe *Drescher* in Henssler/Strohn, GesR, § 273 AktG, Rn. 18.

768 Art. 47a Abs. 4 Gesetz v. 2190/1920 für Aktiengesellschaften; Areopag, Entscheidungs-Nr.: 1669/2014; Areopag, Entscheidungs-Nr.: 1345/2013; Berufungsgericht Athen, Entscheidungs-Nr.: 5920/2014 (Nomos-Datenbank Juristischer Informationen).

e) *Blick in die Praxis*

In der Praxis werden in der Vorbereitungsphase einer Verschmelzung häufig Fragebögen für die beteiligten Gesellschaften vorgelegt, die u. a. Auskunft über den Bestand der Vermögensgegenstände der übertragenden Gesellschaft liefern sollen. Sie enthalten Fragen zum Vorhandensein bestimmter Vermögensgegenstände, für die spezifische Übertragungsvorschriften gelten könnten. So wird die übertragende Gesellschaft beispielsweise gefragt, ob sie über Immobilien im Ausland oder über Mitgliedschaftsrechte an Gesellschaften im Ausland verfügt.

Diese Fragebögen dienen dazu, der fehlerhaften Übertragung des Gesellschaftsvermögens vorzubeugen. Dementsprechend ist es erforderlich, dass sie durch die Vertreter der Gesellschaften richtig ausgefüllt werden. Fehlerhafte Angaben in der Liste können zum einen dazu führen, dass das im Ausland belegene Vermögen der Gesellschaft von der Übertragung im Wege der Gesamtrechtsnachfolge nicht vollständig erfasst wird. Zum anderen kann dies dazu führen, dass die Person, die die fehlerhaften Angaben gemacht hat, zur Rechenschaft gezogen und mithin eine Organhaftung begründet wird. Darauf ist gesondert einzugehen.[769]

4. Fazit

Im Ergebnis steht also fest, dass das Gesellschaftsvermögen der übertragenden Gesellschaft, das von der Gesamtrechtsnachfolge nicht erfasst wurde, auch nach dem Wirksamwerden der Verschmelzung übertragen werden kann. Dies geschieht durch die analoge Anwendung der Vorgaben zur Nachtragsliquidation gemäß § 273 Abs. 4 AktG. Dies setzt zum einen voraus, dass die übertragende Gesellschaft über verteilungsfähiges Vermögen verfügt, das aufgrund der Geltung des Belegenheitsrechts von der verschmelzungsbedingen Gesamtrechtsnachfolge nicht erfasst wurde. Zum anderen muss das Rechtsinstitut des Wiederauflebens der übertragenden Gesellschaft funktionsäquivalent zu jenem Institut sein, das der Rechtsordnung der übernehmenden Gesellschaft untersteht. Die übertragende Gesellschaft besteht nach ihrem Gründungsrecht fort, um ausschließlich das verbleibende Vermögen nach den Anforderungen des Übertragungsstatuts an die übernehmende Gesellschaft zu übertragen. Ob das Organ der übertragenden Gesellschaft als Nachtragsliquidator bestellt wird oder unabhängige Nachtragsliquidatoren berufen werden, hängt davon ab, ob das

769 Siehe ausführlich nachstehend unter IV. Haftungsfragen im Rahmen der Verschmelzung.

Organ die fehlerhafte Übertragung schuldhaft herbeigeführt oder versehentlich in dieser Weise gehandelt hat.[770]

IV. Haftungsfragen im Rahmen der Verschmelzung

Zwar ist der Verschmelzungsvorgang europaweit vereinheitlicht worden, um seine Durchführung reibungslos zu gestalten, dennoch bleiben immer noch Fragen offen, die mit verschiedenen Aspekten der Verschmelzung im Zusammenhang stehen. Ungeregelt sind zudem Fragen bezüglich der Haftung infolge einer Pflichtverletzung im Rahmen der Durchführung der Verschmelzung. Kommt es zu einer Pflichtverletzung, durch die einer der beteiligten Gesellschaften ein Schaden entsteht, so ist zunächst zu prüfen, nach welchem Recht sich die Haftungsfragen und daraus ergebende eventuelle Schadenersatzansprüche richten.

1. Anzuwendendes Recht

a) Unionsrecht

i) Rom I-VO

Die Vorschriften der Rom I-VO finden dann Anwendung, wenn es sich um Ansprüche handelt, die sich aus vertraglichen Schuldverhältnissen ableiten.[771] Was unter dem Begriff „vertraglich" zu verstehen ist, wird verordnungsautonom ermittelt.[772] Dies ist auf die unterschiedlichen Definitionen zurückzuführen, die die jeweiligen Mitgliedstaaten diesem Begriff verleihen.[773] Um eine Vereinheitlichung im Binnenmarkt zu erreichen, schien es mithin notwendig, eine einheitliche, in allen Mitgliedstaaten akzeptierte Begrifflichkeit zu verwenden.[774] Zwar gibt es keine ausdrückliche Definition des Begriffs der vertraglichen Schuldverhältnisse, sie wird jedoch mithilfe der EuGH-Rechtsprechung ermittelt.[775] Generell kann festgehalten werden, dass der Begriff „vertraglich"

---

770 BGH, Beschl. v. 22.11.2016 – II ZB 19/15 = DNotZ 2017, 551 553 f., Rn. 16; OLG Jena, Beschl. v. 22.8.2007 – 6 W 244/07 = NZG 2007, 877 878; Staudinger/*Großfeld*, IntGesR (1998), Rn. 863; siehe auch *J. Schmidt*, ZIP 2008, 2400 2401.

771 Verordnung (EG) Nr. 593/2008 des Europäischen Parlaments und des Rates vom 17. Juni 2008 über das auf vertragliche Schuldverhältnisse anzuwendende Recht (Rom I).

772 Erwägungsgrund 6, Rom I-VO; *Mansel* in Jauernig, BGB, Rom I, Vorbem. Rn. 11.

773 *Giuliano/Lagarde* Bericht, BT Drucks. 10/503, S. 42.

774 Ebenda.

775 Erwägungsgrund 7, Rom I-VO; *v. Hein* in Rauscher, EuZPR/EuIPR, Art. 1, Rom I-VO, Rn. 5 m. w. N.

weit auszulegen ist und sich auf eine Handlung einer Person bezieht, die infolge freiwilliger Entscheidung erfolgt und gegenüber einer anderen Person eine Verpflichtung begründet.[776] Des Weiteren ist die Verordnung auf Schuldverhältnisse anzuwenden.[777] Auch dieser Begriff ist verordnungsautonom auszulegen, um die Vereinheitlichung im Binnenmarkt nicht zu behindern.[778] Aus dem Anwendungsbereich ausgeklammert werden beispielsweise dingliche Verträge oder Verträge bzgl. Immaterialgüterrechten.[779] Schließlich muss es sich um vertragliche Schuldverhältnisse aus Zivil- und Handelssachen handeln. Auch dieses Merkmal ist verordnungsautonom auszulegen.[780]

aa) Anwendungsbereich

Liegt ein vertragliches Schuldverhältnis im Sinne der Verordnung vor, so ist der Anwendungsbereich der Rom I-VO eröffnet. Welche Fragen diese Normen regeln, ergibt sich aus Art. 12 Rom I-VO. Erfasst werden beispielsweise die Erfüllung der begründeten Verpflichtungen[781] sowie die Folgen der teilweisen Nichterfüllung derselben.[782] Auch Nebenansprüche aus dem Vertrag, wie beispielsweise Schadenersatzansprüche wegen Vertragsverletzung, fallen darunter.[783] Allerdings ist zu beachten, dass nicht jedes vertragliche Schuldverhältnis in Zivil- und Handelssachen von dem Anwendungsbereich der Rom I-VO erfasst wird.[784] Auch wenn eine freiwillige Eingehung der gegenseitigen Verpflichtung seitens der Vertragspartner vorliegt, den geschlossenen Vertrag zu erfüllen, führt dies nicht unbedingt zur Anwendung der Rom I-VO.[785] Vielmehr ist der Ausnahmekatalog des Art. 1 Abs. 2 zu beachten, der bestimmte Schuldverhältnisse aus dem Anwendungsbereich der Verordnung ausschließt,

776 EuGH, Urteil v. 5.2.2004 -Rs. C-265/02, Frahuil/Assitlia, Rn. 24; vgl. *Martiny* in Reithmann/Martiny, IntVertragsR, Rn. 1.68 m. w. N.; siehe auch *Renner/Hasselbarth*, IPRax 2014, 117 121.

777 Vgl. statt aller *v. Hein* in Rauscher, EuZPR/EuIPR, Art. 1, Rom I-VO, Rn. 12 ff.

778 Vgl. *Giuliano/Lagarde* Bericht, BT Drucks. 10/503, S. 42.

779 Vgl. *Giuliano/Lagarde* Bericht, BT Drucks. 10/503, S. 42.

780 *V. Hein* in Rauscher, EuZPR/EuIPR, Art. 1, Rom I-VO, Rn. 15.

781 Art. 12 Abs. 1 lit. b).

782 Art. 12 Abs. 1 lit. c).

783 *Martiny* in Reithmann/Martiny, IntVertragsR, Rn. 1.69; Staudinger/*Magnus* (2021) Rom I-VO, Art. 1, Rn. 37.

784 *V. Hein* in Rauscher, EuZPR/EuIPR, Art. 1, Rom I-VO, Rn. 7.

785 EuGH, Rs. C-108/06, Ilsinger. /. Schlank und Schick GmbH, Rn. 51; siehe auch *v. Hein* in Rauscher, EuZPR/EuIPR, Art. 1, Rom I-VO, Rn. 7.

weil diese entweder bereits durch andere Regelungswerke geregelt sind[786] oder weil die Rom I-VO aufgrund der Komplexität der Frage ungeeignet ist, diese in ihrem Anwendungsbereich zu erfassen.[787] Bevor also die Eröffnung des Anwendungsbereichs der Rom I-VO bejaht wird, muss festgestellt werden, dass das synallagmatische Rechtsverhältnis, aus dem sich die in Rede stehenden Ansprüche herleiten, nicht in dem Ausnahmekatalog enthalten ist.

bb) Ausnahmekatalog (exemplarisch)

(a) Art. 1 Abs. 2 lit. f) (Fragen betreffend das Gesellschaftsrecht)

(aa) Gesellschaftsstatut

Fragen, die typischerweise dem Gesellschaftsstatut unterfallen, sind aus dem Anwendungsbereich der Rom I-VO ausdrücklich ausgeschlossen.[788] Von dem Ausschluss sind insbesondere die Errichtung, die innere Verfassung, die Auflösung sowie die persönliche Haftung der Gesellschafter einer Gesellschaft, eines Vereins oder einer juristischen Person erfasst.[789] Der Formulierung „insbesondere" ist zwar zu entnehmen, dass die Aufzählung der gesellschaftsrechtlichen Fragen, die aus dem Anwendungsbereich ausgeschlossen sind, beispielhaft ist.[790] Die Aufzählung dient aber vornehmlich dazu, den Bereich einzugrenzen, der einheitlich für den Binnenmarkt dem Gesellschaftsstatut unterfällt.[791] Dies ist dem Umstand geschuldet, dass ein Sachverhalt in jeder der mitgliedstaatlichen Rechtsordnungen unterschiedlich kollisionsrechtlich beurteilt werden kann.[792]

---

786 Siehe beispielsweise Verordnung (EU) Nr. 1259/2010 des Rates vom 20. Dezember 2010 zur Durchführung einer Verstärkten Zusammenarbeit im Bereich des auf die Ehescheidung und Trennung ohne Auflösung des Ehebandes anzuwendenden Rechts (Rom III-VO); ferner siehe Verordnung (EU) Nr. 650/2012 des Europäischen Parlaments und des Rates vom 4. Juli 2012 über die Zuständigkeit, das anzuwendende Recht, die Anerkennung und Vollstreckung von Entscheidungen und die Annahme und Vollstreckung öffentlicher Urkunden in Erbsachen sowie zur Einführung eines Europäischen Nachlasszeugnisses (EuErbVO).

787 Vgl. *v. Hein* in Rauscher, EuZPR/EuIPR, Art. 1, Rom I-VO, Rn. 42; vgl. zum EVÜ *Giuliano/Lagarde* Bericht, BT Drucks. 10/503, S. 44.

788 Art. 1 Abs. 2 lit. f); Parallelvorschriften finden sich in EuVVO und Rom II-VO; Staudinger/*Magnus* (2021) Rom I-VO, Art. 1, Rn. 81.

789 *Martiny* in MüKo-BGB, Bd. 13, Art. 1 Rom I-VO, Rn. 66 ff.

790 *Giuliano/Lagarde* Bericht, BT Drucks. 10/503, S. 42; Grüneberg/*Thorn*, BGB, Rom I, Art. 1, Rn. 12.

791 *Martiny* in MüKo-BGB, Bd. 13, Art 1 Rom I-VO, Rn. 66.

792 *Giuliano/Lagarde* Bericht, BT Drucks. 10/503, S. 42; *Martiny* in MüKo-BGB, Bd. 13, Art. 1 Rom I-VO, Rn. 66; *Magnus*, IPRax 2010, 27 28.

Dies führt dazu, dass eine Frage nicht in jedem Mitgliedstaat als gesellschaftsrechtlich qualifiziert wird.[793]

Der Ausnahmekatalog erstreckt sich ebenfalls auf Verschmelzungen.[794] Ausgehend von der beispielhaften Aufzählung des Art. 1 Abs. 2 lit. f) können die verschmelzungsrechtlichen Einzelfragen festgestellt werden, die aus dem Anwendungsbereich der Rom I-VO auszuschließen sind. So kann dem Vorgang der Errichtung einer Gesellschaft die Verschmelzung durch Neugründung oder Aufnahme gleichgestellt werden. Der Ausschluss betrifft somit sämtliche Rechtsakte, die dafür erforderlich sind, dass die aus der Verschmelzung hervorgehende Gesellschaft wirksam wird.[795] Die Rom I-VO klammert des Weiteren die Auflösung einer Gesellschaft aus ihrem Anwendungsbereich aus. Entsprechend wird die Auflösung ohne Abwicklung im Zuge einer grenzüberschreitenden Verschmelzung aus dem Anwendungsbereich ausgeschlossen. Dies betrifft auch die Besonderheit des Verschmelzungsverfahrens, die übertragenden Gesellschaften liquidationslos untergehen zu lassen. Darüber hinaus wird die Rechts- und Handlungsfähigkeit der Gesellschaft ihrem Gesellschaftsstatut unterstellt. Gleiches gilt konsequenterweise für die an der Verschmelzung beteiligten Gesellschaften sowie für die aus der Verschmelzung hervorgehende Gesellschaft.

Schließlich ist die persönliche Haftung der Gesellschafter bzw. der Organe der Gesellschaft für die Verbindlichkeiten der Gesellschaft ihrem Gesellschaftsstatut unterstellt.[796] Der Ausschluss erstreckt sich nicht nur auf die Haftung der Gesellschafter und Organe der aus der Verschmelzung hervorgehenden Gesellschaft. Vielmehr wird die Frage der persönlichen Haftung der Gesellschafter bzw. der Organe der beteiligten Gesellschaften auch während des Verschmelzungsverfahrens – wenn also die Entscheidungen zur Durchführung der Verschmelzung und zur Absicherung der Gläubiger- und Anteilsinhaberinteressen getroffen werden – dem jeweils maßgeblichen Gesellschaftsstatut unterstellt. Handelt es sich um Gesellschaften aus dem Binnenmarkt, so ist das materielle Recht des Gründungsstaates anzuwenden.[797]

793 *Renner/Hesselbarth*, IPRax 2014, 117 119 f.

794 *Giuliano/Lagarde* Bericht, BT Drucks. 10/503, S. 45; *v. Hein* in Rauscher, EuZPR/EuIPR, Art. 1, Rom I-VO, Rn. 43; *Mäsch* in Bamberger/Roth, BGB, EGBGB, Art. 12 Anh. II, Rn. 81.

795 Vgl. *Martiny* in MüKo-BGB, Bd. 13, Art. 1, Rom I-VO, Rn. 66; zum EVÜ *Giuliano/Lagarde* Bericht, BT Drucks. 10/503, S. 44.

796 Vgl. statt aller *Kindler* in MüKo-BGB, Bd. 13, IntGesR, Rn. 630.

797 Vgl. bereits *Mansel*, RabelsZ 70 (2006) 651 672.

(bb) Abgrenzung vom Gesellschaftsstatut

Die Haftung der Gesellschafter gegenüber der Gesellschaft kann jedoch auch auf vertraglicher Grundlage basieren, soweit die Voraussetzungen dafür vorliegen.[798] Dies ist dann der Fall, wenn die Organmitglieder im Rahmen eines bestehenden Arbeitsvertrags handeln.[799] Für das Vorliegen eines Arbeitsverhältnisses zwischen der Gesellschaft und ihren Organmitgliedern ist deren Weisungsgebundenheit ausschlaggebend.[800] Soweit das Handeln der Organmitglieder nach den Weisungen einer anderen Stelle erfolgt, die in die Struktur der Gesellschaft eingegliedert ist, haben sie die Stellung eines Angestellten in der Gesellschaft.[801] Zudem wird ein weiteres Erfordernis aufgestellt, das die Gleichstellung des Organmitglieds mit dem Arbeitnehmer vorsieht.[802] Hierbei reicht es nicht aus, dass das Organmitglied weisungsgebunden ist, sondern es darf auch keinen erheblichen Einfluss auf Entscheidungen haben, die die Steuerung der Gesellschaft betreffen.[803] Liegen diese Voraussetzungen vor, so ist es einem Arbeitnehmer gleichgestellt und das bestehende Rechtsverhältnis wird als vertraglich qualifiziert. In diesem Fall sind jegliche Ansprüche jeweils als vertraglich zu qualifizieren und fallen dementsprechend unter den sachlichen Anwendungsbereich der Rom I-VO. Die Haftung der Gesellschafter bzw. der Organmitglieder kann sich aus einem bestehenden Vertragsverhältnis zwischen der vorgenannten Personengruppe und der Gesellschaft ergeben. Aus diesem Vertrag ergibt sich die mögliche eventuelle Haftung der Organmitglieder, und das anwendbare Recht richtet sich nach den Normen der Rom I-VO.

Anderenfalls – also immer dann, wenn die Organmitglieder selbständig die Entscheidungen treffen, ohne dabei auf die Weisungen der Gesellschaft angewiesen zu sein – fällt die sich aus diesen Handlungen ergebende Haftung unter den Ausschlussbereich der Rom I-VO und ist somit nach dem nationalen autonomen Recht zu beurteilen.

---

798 EuGH, Urteil v. 10.9.2015 – Rs. C-47/14, Holterman Ferho Exploitatie BV u.a.. /. Friedrich Leopold Freiherr Spies von Büllesheim = IPRax 2016, 151; *Kindler*, IPRax 2016, 115 117 f.; *Mansel/Thorn/Wagner*, IPRax 2016, 1 14; *Mankowski*, RIW 2015, 821 823.

799 *Kindler* in MüKo-BGB, Bd. 13, IntGesR, Rn. 630.

800 EuGH, Urteil v. 10.9.2015 – Rs. C-47/14, Holterman Ferho Exploitatie BV u.a.. /. Friedrich Leopold Freiherr Spies von Büllesheim, Rn. 47; siehe auch *Lüttringhaus*, EuZW 2015, 904 905.

801 *Lüttringhaus*, EuZW 2015, 904 906.

802 *Mankowski*, RIW 2004, 167 171.

803 *Weber*, IPRax 2013, 69 70.

(b) Art. 1 Abs. 2 lit. g) (Fragen betreffend die Stellvertretung)

Aus dem Anwendungsbereich der Rom I-VO sind des Weiteren Fragen hinsichtlich der Vertretung ausgeschlossen; dies betrifft insbesondere den Umfang der Vertretungsmacht der Gesellschaftsorgane und inwieweit deren Handlungen die Gesellschaft nach außen verpflichten können. Allerdings fällt diese Frage nicht unter den Ausschluss des Art. 1 Abs. 2 lit. f), sondern unter den des Art. 1 Abs. 2 lit. g), der als *lex specialis* heranzuziehen ist.[804] Der Ausschluss bezieht sich sowohl auf die organschaftliche als auch auf die rechtsgeschäftliche Vertretung der Gesellschaft durch ihre Organe.[805] Maßgeblich ist in diesem Fall das Vertretungsstatut. Vertretungsstatut ist das Recht, nach dem sich die Haftung der Vertreter der Gesellschaft richtet.[806] Dies ist das Gesellschaftsstatut der Gesellschaft, in deren Namen das Organ gehandelt hat.[807] Ob es auf den Satzungs- oder Verwaltungssitz der Gesellschaft ankommt, hängt davon ab, ob es sich jeweils um Gesellschaften aus einem Mitglied- oder einem Drittstaat handelt.[808] Dieses Recht bestimmt außerdem, inwieweit die von den Organmitgliedern vorgenommene Handlung für die Gesellschaft nach außen bindend ist.[809]

ii) Rom II-VO

aa) Anwendungsbereich

Neben den vertraglichen können auch deliktische Ansprüche geltend gemacht werden. Das darauf anwendbare Recht richtet sich nach der Rom II-VO.[810] Diese findet dann Anwendung, wenn es um Handlungen geht, die sich nicht aus einem vertraglichen Schuldverhältnis ableiten; sie bezieht sich somit auf Handlungen aus außervertraglichen Schuldverhältnissen.[811] Was unter diesem Begriff zu verstehen ist, muss verordnungsautonom ermittelt werden.[812] Dies ist, wie bereits

---

804 Vgl. *v. Hein* in Rauscher, EuZPR/EuIPR, Art. 1, Rom I-VO, Rn. 41.

805 *Martiny* in MüKo-BGB, Bd. 13, Art 1, Rom I-VO, Rn. 75; Staudinger/*Magnus* (2021) Rom I-VO, Art. 1, Rn. 90 m. w. N.

806 BeckOGK-BGB/*J. Schmidt*, Rom II-VO, Art. 1, Rn. 46.

807 Staudinger/*Magnus* (2021) Rom I-VO, Art. 1, Rn. 7.

808 *Kegel/Schurig*, IPR, § 17 V, S. 620.

809 *Kindler* in MüKo-BGB, Bd. 13, IntGesR, Rn. 564.

810 Verordnung (EG) Nr. 864/2007 des Europäischen Parlaments und des Rates vom 11. Juli 2007 über das auf außervertragliche Schuldverhältnisse anzuwendende Recht („Rom II“).

811 Art. 1 Abs. 1 Rom II-VO; vgl. dazu Grüneberg/*Thorn*, BGB, Rom II-VO, Art. 1 Rn. 2.

812 Vgl. *Junker* in MüKo-BGB, Bd. 13, Vor Art. 1, Rom II-VO, Rn. 30 ff.

für die Rom I-VO erwähnt, dem Umstand geschuldet, dass jeder Mitgliedstaat den Begriff der außervertraglichen Schuldverhältnisse unterschiedlich definiert, was die Vereinheitlichung im Bereich der außervertraglichen Schuldverhältnisse auf Unionsebene gefährden könnte.[813] Erfasst sind also gemäß Art. 2 Abs. 1 Rom II-VO außervertragliche Schuldverhältnisse, die sich aus einer unerlaubten Handlung, einer ungerechtfertigten Bereicherung sowie einer Geschäftsführung ohne Auftrag ableiten.[814] Unter den Anwendungsbereich der Rom II-VO fallen des Weiteren Fragen in Bezug auf das Verschulden bei Vertragsverhandlungen (*cupla in contrahendo*).[815]

Ähnlich wie bei der Rom I-VO ist die Bestimmung des sachlichen Anwendungsbereichs der Rom II-VO kein ausreichendes Kriterium für dessen Eröffnung. Allein die Qualifikation eines Schulverhältnisses als außervertraglich genügt nicht, die Vorschriften der Rom II-VO auf den Sachverhalt anzuwenden.[816] Vielmehr ist zusätzlich erforderlich, dass das außervertragliche Schuldverhältnis nicht in dem Ausnahmekatalog enthalten ist, der bestimmte Rechtsverhältnisse aus dem Anwendungsbereich der Rom II-VO ausschließt und sie bestimmten Statuten unterstellt.[817]

bb) Ausnahmekatalog (exemplarisch)

(a) Art. 1 Abs. 2 lit. d) (Fragen betreffend das Gesellschaftsrecht)

Der Ausnahmekatalog des Art. 1 Abs. 2 Rom II-VO weist größtenteils Übereinstimmungen mit den Bereichsausnahmen in der Rom I-VO auf und steht mit deren Vorschriften in Einklang.[818] Insoweit kann an dieser Stelle auf die vorgenannten Ausführungen verwiesen werden. Ausgeschlossen sind dementsprechend insbesondere diejenigen Rechtsverhältnisse, die gesellschaftsrechtlich zu qualifizieren sind.[819] Die Qualifikation erfolgt jedoch nicht nach dem

---

813 Erwägungsgrund 11; siehe dazu *Unberath/Cziupka* in Rauscher, EuZPR/EuIPR, Art. 1, Rom II-VO, Rn. 17; JurisPK-BGB/*Lund*, Art. 1, Rom II-VO, Rn. 16.

814 Erwägungsgrund 12 Rom II-VO; KOM (2003) 427 endg., S. 8.

815 Erwägungsgrund 30 Rom II-VO; KOM (2003) 427 endg., S. 9; *Ebke*, ZVglRWiss 109 (2010) 397 434 f.

816 Vgl. *Unberath/Cziupka* in Rauscher, EuZPR/EuIPR, Art. 1, Rom II-VO, Rn. 17.

817 *Spickhoff* in Bamberger/Roth, BGB, Bd. 3, Art. 1, Rom II-VO, Rn. 12; *Unberath/Cziupka* in Rauscher, EuZPR/EuIPR, Art. 1, Rom II-VO, Rn. 39.

818 Erwägungsgrund 7 Rom II-VO; *Hohloch*, IPRax 2012, 110.

819 Art. 1 Abs. 2 lit. d); siehe dazu noch *Unberath/Cziupka* in Rauscher, EuZPR/EuIPR, Art. 1, Rom II-VO, Rn. 54; *Spickhoff* in Bamberger/Roth, BGB, Bd. 3, Art. 1, Rom II-VO, Rn. 15; *Knöfel* in Hüßtege/Mansel, BGB, Art. 1, Rom II-VO, Rn. 45; *Freitag*, ZHR 174 (2010), 429 434.

Recht des angerufenen Gerichts, sondern unionsrechtlich autonom, genau wie jeder Begriff, der in der Rom II-VO enthalten ist.[820] Die nicht abschließende Darlegung der Bereichsausnahme des Art. 1 Abs. 2 lit. d) erfasst zudem Fragen der Errichtung und Auflösung der Gesellschaft – insbesondere, ob dies wirksam erfolgt ist – sowie zu deren Rechts- und Handlungsfähigkeit.[821] Darüber hinaus klammert die Rom II-VO aus ihrem sachlichen Anwendungsbereich diejenigen Fragen aus, die sich auf die Haftung der Gesellschafter gegenüber der Gesellschaft und umgekehrt, sowie auf die persönliche Haftung der Gesellschafter für Verbindlichkeiten der Gesellschaft beziehen.[822] In den vorgenannten Fällen werden die daraus resultierenden Haftungsfragen dem Gesellschaftsstatut unterstellt.[823]

(b) Abgrenzung zwischen Gesellschafts- und Deliktsstatut

Zu beachten ist jedoch, dass nicht jede mit der Gesellschaft verbundene Frage zwangsläufig dem Gesellschaftsstatut zu unterstellen und somit aus dem Anwendungsbereich der Rom II-VO auszuschließen ist.[824] Der Ausnahmekatalog ist eng auszulegen und es kann dazu kommen, dass bestimmte Rechtsfragen womöglich deliktisch und nicht gesellschaftsrechtlich zu qualifizieren sind.[825] Nimmt die Gesellschaft am Rechtsverkehr teil und wird sie nach außen als Rechtssubjekt tätig, so werden ihre Zuwiderhandlungen deliktisch qualifiziert.[826] Sie wird also wie die natürlichen Personen als Rechtssubjekt behandelt. So stellt beispielsweise Art. 23 Abs. 1 Rom II-VO den Ort der Hauptverwaltung einer Gesellschaft dem Ort des gewöhnlichen Aufenthalts einer natürlichen Person gleich und erkennt somit die juristischen Personen als handlungsfähige Teilnehmer des Rechtsverkehrs an.[827] Für das Bestehen und den Umfang ihrer Handlungsfähigkeit ist aber

---

820 Vgl. BeckOGK-BGB/*J. Schmidt*, Rom II-VO, Art. 1, Rn. 45; *Hohloch*, IPRax 2012, 110 112.

821 BeckOGK-BGB/*J. Schmidt*, Rom II-VO, Art. 1, Rn. 46 ff.

822 *Wagner*, IPRax 2008, 1 2.

823 KOM (2003) 427 endg., S. 10; *Junker* in MüKo-BGB, Bd. 13, Art. 1, Rom II-VO, Rn. 36; *Hohloch*, IPRax 2012, 110 117.

824 Siehe noch *Unberath/Cziupka* in Rauscher, EuZPR/EuIPR, Art. 1, Rom II-VO, Rn. 42.

825 KOM (2003) 427 endg., S. 10; EuGH, Urteil v. 18.7.2013 – Rs. C-147/12, ÖFAB/Frank Koot u.a, Rn. 42; siehe dazu noch *Knöfel* in Hüßtege/Mansel, BGB, Art. 1, Rom II-VO, Rn. 47 m. w. N.

826 *Unberath/Cziupka* in Rauscher, EuZPR/EuIPR, Art. 1, Rom II-VO, Rn. 60; *Wagner*, IPRax 2008, 1 2.

827 KOM (2003) 427 endg., S. 42.

ihr Gesellschaftsstatut maßgeblich, also das Recht jenes Staates, dem sie ihre Existenz zu verdanken hat.[828]

Klärungsbedürftig ist freilich, wie die widerrechtliche Handlung der Organmitglieder der handelnden Gesellschaft zu qualifizieren ist. Die Haftung der Gesellschafter im Außenverhältnis richtet sich, wie oben ausgeführt, nach dem Gesellschaftsstatut der Gesellschaft.[829] Ebenfalls dem maßgeblichen Gesellschaftsstatut zu unterstellen ist die Haftung der Gesellschafter aufgrund ihrer organschaftlichen Stellung, die Rechte und Pflichten infolge eben dieser Stellung in der Gesellschaft begründet.[830] Als deliktisch wird eine schädigende Verhaltensweise der Gesellschafter bzw. Organmitglieder einer Gesellschaft aber dann qualifiziert, wenn diese sich gegen die Gesellschaft selbst oder gegen Dritte richtet.[831] So machen sich die Organmitglieder einer Gesellschaft beispielsweise dann haftbar, wenn sie ihren Aufklärungspflichten gegenüber den Vertragspartnern nicht nachkommen, obwohl sie dazu verpflichtet sind.[832] Diese Handlung der Organmitglieder führt dazu, dass der nicht ordnungsgemäß aufgeklärte Vertragspartner bei Vorlage aller Informationen eine andere Entscheidung getroffen und den Vertrag nicht abgeschlossen hätte. Maßgeblich ist in diesem Fall das Deliktsstatut, das nach Art. 12 Abs. 1 Rom II-VO über die Haftung aus Verschulden bei Vertragsverhandlungen bestimmt wird.[833] In dem hiesigen Beispiel ist darauf zu achten, dass sich die Erfüllung der Aufklärungspflichten nicht aus der organschaftlichen Stellung der Organmitglieder ergibt, sondern aus der allgemeinen Verkehrspflicht.[834]

828 EuGH, Urteil v. 16.12.2008 – Rs C-210/06, Cartesio, Slg. 2008, I – 9641, Rn. 109 f.; EuGH, Urteil v. 27.9.1988, Rs. 81/87, Daily Mail, Rn. 19.

829 *Kindler* in MüKo-BGB, Bd. 13, IntGesR, Rn. 611 ff.; *Eckert*, Internationales Gesellschaftsrecht, S. 359.

830 *Kindler* in MüKo-BGB, Bd. 13, IntGesR, Rn. 645; *Unberath/Cziupka* in Rauscher, EuZPR/EuIPR, Art. 1, Rom II-VO, Rn. 54; in Bezug auf die Bereichsausnahme Art. 1 Abs. 2 lit. f) Rom I-VO vgl. *Renner/Hesselbarth*, IPRax 2014, 117 122.

831 BGH, Urteil v. 13.9.2004 – II ZR 276/02 = NJW 2004, 3706 3709; vgl. *Kindler* in MüKo-BGB, Bd. 13, IntGesR, Rn. 649 ff.; *Eidenmüller*, GesR, § 4, Rn. 8.

832 Vgl. *Mansel* in FS Schlosser, S. 555.

833 Vgl. *Kindler* in MüKo-BGB, Bd. 13, IntGesR, Rn. 651; *Mansel* in FS Schlosser, S. 545 ff.; *Lüttringhaus*, RIW 2008, 193 196; *Weber*, IPRax 2013, 69 70.

834 *Kindler* in MüKo-BGB, Bd. 13, IntGesR, Rn. 651.

b) Nationales autonomes Recht

Wird verordnungsautonom ermittelt, dass eine bestimmte Frage aus dem Anwendungsbereich der Rom I- bzw. Rom II-VO auszuschließen ist, so kommt vorbehaltlich völkerrechtlicher Vereinbarungen das nationale autonome Recht zur Anwendung.[835] Heranzuziehen sind in diesem Fall die Kollisionsnormen, die die *lex fori* dafür bereithält.

i) Gesellschaftsrechtliche Fragen

Bei gesellschaftsrechtlichen Fragen wird auf den in Deutschland gewohnheitsrechtlich verankerten Grundsatz der Sitztheorie abgestellt, soweit es sich nicht um eine Gesellschaft handelt, die in einem Mitgliedstaat errichtet wurde.[836] Dabei ist auf dasjenige Recht zu verweisen, in dessen Staat eine juristische Person ihren effektiven Verwaltungssitz hat.[837] Das ist der Ort, „wo die grundlegenden Entscheidungen für die Gesellschaft getroffen werden".[838] Es handelt sich hierbei um eine Gesamtnormverweisung.[839] Es wird also auf das gesamte Recht, einschließlich des Internationalen Privatrechts, der infrage kommenden Rechtsordnung verwiesen.[840] Diese Anknüpfung und die damit einhergehende Gesamtverweisung auf das Recht des Verwaltungssitzstaates betreffen allerdings nur Gesellschaften aus Drittstaaten.[841] Ist jedoch die in Rede stehende Gesellschaft in einem Mitgliedstaat gegründet worden, so kommen infolge der unionsrechtlich begründeten Niederlassungsfreiheit die Gründungstheorie und dementsprechend das materielle Recht des Gründungsstaates zur Anwendung.[842]

Handelt es sich um einen Verschmelzungsvorgang, der zwischen mitgliedstaatlichen Gesellschaften stattfindet, so sind das Primärunionsrecht und die damit einhergehenden Grundsätze zu beachten. Die unionsrechtlich begründete Niederlassungsfreiheit im Binnenmarkt beansprucht infolge der

---

835 Grüneberg/*Thorn*, BGB, EBGBG, Art. 3, Rn. 10 ff.; *Hohloch*, IPRax 2012, 110 112.
836 *Kropholler*, IPR, § 55 I, S. 571.
837 Statt aller vgl. Staudinger/*Großfeld*, IntGesR (1998), Rn. 26 ff.
838 BGH, Urteil v. 21.03.1986 - V ZR 10/85 = BGHZ 97, 269 272; Grüneberg/*Thorn*, BGB, Anh. Art. 12 EGBGB, Rn. 11.
839 *Kindler* in MüKo-BGB, Bd. 13, IntGesR, Rn. 506.
840 Art. 4 Abs. 1 EGBGB.
841 In Bezug auf das deutsche Recht siehe Grüneberg/*Thorn*, BGB, Anh. Art. 12 EGBGB, Rn. 10; in Bezug auf die griechische Rechtsordnung vgl. *Vrellis* in FS Ansay, 2006, S. 475.
842 Calliess/Ruffert/*Korte*, Art. 54 AEUV, Rn. 5; *Mansel*, RabelsZ 70 (2006), 651 674.

EuGH-Rechtsprechung auch in Bezug auf grenzüberschreitende Verschmelzungen Geltung.[843] So kommt es in diesem Fall nicht mehr auf das Recht des Staates, in dem der effektive Verwaltungssitz der Gesellschaft liegt, an, sondern es ist in solchen Fällen auf die Gründungstheorie abzustellen und das Recht desjenigen Staates heranzuziehen, in dem die in Rede stehende Gesellschaft errichtet wurde. Es wird somit direkt auf die gesellschaftsrechtlichen Normen der berufenen Rechtsordnung des jeweiligen Gründungsstaates verwiesen.

ii) Vertretungsrechtliche Fragen

Die Anknüpfung der Vertretung erfolgt nach der *lex fori*.[844] Die organschaftliche Vertretung einer Gesellschaft unterliegt aus deutscher Sicht dem Gesellschaftsstatut dieser Gesellschaft.[845] Danach richten sich der Umfang der Vertretung und die Bindungswirkung der Handlungen der Vertreter der Gesellschaft.[846] Davon zu unterscheiden sind das Hauptgeschäft sowie das vertragliche Verhältnis zwischen dem Vertreter und Vertretenen.[847] Diese unterliegen gesonderten Kollisionsregeln, die je nachdem, wie sie zu qualifizieren sind, zur Anwendung der Rom I-VO oder zu deren Ausschluss führen können.[848]

2. Folgen im Hinblick auf grenzüberschreitende Verschmelzungsvorgänge im Binnenmarkt

Die Problematik rund um die Haftung der Gesellschaft sowie ihrer Vertreter ist dann ersichtlich, wenn ein Fehlverhalten vorliegt. Die fehlerhafte Übertragung des in einem Drittstaat belegenen Vermögens im Zuge des Verschmelzungsvorgangs und ihre Entdeckung nach dem Wirksamwerden der Verschmelzung stellt ein prägnantes Beispiel hierfür dar. Während die Übertragung des Gesellschaftsvermögens nachgeholt werden kann, solange die Verschmelzung noch im Gange ist, ist dies nach dem Abschluss des Verschmelzungsvorgangs nicht mehr möglich. Da eine „Entschmelzung“ nicht mehr stattfinden kann, stellt sich die Frage, wer für die fehlerhafte Übertragung haftet und vor allem, nach welchem Recht die Haftung zu beurteilen ist. Dieser Frage kommt eine große Bedeutung zu,

843 EuGH, Urteil v. 13.12.2005 – Rs. C-411/03, SEVIC Systems AG, Slg. 2005, I-10805.

844 *Giuliano/Lagarde* Bericht, BT Drucks. 10/503, S. 44; *Garcimartín Alférez*, EuLF Issue 2-2008, I-61 I-64; *v. Hein* in Rauscher, EuZPR/EuIPR, Art. 1, Rom I, Rn. 50.

845 Staudinger/*Magnus* (2021) Rom I-VO, Anh. II zu Art. 1, Rn. 7.

846 *Hausmann* in Reithmann/Martiny, IntVertragsR, Rn. 7.359.

847 *Spickhoff* in Bamberger/Roth, BGB, Bd. 3, Art. 1 Rom I-VO, Rn. 32.

848 *Ebenda*.

insbesondere dann, aber nicht abschließend, wenn die Verschmelzung wirksam geworden ist, die den liquidationslosen Untergang der übertragenden Gesellschaft zur Folge hatte. Mit diesem erlischt nämlich der Vertragspartner der aus der Verschmelzung hervorgehenden Gesellschaft und dabei stellt sich die Frage, wer und aus welcher Grundlage in Anspruch genommen werden kann und vor allem, nach welchem Recht die Inanspruchnahme zu erfolgen hat.

a) Vertragliche Fragen

Wird beispielsweise das Vermögen der übertragenden Gesellschaft griechischen Rechts unvollständig übertragen, so ist zunächst die Frage zu klären, ob das entscheidende Organ im Rahmen einer aus einem Vertrag resultierenden Befugnis gehandelt hat oder ob es von der Weisungsgebundenheit gegenüber der Gesellschaft befreit war. Im ersten Fall ergäbe sich die Haftung aus einem vertraglichen Schuldverhältnis, nämlich einem Anstellungsvertrag und die Organmitglieder hätten die Stellung eines Arbeitnehmers. Somit wären das Rechtsverhältnis sowie die daraus resultierenden Fragen, darunter auch Haftungsfragen, als vertraglich zu qualifizieren und hierfür wären Art. 3 ff. Rom I-VO anzuwenden.

Entscheidend für die Beurteilung der Weisungsgebundenheit des Organs und des Umfangs seiner Einflussnahme in das gesellschaftliche Leben ist die Struktur der Gesellschaft. Dadurch wird bestimmt, nach wessen Weisungen das Organ handelt oder ob dessen Mitglieder nach eigenem Ermessen die Gesellschaft steuern. Es ist also ausschlaggebend, sich an der Rechtsform der Gesellschaft zu orientieren, um das Vorliegen der Weisungsgebundenheit festzustellen. Die Frage, ob und inwieweit die Organmitglieder der Kontrolle der jeweiligen Gesellschaft unterliegen, um dann die Arbeitnehmereigenschaft zu bejahen oder zu verneinen, richtet sich nach dem Gesellschaftsstatut der Gesellschaft, der das Organ angehört, in unserem Beispiel also der übertragenden Gesellschaft griechischen Rechts.

b) Außervertragliche Fragen

i) Unerlaubte Handlung

Handeln die Organmitglieder einer Gesellschaft Dritten oder der Gesellschaft selbst gegenüber in schädigender Weise, so machen sie sich haftbar. Ihre Haftung richtet sich nach dem Deliktsstatut und Anknüpfungsgegenstand ist die schadensbegründende Handlung der Organmitglieder. Gleiches gilt auch dann, wenn die Gesellschaft – vertreten durch ihre Organmitglieder, handelnd aber als Rechtssubjekt im Rechtsverkehr – Dritten Schaden zugefügt hat. Damit kommt

Art. 4 Rom II-VO zur Anwendung. Der Ausschluss über Art. 1 Abs. 2 lit. d) Rom II-VO greift in diesem Fall nicht ein, denn es handelt sich nicht um Fragen, die sich aus dem Gesellschaftsrecht ergeben.[849]

Angeknüpft wird zunächst an das Recht des Orts, an dem die schädigende und die geschädigte Partei ihren gemeinsamen gewöhnlichen Aufenthalt haben.[850] Gewöhnlicher Aufenthaltsort für Gesellschaften ist gemäß Art. 23 Abs. 1 Rom II-VO der Ort der Hauptverwaltung. In unserem Beispiel ist Schädiger das Organ der übertragenden Gesellschaft oder die Gesellschaft selbst, vertreten durch ihr Organ, und Geschädigter ist die aus der Verschmelzung hervorgehende Gesellschaft. Schadensbegründende Handlung ist die nicht ordnungsmäßige Übertragung des im Ausland befindlichen Vermögens der übertragenden Gesellschaft. In diesem Fall fallen die Orte des gewöhnlichen Aufenthalts von Schädiger und Geschädigten auseinander. Daher scheidet die Anknüpfung an das Recht des Staates, in dem die Parteien gemeinsam ihren gewöhnlichen Aufenthalt haben, aus.

In Betracht kommt in diesem Fall gemäß Art. 4 Abs. 1 Rom II-VO das Recht des Erfolgsorts, das Recht also jenes Staates, in dem der Schaden eingetreten ist. Am Beispiel der Verschmelzung einer Gesellschaft griechischen Rechts durch Aufnahme in eine Gesellschaft deutschen Rechts kann veranschaulicht werden, wo der Erfolgsort liegt. Die übertragende Gesellschaft griechischen Rechts wird in die übernehmende Gesellschaft deutschen Rechts verschmolzen. Die Verschmelzung entfaltet ihre Rechtsfolgen mit ihrem Wirksamwerden, das in diesem Beispiel mit ihrer konstitutiven Eintragung ins deutsche Register eintritt. Die übernehmende Gesellschaft erwirbt das Eigentum an dem Vermögen der übertragenden Gesellschaft zum Zeitpunkt der Eintragung ins deutsche Register. Der Schaden besteht zudem darin, dass die übernehmende Gesellschaft für an die Gesellschafter der übertragenden Gesellschaft gewährte Anteile und eventuelle Abfindungen an ausgeschiedene Gesellschafter nicht das Gesamtvermögen der übertragenden Gesellschaft erhalten hat, sondern nur einen Teil davon. Hinzu kommen weitere Kosten, die mit der ordnungsmäßigen Übertragung des verbleibenden Vermögens zusammenhängen. Darunter fallen beispielsweise Kosten für die Eröffnung eines Nachtragsliquidationsverfahrens. Mit der Registereintragung tritt somit der Schaden für die übernehmende Gesellschaft ein. Daher ist deutsches materielles Recht anzuwenden, denn die Verweisungen in der Rom II-VO sind gemäß Art. 24 Rom II-VO Sachnormverweisungen.

---

849 Was darunter fällt, ist beispielhaft in Art. 1 Abs. 2 lit. d) Rom II-VO aufgelistet.
850 Art. 4 Abs. 2 Rom II-VO.

ii) *Ungerechtfertigte Bereicherung*

Ebenfalls vom Anwendungsbereich der Rom II-VO können Ansprüche aus ungerechtfertigter Bereicherung im Zuge einer Verschmelzung erfasst werden. Aus der Übertragung des gesamten Gesellschaftsvermögens der übertragenden gegen Anteilsgewährung an die übernehmende Gesellschaft bzw. gegen Abfindungszahlung an die ausscheidenden Gesellschafter ergibt sich ein Leistung-Gegenleistung-Verhältnis.[851] Sollte das zu übertragende Vermögen unvollständig übertragen worden sein, könnte ein Fall der ungerechtfertigten Bereicherung vorliegen. Bereichert haben sich in diesem Fall die Anteilsinhaber sowie die ausgeschiedenen Mitglieder der übertragenden Gesellschaft, und zwar um den Teil, der dem Wert des nicht übertragenen Vermögensgegenstandes entspricht. Damit wäre Art. 10 Rom II-VO anwendbar. Bezweckt wird mit dieser Norm, die Rückabwicklung der unzulässigen Änderung der Vermögenslage der Parteien möglichst einem Statut zu unterstellen.

Bei grenzüberschreitenden Verschmelzungen ist dennoch eine Rückabwicklung grundsätzlich unmöglich.[852] In Ermangelung spezieller Vorschriften der GesRiLi ist § 122a Abs. 2 i. V. m. § 20 Abs. 2 UmwG maßgeblich, der ein Entschmelzungsverbot vorsieht.[853] Daher ist eine Rückabwicklung desjenigen Rechtsgeschäfts unmöglich, das zu Vermögensverschiebungen geführt hat, unabhängig davon, welches Statut zur Anwendung kommt. Demzufolge kann eine Verschmelzung nicht mehr rückgängig gemacht werden, ungeachtet der Tatsache, dass einzelne Verfahrensphasen Mängel aufweisen. Für diese Mängel werden freilich die Entscheidungsträger verantwortlich gemacht, und nicht sämtliche Anteilsinhaber der übertragenden Gesellschaft.[854]

iii) *Verschulden bei Vertragsverhandlungen*

Eine auf die Verhandlungsphase der Verschmelzung zurückzuführende Frage ist das Verschulden bei Vertragsverhandlungen. Dabei kann die eine Partei durch Tun oder Unterlassung den anderen Vertragspartner bei seiner Entscheidung

---

851 *Winter*, Der Konzern 2007, 24 33; *Simon/Rubner*, Der Konzern 2006, 835 837; zum Verschmelzungsvertrag siehe *Simon* in KölnKomm zum UmwG, § 4, Rn. 5; dazu siehe noch *Schröer/Greitemann* in Semler/Stengel/Leonard, UmwG, § 4, Rn. 5.

852 Vgl. *Leonard/Simon* in Semler/Stengel/Leonard, UmwG, § 20, Rn. 84 ff.

853 *Marsch-Barner/Oppenhoff* in Kallmeyer, UmwG, § 20, Rn. 47 ff.

854 Vgl. *Leonard/Simon* in Semler/Stengel/Leonard, UmwG, § 20, Rn. 88.; *Marsch-Barner/Oppenhoff* in Kallmeyer, UmwG, § 20, Rn. 34 m. w. N.; ferner *Vossius* in Widmann/Mayer, UmwG/UmwStG (Stand: April 2018), § 20, Rn. 376.

beeinflussen, nachdem die Verhandlungen zum Vertragsabschluss angebahnt wurden.[855] Hier können sich die Organmitglieder der Gesellschaft dann haftbar machen, wenn sie bei den Vertragsverhandlungen schuldhaft gehandelt haben, auch wenn sie keine direkten Vertragspartner sind.[856] Diese Handlung ist dann nach Art. 12 Rom II-VO als quasi-deliktisch zu qualifizieren.[857] Angeknüpft wird in diesem Fall grundsätzlich akzessorisch an das Recht, dem der zustande gekommene Vertrag unterliegt oder unterläge, falls der Vertrag zustande käme.[858] Ob der Vertrag also wirksam abgeschlossen worden ist oder nicht, ist für die Feststellung des Verschuldens aus Vertragsverhandlungen nicht entscheidend.[859] Entscheidend ist, dass Verhandlungen zum potenziellen Abschluss des Vertrags aufgenommen wurden.[860] Daher ist das hypothetische Vertragsstatut maßgeblich.[861]

Auch Handlungen, durch die die Aufklärungs- oder Informationspflicht der Organe verletzt wird, zählen darunter.[862] Bei der hier beispielhaft genannten fehlerhaften Übertragung des Gesellschaftsvermögens ist mithin zu prüfen, ob das Organ dieser Pflicht nicht nachgekommen ist, indem es die übernehmende Gesellschaft nicht darüber informiert hat, dass es im Ausland belegenes Vermögen gibt, das gesondert übertragen werden muss. Was unter die Aufklärungs- und Informationspflicht fällt und ob dies auch die Pflicht erfasst, die im Ausland belegenen im Zuge einer grenzüberschreitenden Verschmelzung zu übertragenden Vermögensgegenstände gesondert aufzuzählen, ist eine Vorfrage, die zuerst beantwortet werden muss. Danach kann auf die Frage eingegangen werden, ob eine Pflichtverletzung während der Vertragsverhandlungen vorliegt.[863] Vorfragen sind in der Regel selbständig anzuknüpfen.[864] Was zu den Pflichten des Organs einer Gesellschaft gehört, bestimmt sich nach dem Gesellschaftsstatut dieser Gesellschaft.[865] Daher entscheidet das Gesellschaftsstatut

---

855 *Paulus*, Außervertragliche Gesellschafter- und Organwalterhaftung, S. 169.

856 Grundlegend *Ballerstedt*, AcP 151 (1950/51), 501 502; *Paulus*, Außervertragliche Gesellschafter- und Organwalterhaftung, S. 169.

857 *Kindler* in MüKo-BGB, Bd. 13, IntGesR, Rn. 651; *Mansel* in FS Schlosser, S. 556 ff.; *Schulz/Wasmeier*, RIW 2010, 657 664.

858 Art. 12 Abs. 1 Rom II-VO.

859 *Kadner Graziano*, RabelsZ 73 (2009) 1 63 f.

860 Vgl. *Jacob/Picht* in Rauscher, EuZPR/EuIPR, Art. 12 Rom II-VO, Rn. 9.

861 *Kadner Graziano*, RabelsZ 73 (2009) 1 65.

862 *Kindler* in MüKo-BGB, Bd. 13, IntGesR, Rn. 651 m. w. N.

863 *Kropholler*, IPR, § 32 I, S. 221; *Mansel* in FS Kropholler, S. 353.

864 Vgl. *Kropholler*, IPR, § 32 IV, S. 226; *Kegel/Schurig*, IPR, § 9 II, S. 381.

865 Statt aller siehe *Kindler* in MüKo-BGB, Bd. 13, IntGesR, Rn. 564.

der übertragenden Gesellschaft griechischen Rechts im hiesigen Beispiel, ob die unterlassene Offenlegung der im Ausland belegenen Vermögensgegenstände eine Pflichtverletzung im Rahmen der Vertragsverhandlungen darstellt.

Nach Art. 12 Abs. 1 Rom II-VO wird also an das Recht angeknüpft, das auf den Vertrag anzuwenden ist. Grundlage bei grenzüberschreitenden Verschmelzungen ist der gemeinsam aufgestellte Verschmelzungsplan.[866] Dessen Erstellung bedarf der gemeinsamen Handlung aller beteiligten Parteien.[867] Jede Partei unternimmt die erforderlichen Schritte, die zur Aufstellung des gemeinsamen, gleichlautenden Verschmelzungsplans beitragen.[868] Die Rechtmäßigkeit dieser Schritte wird nach dem Gesellschaftsstatut der jeweiligen Gesellschaft überprüft.[869] Damit aber der Verschmelzungsplan wirksam ist, müssen die vorgenommenen Schritte nach allen beteiligten Rechtsordnungen wirksam sein. Es gilt also das Recht beider Rechtsordnungen kumulativ.[870] Dies bezieht sich jedoch lediglich auf die Wirksamkeit des Verschmelzungsplans. Wie bereits ausgeführt, hat die Wirksamkeit des Hauptvertrags keinen Einfluss auf die Feststellung des Verschuldens bei Vertragsverhandlungen.[871] Es wird in solchen Fällen selbständig angeknüpft, losgelöst von jenem Rechtsverhältnis, mit dem die zu entscheidende Frage in Verbindung steht.[872] Im vorliegenden Beispiel obliegt die Offenlegung der vorhandenen Vermögensgegenstände der übertragenden Gesellschaft griechischen Rechts. Die übernehmende Gesellschaft deutschen Rechts stimmt, ausgehend von einem Vertrauensverhältnis, den Angaben der übertragenden Gesellschaft zu. Es ist also naheliegend, dass das Gesellschaftsstatut der Letzteren für Fragen bezüglich des Verschuldens aus Vertragsverhandlungen maßgeblich ist.

---

866 § 122c UmwG; siehe dazu noch *Drinhausen* in Semler/Stengel/Leonard, UmwG, § 122c, Rn. 1; *Holzborn/Mayston*, ZIP 2012, 2380 2381.

867 *Becker/Uxa* in HeidelKomm zum UmwG, § 122c, Rn. 1; *Hörtnagl* in Schmitt/Hörtnagl, UmwG/UmwStG, § 122c, Rn. 1; *Drinhausen* in Semler/Stengel/Leonard, UmwG, § 122c, Rn. 1; *Simon/Rubner* in KölnKomm zum UmwG, § 122c, Rn. 2.

868 *Holzborn/Mayston*, ZIP 2012, 2380 2381.

869 *Drinhausen* in Semler/Stengel/Leonard, UmwG, Einl. C, Rn. 16; *Göthel* in M&A-Transaktionen, § 29, Rn. 10.

870 *Krüger* in GS Gruson, S. 271.

871 Vgl. *Kadner Graziano*, RabelsZ 73 (2009) 1 63 f.

872 Siehe dazu bereits *Mansel* in FS Schlosser, S. 556.

c) Gesellschaftsrechtliche Fragen

Haben die Mitglieder eine organschaftliche Stellung in der Gesellschaft, so wird die Haftung gegenüber der Gesellschaft für ihr Tätigwerden gemäß Art. 1 Abs. 2 lit. f) Rom I-VO bzw. Art. 1 Abs. 2 lit. d) Rom II-VO aus dem Anwendungsbereich der Rom-Verordnungen ausgeschlossen. Folglich greift also das nationale autonome Recht. Im Hinblick auf das hier verwendete Beispiel ist dies wenig problematisch. Es handelt sich um Gesellschaften, die im Binnenmarkt gegründet wurden, sodass auf das Recht des Gründungsorts abzustellen ist. Grundsätzlich richten sich alle Fragen nach dem Wirksamwerden der Verschmelzung nach dem Gesellschaftsstatut der aus der Verschmelzung hervorgehenden Gesellschaft. Die Übertragung des Vermögensgegenstandes ist jedoch auf die Verhandlungsphase der Verschmelzung zurückzuführen und sie fand nach dem Gesellschaftsstatut der übertragenden Gesellschaft statt. Das Gesellschaftsstatut der übernehmenden Gesellschaft bestätigte die Übertragung.

Fraglich ist aber, nach welchem Gesellschaftsstatut sich die Haftung der Organmitglieder richtet. In Betracht käme zum einen das Gesellschaftsstatut der untergegangenen Gesellschaft, der sie angehörten und zum anderen das Gesellschaftsstatut der aus der Verschmelzung hervorgehenden Gesellschaft, deren Gesellschafter sie nunmehr sind. Die Pflichtverletzung erfolgte im Rahmen der Organtätigkeit der Gesellschafter, sodass es naheliegend erscheint, die Frage nach der Haftbarkeit dem Gesellschaftsstatut jener Gesellschaft zu unterstellen, die die Gesellschafter vertreten haben. Andererseits spricht viel dafür, dass das Gesellschaftsstatut der aus der Verschmelzung hervorgehenden Gesellschaft zur Anwendung kommt. Zum einen ist noch die bei grenzüberschreitenden Verschmelzungsvorgängen grundsätzlich anzuwendende modifizierte Vereinigungstheorie zu beachten. Danach wird die Verschmelzung in Phasen unterteilt und für jede Phase wird bestimmt, welches Gesellschaftsstatut zur Anwendung kommt. Die Phase von dem Wirksamwerden der Verschmelzung an richtet sich nach dem Gesellschaftsstatut der aus der Verschmelzung hervorgehenden Gesellschaft.

Zum anderen ist die übertragende Gesellschaft bereits aufgelöst. Um ihre Ansprüche gegenüber deren Organmitgliedern durchzusetzen, müsste eine Restgesellschaft im Wege eines Wiederauflebens der untergegangenen Gesellschaft ins Leben gerufen werden. Wie dies zu erfolgen hätte, müsste das Gesellschaftsstatut der aufgelösten Gesellschaft bestimmen. All dies kann jedoch vermieden werden, da die aus der Verschmelzung hervorgehende Gesellschaft als Rechtsnachfolgerin der untergegangenen Gesellschaft wahrgenommen wird. So tritt sie anstelle der Letzteren in deren Rechte und Pflichten ein, sodass jegliche Ansprüche, die sonst der übertragenden Gesellschaft zustünden, nunmehr der aufnehmenden zustehen. In dem vorliegenden Beispiel wäre also das Gesellschaftsstatut der aufnehmenden Gesellschaft deutschen Rechts maßgeblich. Aufgrund der im Binnenmarkt bestehenden Niederlassungsfreiheit und der dort enthaltenen Sachnormverweisung wäre dann deutsches materielles Recht anzuwenden.

3. Ergebnis

Im Ergebnis ist somit festzuhalten, dass nicht jede Frage in Bezug auf die Haftung, die sich aus gesellschaftsrechtlichen Konstellationen ergibt, aus dem Bereich der Rom-Verordnungen ausgeschlossen ist. Ausgangspunkt ist das Unionsrecht, in diesem Fall das sekundäre Unionsrecht in der Form der Rom-Verordnungen. Dieses bestimmt, welche Sachverhalte unter seinen Anwendungsbereich fallen, und welche ausgeschlossen werden. Nur beim Ausschluss der Anwendung der einschlägigen Verordnungen kommen das nationale autonome Recht und das dort geregelte Gesellschaftsstatut in Betracht.

Fragen, die sich unmittelbar auf die Gründung, innere Verfassung und Auflösung der Gesellschaft beziehen, unterliegen zwangsläufig dem maßgeblichen Gesellschaftsstatut, jeweils unter Beachtung der Grundsätze der modifizierten Vereinigungstheorie bei grenzüberschreitenden Verschmelzungen. Haftungsfragen, die währenddessen entstehen, können aber unter Umständen vertraglich oder deliktisch bzw. quasi-deliktisch qualifiziert werden. In diesem Fall können die Parteien das darauf anwendbare Recht wählen. Bei vertraglich qualifizierten Sachverhalten kann dies jederzeit, ausdrücklich oder stillschweigend erfolgen. Bei Delikten ist eine Rechtswahl ausschließlich *ex ante* möglich.[873] Mit der Rechtswahlmöglichkeit werden Qualifikationsprobleme erspart, zumal wenn es nicht eindeutig ist, ob das Gesellschaftsstatut der aufgelösten oder das der aus der Verschmelzung hervorgegangenen Gesellschaft maßgeblich sein sollte. Das jeweils maßgebliche Gesellschaftsstatut kommt nur dann zur Anwendung, wenn bei fehlender Rechtswahl nach objektiver Anknüpfung daran akzessorisch angeknüpft wird.

---

873 Siehe Art. 14 Abs. 1 a) Rom II-VO. Da die Parteien mit der Verschmelzung keiner kommerziellen Tätigkeit nachgehen, ist eine Rechtswahl gemäß Art. 14 Abs. 1 lit. b) Rom II-VO vor dem Schadenseintritt nicht möglich.

V. Fragen betreffend den Schutz der Anteilsinhaber

1. Darlegung der Problematik

Die Verschmelzung – sei sie auf nationaler oder internationaler Ebene – hat Auswirkungen auf die Mitglieder der an dem Verschmelzungsvorgang beteiligten Gesellschaften. Zum einen werden die Mitglieder der übertragenden Gesellschaft unter Umständen gegen ihren Willen Gesellschafter einer anderen Gesellschaft. Zum anderen birgt die Anteilsgewährung im Zuge der Verschmelzung die Gefahr, dass die Anteilsinhaber der übertragenden Gesellschaft einen Wertverlust erleiden, indem ihnen Anteile mit einem niedrigeren Wert gewährt werden, der dem Wert der bisher gehaltenen Anteile nicht entspricht. Hierfür stehen den Mitgliedern der beteiligten Gesellschaften einerseits das Recht auf Verbesserung des Umtauschverhältnisses der ihnen zu gewährenden Anteile an der neuen Gesellschaft zu und andererseits das Recht auf die Auszahlung einer Barabfindung beim Ausscheiden, wenn sie gegen die Verschmelzung ihren Widerspruch erklärt haben.[874]

Mangels expliziter Regelungen erweist sich die Schutzgewährung für die Gesellschafter der an der Verschmelzung beteiligten Gesellschaften als problematisch.[875] Zum einen hält die GesRiLi, die der Harmonisierung der Verschmelzungen zwischen Kapitalgesellschaften aus den Mitgliedstaaten dient, keine ausdrückliche Regelung zum Schutz der Rechte der (Minderheits-)Gesellschafter bereit.[876] Sie enthält lediglich den Anreiz, Regelungen zu treffen und verweist auf innerstaatliche Schutzmechanismen, die immer dann anzuwenden sind, wenn auch die andere Rechtsordnung entsprechende Verfahren kennt oder die Gesellschafter der dieser Rechtsordnung unterliegenden Gesellschaft solchen Verfahren ausdrücklich zustimmen.[877] Diese mangelnde Harmonisierung bietet keinen ausreichenden Schutz der Interessen der (Minderheits-)Gesellschafter der an der Verschmelzung beteiligten Kapitalgesellschaften. Zum anderen sind Verschmelzungsvorgänge unter Beteiligung von Personengesellschaften zwar vom Anwendungsbereich der Niederlassungsfreiheit erfasst, dennoch sind die Durchführung sowie die Regelung der Einzelschritte einschließlich des Schutzes der Rechte der Gesellschafter den Mitgliedstaaten überlassen.[878]

---

874 Ausführlich dazu *Müller*, Der Konzern 2007, 81 82 ff.

875 Vgl. *Vossius*, DNotV, Schreiben v. 20.06.2017, S. 3.

876 Vgl. *Teichmann*, NZG 2019, 241 243.

877 Siehe Art. 121 Abs. 2 GesRiLi.

878 *J. Schmidt*, Cross-border mergers and divisions, 2016, S. 11.

2. Kollisionsrechtliche Regelungen auf Unionsebene

a) Primärrecht

Primärrechtlich wird der Schutz der Minderheitsgesellschafter nicht explizit statuiert. Er fällt aber unter die ungeschriebenen Tatbestände der Art. 49 i. V. m. 54 AEUV bezüglich der Niederlassungsfreiheit im Binnenmarkt.[879] Demgemäß darf diese grundsätzlich durch die in den mitgliedstaatlichen Rechtsordnungen geltenden Normen nicht beschränkt werden. Ausnahmsweise kann die Niederlassungsfreiheit der juristischen Personen im Binnenmarkt aber dann eingeschränkt oder sogar verwehrt werden, wenn wichtige Gründe vorliegen, die eine solche Beschränkung rechtfertigen könnten.[880] Dies ist insbesondere dann der Fall, wenn eine Gesellschaft von ihrem Recht auf Niederlassungsfreiheit Gebrauch macht und dabei das Interesse des Allgemeinwohls sowie Rechte Dritter gefährdet werden.[881] Dritte in diesem Sinne sind Gläubiger, Gesellschafter oder Arbeitnehmer der an dem grenzüberschreitenden Vorgang beteiligten Gesellschaften, deren Interessen durch diesen Vorgang – sei dieser eine Sitzverlegung über die Grenze hinweg oder eine grenzüberschreitende Verschmelzung – beeinflusst werden.[882] Vorliegend richtet sich das Augenmerk auf die Rechte der Minderheitsgesellschafter.

Der EuGH hat in seinen Leitentscheidungen zum internationalen Gesellschaftsrecht im Binnenmarkt stets geprüft, ob Rechte der vorgenannten Personengruppen bei der Ausübung des Niederlassungsfreiheitsrechts der Gesellschaft hinreichend berücksichtigt worden sind und ob die Niederlassungsfreiheit der

879 Calliess/Ruffert/*Korte*, AEUV, Art. 49, Rn. 8.

880 EuGH, Urteil v. 25.10.2017 – C-106/16, Polbud – Wykonawstwo sp. z o.o, Rn. 40; EuGH, Urteil v. 12.7.2012 – Rs. C-378/10, VALE, Rn. 39; EuGH, Urteil v. 13.12.2005 – Rs. C-411/03, SEVIC Systems AG, Slg. 2005, I-10805, Rn. 28 f.; EuGH, Urteil v. 5.11.2002 – Rs C-208/00, Überseering, Slg. 1999, I – 1459, Rn. 92; EuGH, Urteil v. 9.3.1999 – Rs. C-212/97, Centros, Rn. 34; vgl. *Kindler*, NZG 2018, 1 5; *Hübner*, LMK 2017, 400167; *Mansel/Thorn/Wagner*, IPRax 2013, 1 3.

881 EuGH, Urteil v. 9.3.1999 – Rs. C-212/97, Centros, Slg. 1999, I-1459 Rn. 34; EuGH, Urteil v. 5.11.2002 – Rs. C-208/00, Überseering, Slg. 2002, I-9919 Rn. 92; EuGH, Urteil v. 30.9.2003 – Rs. C-167/01, Inspire Art, Slg. 2003, I-10 155, Rn. 135; Grabitz/Hilf/Nettesheim/*Forsthoff*, Art. 54 AEUV, Rn. 45; *Behme*, NZG 2012, 936 938.

882 Streinz/*Müller-Graff*, AEUV Art. 49, Rn. 86 m. w. N.; *Kindler*, NZG 2018, 1 5; *Papadopoulos*, EBLR 2012, 571 537.

betroffenen Gesellschaft berechtigterweise beschränkt werden darf.[883] Dennoch wurden den Mitgliedstaaten keine konkreten Maßnahmen vorgeschrieben, wie die vorgenannten Personengruppen zu schützen sind. Auch in diesem Fall wurde es ihnen überlassen, entsprechende Regelungen zu treffen.[884] Daher bestehen keine unionsrechtlichen Vorgaben zum Schutz der Gesellschafter im Zuge einer grenzüberschreitenden Verschmelzung im Binnenmarkt. Vielmehr hängt es von den mitgliedstaatlichen Rechtsordnungen ab, welche Schutzmechanismen sie den Minderheitsgesellschaftern zur Verfügung stellen.

b) Sekundärrecht

Nach aktueller Rechtslage sind die grenzüberschreitenden Verschmelzungen von Kapitalgesellschaften im Binnenmarkt im Rahmen der GesRiLi harmonisiert, deren Regelungen in den mitgliedstaatlichen Rechtsordnungen umgesetzt worden sind. Der Schutz der (Minderheits-)Gesellschafter wird also von den Sachnormen des für die betroffene Gesellschaft maßgeblichen Gesellschaftsstatuts geregelt.[885] Schutzmechanismen zugunsten der Minderheitsgesellschafter werden zwar nicht explizit genannt. Ein Indiz für die Schutzgewährleistung an die Gesellschafter der an der Verschmelzung beteiligten Gesellschaften liefern jedoch Art. 121 Abs. 2 Satz 2 sowie Art. 127 Abs. 3 GesRiLi.[886]

Gemäß Art. 121 Abs. 2 Satz 2 GesRiLi ist es den Mitgliedstaaten gestattet, Vorschriften zu erlassen, um einen angemessenen Schutz der Minderheitsgesellschafter, die die grenzüberschreitende Verschmelzung abgelehnt haben, zu gewährleisten. Die Formulierung dieser Regelung räumt ihnen einen Ermessensspielraum ein, was die Gewährleistung eines angemessenen Schutzes für jene Gesellschafter betrifft, die die Verschmelzung abgelehnt haben.[887] Infolgedessen sind sie frei zu bestimmen, wie die Minderheitsgesellschafter geschützt werden.

---

883 EuGH, Urteil v. 9.3.1999 – Rs. C-212/97, Centros, Slg. 1999, I-1459 Rn. 34; EuGH, Urteil v. 5.11.2002 – Rs. C-208/00, Überseering, Slg. 2002, I-9919 Rn. 92; EuGH, Urteil v. 30.9.2003 – Rs. C-167/01, Inspire Art, Slg. 2003, I-10 155, Rn. 135.

884 Vgl. *J. Schmidt*, ZVglRWiss 116 (2017) 313 329 m. w. N.

885 Vgl. statt vieler *Martiny* in MüKo-BGB, Bd. 13, Art. 1 Rom I-VO, Rn. 66 ff.

886 *Bayer* in Lutter, UmwG, § 122i, Rn. 1; *Drygala/Bressensdorf*, NZG 2016, 1161 1162; *Kallmeyer/Kappes*, AG 2006, 224 233.

887 Siehe Art. 121 Abs. 2 Satz 2 GesRiLi; deutsche Fassung: „Ein Mitgliedstaat […] *kann* Vorschriften erlassen […]“; englische Fassung: „A Member State *may* […] adopt provisions […]“ (Hervorgehoben durch die Verfasserin); vgl. *J. Schmidt*, Cross-border mergers and divisions, 2016, S. 19.

Dies hat dementsprechend dazu geführt, dass im Binnenmarkt uneinheitliche Regelungen im Hinblick auf den Schutz der Gesellschafter gelten, welche der grenzüberschreitenden Verschmelzung widersprochen haben; diese reichen von fehlenden Bestimmungen bis hin zum umfassenden Schutz der Gesellschafter.[888]

Ein weiteres Indiz für den Schutz der Minderheitsgesellschafter im Rahmen der GesRiLi sieht deren Art. 127 Abs. 3 vor. Danach können die Gesellschafter einer an der Verschmelzung beteiligten Gesellschaft nur dann von den Schutzverfahren Gebrauch machen, die nach dem für diese Gesellschaft maßgeblichen Recht vorgesehen sind, wenn das Recht der anderen an der Verschmelzung beteiligten Gesellschaft solche Verfahren nicht vorsieht und deren Gesellschafter der Inanspruchnahme der vorgenannten Schutzmechanismen durch die Gesellschafter der erstgenannten Gesellschaft ausdrücklich zugestimmt haben. Daher stehen den Gesellschaftern einer an der Verschmelzung beteiligten Gesellschaft Schutzmechanismen nur bedingt zur Verfügung, auch wenn ihre Rechtsordnung Regelungen für ihren Schutz getroffen hat.[889]

c) Nationale Schutzvorschriften

Fragen betreffend die Mitgliedschaftsrechte unterliegen dem Gesellschaftsstatut der Gesellschaft, die für den jeweiligen Schritt im Zusammenhang mit den Mitgliedschaften zuständig ist.[890] Bei einer grenzüberschreitenden Verschmelzung obliegt die Ausgabe neuer Anteile der übernehmenden Gesellschaft. Daher richten sich Fragen, die mit der Anteilsgewährung einhergehen, nach dem Gesellschaftsstatut der übernehmenden bzw. aus der Verschmelzung hervorgehenden Gesellschaft. Die Annahme der bzw. der Verzicht auf die Anteilsgewährung sowie eventuelle Beanstandungen diesbezüglich werden von den Gesellschaftern der übertragenden Gesellschaft vorgenommen. Daher ist das Gesellschaftsstatut der übertragenden Gesellschaft für solche Fragen maßgeblich, die die Annahme

888 Vgl. *J. Schmidt*, Cross-border mergers and divisions, 2016, S. 19; keinen Schutz für Minderheitsgesellschafter sieht das Recht des Vereinten Königreichs vor, vgl. *Bech-Bruun, Bech-Bruun*, Study on the Application of the Cross-border Mergers Directive, 2013, UK-10, S. 943; einen umfassenden Schutz sieht die deutsche sowie die griechische Rechtsordnung vor; dazu siehe *Bech-Bruun, Bech-Bruun*, Study on the Application of the Cross-border Mergers Directive, 2013, DE-8, S. 453 für Deutschland sowie EL-8, S. 478 für Griechenland [zuletzt aufgerufen am 28.02.2020].

889 *Lutter/Bayer/J. Schmidt*, EU-Unternehmens- und KapitalmarktR, Rn. 23.135.

890 Vgl. statt vieler *Martiny* in MüKo-BGB, Bd. 13, Art. 1 Rom I-VO, Rn. 66 ff.

der bzw. den Verzicht auf die Anteile sowie die eventuelle Verbesserung des ermittelten Umtauschverhältnisses der übernehmenden Gesellschaft betreffen.

Entsprechendes gilt auch für Fälle bezüglich der Abfindungszahlung an die ausscheidenden Gesellschafter. Während für die ausscheidenden Gesellschafter der übernehmenden Gesellschaft ihr Gesellschaftsstatut Anwendung findet, ist die Ermittlung des maßgeblichen Rechts für die Abfindungszahlung im Hinblick auf die Gesellschafter der übertragenden Gesellschaft problematisch. Der Anspruch richtet sich zwar an die übertragende Gesellschaft, er geht aber mit dem Wirksamwerden der Verschmelzung und der Übertragung des gesamten Vermögens im Wege der Gesamtrechtsnachfolge an die übernehmende Gesellschaft über. Dies ist dann problematisch, wenn die beteiligten Rechtsordnungen diesbezüglich unterschiedliche Verfahren vorsehen, die das Schicksal der Abfindungszahlung beeinträchtigen können.

i) Verbesserung des Umtauschverhältnisses (§ 122h UmwG)

Aus deutscher Sicht steht den Gesellschaftern der übertragenden Kapitalgesellschaft zum einen die Möglichkeit nach § 122h UmwG zu, das ermittelte Umtauschverhältnis im Hinblick auf die Gewährung der Anteile an der übernehmenden Gesellschaft gerichtlich verbessern zu lassen.[891] Auch diese Norm ist wie oben ausgeführt *lex specialis* im Vergleich zu § 29 UmwG.[892]

Damit die Anteilsinhaber der übertragenden Gesellschaft deutschen Rechts vom nach deutschem Recht geltenden Spruchverfahren Gebrauch machen dürfen, muss die ausländische Rechtsordnung der übernehmenden Gesellschaft ein dem deutschen Spruchverfahren entsprechendes Verfahren für ihre innerstaatlichen Verschmelzungsvorgänge kennen.[893] Das nach deutschem Recht geltende Spruchverfahren gibt den Minderheitsgesellschaftern die Möglichkeit, ihr Anliegen gerichtlich durchzusetzen.[894] Dabei ist ferner zu beachten, dass das Spruchverfahren nach deutschem Recht keine Verschlechterung des bereits ermittelten Umtauschverhältnisses (*reformatio in peius*) kennt.[895]

Die ausländische Rechtsordnung, nach der die übernehmende ausländische Gesellschaft den Anteilsinhabern der deutschen übertragenden Gesellschaft

---

891 § 122a Abs. 2 UmwG; vgl. *Marsch- Barner/Wilk* in Kallmeyer, UmwG, § 122h, Rn. 5.
892 § 122a Abs. 2 UmwG; *Bayer* in Lutter, UmwG, § 122a, Rn. 30.
893 Statt aller vgl. *Drinhausen* in Semler/Stengel/Leonard, UmwG, § 122h, Rn. 5; siehe auch *Herrler*, EuZW 2007, 295 296; *Haritz/v. Wolff*, GmbHR 2006 340 342.
894 *Simon/Rubner* in KölnKomm zum UmwG, § 122h, Rn. 7.
895 Vgl. *Klein*, RNotZ 2007, 565 598.

Anteile gewähren muss und dementsprechend vom deutschen Spruchverfahren unmittelbar betroffen wird, muss ein vergleichbares gerichtliches Verfahren für die Verbesserung des Umtauschverhältnisses vorsehen, das ähnliche Rechtsfolgen auslöst, wie das deutsche Spruchverfahren.[896] Der Wert des Umtauschverhältnisses soll nämlich in einem Gerichtsverfahren aufgestockt werden, ohne dabei die Durchführung der Verschmelzung zu beeinträchtigen. Sieht hingegen die ausländische Rechtsordnung kein gerichtliches Verfahren zur Überprüfung des ermittelten Umtauschverhältnisses vor, das zum einen die Verschlechterung des bereits ermittelten Werts untersagt und zum anderen die Durchführung der Verschmelzung nicht blockiert, so müssen die Gesellschafter der ausländischen Gesellschaft in dem Verschmelzungsbeschluss ihre ausdrückliche Zustimmung zur Inanspruchnahme des deutschen Spruchverfahrens zur Verbesserung des Umtauschverhältnisses durch die Gesellschafter der deutschen übertragenden Gesellschaft erteilen.[897] Wird die Zustimmung hingegen nicht erteilt, was der Regelfall sein dürfte,[898] so bleibt den Anteilsinhabern der übertragenden Gesellschaft deutschen Rechts die Möglichkeit, eine Anfechtungsklage gegen den Verschmelzungsbeschluss zu erheben und das zu niedrig bemessene Umtauschverhältnis zu rügen.[899]

Unterliegt die übernehmende Gesellschaft deutschem Recht, so ist die Durchführung eines Spruchverfahrens zugunsten der Anteilsinhaber der ausländischen übertragenden Gesellschaften vor deutschen Gerichten immer dann möglich, wenn die ausländische Rechtsordnung ein, wie oben ausgeführt, entsprechendes Verfahren zur Kontrolle und Änderung des Umtauschverhältnisses ebenfalls kennt und die internationale Zuständigkeit deutscher Gerichte vorliegt.[900] Damit wird aber kein materiell-rechtlicher Anspruch auf bare Zuzahlungen begründet.[901] Vielmehr handelt es sich um eine Regelung zur Erleichterung

896 Zu Länderberichten hierzu vgl. *Winter*, GmbHR 2008, 532 534 ff.

897 *Müller*, ZIP 2007, 1081 1086.

898 Vgl. *Vossius*, DNotV, Schreiben v. 20.06.2017, S. 3; *Drygala/Bressensdorf*, NZG 2016, 1161 1162.

899 Vgl. *Marsch-Barner/Wilk* in Kallmeyer, UmwG, § 122h, Rn. 4; so auch *Simon/Rubner* in KölnKomm zum UmwG, § 122h, Rn. 13.

900 *Bayer* in Lutter, UmwG, § 122h, Rn. 8 f.; *Hörtnagl* in Schmitt/Hörtnagl, UmwG/UmwStG, § 122h, Rn. 12; *Polley* in Henssler/Strohn, GesR, § 122h UmwG, Rn. 11; *Müller*, Der Konzern 2007, 81 85.

901 *Bayer* in Lutter, UmwG, § 122h, Rn. 27; *Weppner*, RIW 2011, 144 145.

der Durchführung der verfahrensrechtlichen Schritte.[902] Ob und in welchem Umfang ein solcher Anspruch begründet wird, richtet sich jedoch nach dem Gesellschaftsstatut der ausländischen Gesellschaft.[903]

ii) Abfindungsangebot im Verschmelzungsplan (§ 122i UmwG)

Ausscheidenden Gesellschaftern sowohl der übernehmenden als auch der übertragenden Gesellschaft wird der Anspruch auf Abfindungszahlung gemäß § 122i UmwG eingeräumt.[904] Auch diese Norm ist wie oben ausgeführt *lex specialis* im Vergleich zu § 29 UmwG.[905] § 122i UmwG findet dann Anwendung, wenn eine Gesellschaft deutschen Rechts in eine Gesellschaft ausländischen Rechts verschmolzen wird, also in den sog. Hinausverschmelzungsfällen.[906] Den Gesellschaftern der übertragenden Gesellschaft deutschen Rechts, die aufgrund der grenzüberschreitenden Verschmelzung aus dieser ausscheiden wollen, kann ein Angebot unterbreitet werden, ihre Anteile gegen Barabfindung zu erwerben. Niemandem soll nämlich eine Änderung des Rechtsträgers aufgezwungen werden.[907] Adressat dieser Regelung ist die übertragende Gesellschaft deutschen Rechts, aus der die Anteilsinhaber ihren Austrittswillen zur Niederschrift erklärt haben.[908] Freilich ist zu beachten, dass die Änderung des Rechtsträgers erst mit dem Wirksamwerden der Verschmelzung stattfindet.[909] Der Schuldner des Abfindungsangebots – die übertragende Gesellschaft – wird mit dem Wirksamwerden der Verschmelzung automatisch aufgelöst und alle Ansprüche, die gegen ihn gerichtet sind, gehen im Wege der Gesamtrechtsnachfolge auf den neuen Rechtsträger über.[910] Mit anderen Worten statuiert § 122i UmwG zwar die Pflicht der übertragenden Gesellschaft deutschen Rechts, ihren ausscheidenden Gesellschaftern eine angemessene Abfindung auszuzahlen, diese Pflicht trifft jedoch im Ergebnis die aus der Verschmelzung hervorgehende Gesellschaft ausländischen Rechts.

---

902 BT-Ds. 584/06, 34 f.; siehe dazu noch *Simon/Rubner* in KölnKomm zum UmwG, § 122h, Rn. 22.

903 *Bayer* in Lutter, UmwG, § 122h, Rn. 27.

904 *Bayer* in Lutter, UmwG, § 122i, Rn. 4 ff.

905 *Drinhausen* in Semler/Stengel/Leonard, UmwG, § 122i, Rn. 2.

906 *Simon/Rubner* in KölnKomm zum UmwG, § 122i, Rn. 2.

907 Vgl. *Marsch-Barner/Wilk* in Kallmeyer, UmwG, § 122i, Rn. 2.

908 *Marsch-Barner/Wilk* in Kallmeyer, UmwG, § 122i, Rn. 4.

909 *Haritz/v. Wolff*, GmbHR 2006 340 342; *Müller*, Der Konzern 2007, 81 86.

910 Vgl. *Klein*, RNotZ 2007, 565 600.

Im Übrigen ist auf die obigen Ausführungen zur Verbesserung des Umtauschverhältnisses zu verweisen.[911] Die auszuscheidenden Gesellschafter der übertragenden Gesellschaft deutschen Rechts können gemäß § 122i Abs. 2 Satz 1 UmwG vom nach deutschem Recht geltenden Spruchverfahren Gebrauch machen und den Anspruch auf ein angemessenes Abfindungsangebot geltend machen, sofern die an der Verschmelzung beteiligte ausländische Gesellschaft ebenfalls ein Verfahren zur Abfindung von Minderheitsgesellschaftern kennt. Falls dies nicht der Fall ist, muss die ausdrückliche Zustimmung der Gesellschafter der ausländischen Gesellschaft vorliegen. Im Gegensatz zu der Parallelvorschrift § 122h UmwG bezüglich der Verbesserung des Umtauschverhältnisses wird jedoch in diesem Fall nicht vorausgesetzt, dass das ausländische Verfahren zur Kontrolle und Änderung des unterbreiteten Barabfindungsangebots ein – wie nach dem deutschen Spruchverfahren – gerichtliches Verfahren ist. Hierfür ist nämlich irgendein Verfahren zum Zwecke der Kontrolle und Änderung des unterbreiteten Barabfindungsangebots ausreichend.[912] Liegen die ausgeführten Voraussetzungen nicht vor, so bleibt den Gesellschaftern der übertragenden Gesellschaft deutschen Rechts der Wege der Anfechtungsklage, der sonst bei Anwendung des Spruchverfahrens versperrt wäre.[913]

Für die auszuscheidenden Anteilsinhaber der ausländischen übertragenden Gesellschaft gilt entsprechend der Parallelvorschrift § 122h UmwG das Spruchverfahren, soweit deren Gesellschaftsstatut ein Verfahren zur Abfindung der Minderheitsgesellschafter kennt und die internationale Zuständigkeit deutscher Gerichte vorliegt.[914] Dennoch wird auch in diesem Fall kein Anspruch für die Anteilsinhaber der ausländischen übertragenden Gesellschaft begründet, sondern lediglich das Recht, vor einem deutschen Gericht ihren Anspruch auf Barabfindung geltend zu machen.[915] Das Vorliegen eines solchen Rechts sowie

---

911 § 122i UmwG gilt als Parallelvorschrift zu § 122h UmwG; hierzu vgl. *Bayer* in Lutter, UmwG, § 122i, Rn. 3; *Drinhausen* in Semler/Stengel/Leonard, UmwG, § 122i, Rn. 1; *Simon/Rubner* in KölnKomm zum UmwG, § 122i, Rn. 2; *Müller*, Der Konzern 2007, 81 85.

912 *Simon/Rubner* in KölnKomm zum UmwG, § 122i, Rn. 12.

913 Statt aller vgl. *Marsch-Barner/Wilk* in Kallmeyer, UmwG, § 122i, Rn. 7; *Oechsler*, NZG 2006, 161 164.

914 § 122i Abs. 2 S. 2 UmwG; vgl. *Bayer* in Lutter, UmwG, § 122i, Rn. 30 f.

915 *Marsch-Barner/Wilk* in Kallmeyer, UmwG, § 122i, Rn. 7; zur Zuständigkeit für die Abfindungsklage EuGH, Urteil v. 07.03.2018 – C-560/16, Rs. E.ON Czech Holding AG. /. Michael Dedouch, Petr Streitberg, Pavel Suda = BeckRS 2018, 2500 mit Anm. *Mankowski*, LMK 2018, 405156.

dessen Umfang richten sich nach dem Gesellschaftsstatut der übertragenden Gesellschaft ausländischen Rechts.[916]

iii) Zwischenergebnis

Damit also die vorgenannten Schutzmaßnahmen für die Minderheitsgesellschafter der deutschen übertragenden Gesellschaft greifen, ist es erforderlich, dass entweder die übernehmende oder die neu gegründete Gesellschaft ausländischen Rechts ein vergleichbares – im Falle des § 122h UmwG ein gerichtliches – Verfahren kennt oder – falls die ausländische Rechtsordnung, der die aus der Verschmelzung hervorgehende Gesellschaft unterliegt, ein entsprechendes Verfahren nicht kennt – die Gesellschafter der übernehmenden Gesellschaft der Heranziehung des nach deutschem Recht geltenden Verfahrens ausdrücklich im Verschmelzungsplan zustimmen. § 122h Abs. 1 sowie § 122i Abs. 1 UmwG verweisen somit auf das Recht der aus der Verschmelzung hervorgehenden Gesellschaft, um beantworten zu können, ob die Gesellschafter der übertragenden Gesellschaft deutschen Rechts ihre Ansprüche im Wege des Spruchverfahrens nach dem deutschen Recht durchsetzen können, während die Verschmelzung ungehindert ins Handelsregister eingetragen werden kann.

Daraus lässt sich folgern, dass der Schutz der Minderheitsgesellschafter im Rahmen der nationalen Vorschriften des jeweiligen Mitgliedstaates statuiert wird, dessen Recht die Gesellschaft, der die Minderheitsgesellschafter angehören, unterliegt. Damit die Schutzvorschriften nach deutschem Recht greifen können, muss der zu gewährende Schutz von dem Recht derjenigen Gesellschaft bestätigt werden, die einerseits den Schutz gewähren muss und andererseits von dem Ergebnis des in den Schutzbestimmungen vorgesehenen Verfahrens unmittelbar betroffen wird. Der Schutz der Gesellschafter bedarf also der gemeinsamen Handlung der unmittelbar involvierten Gesellschaften, nämlich sowohl der übertragenden Gesellschaft deutschen Rechts als auch der aus der Verschmelzung hervorgehenden Gesellschaft ausländischen Rechts, die schlussendlich aus wirtschaftlicher Sicht von diesem Verfahren unmittelbar betroffen wird.[917]

Können hingegen die Rechtsordnungen, deren Recht kumulativ anzuwenden ist, keine Vergleichbarkeit hinsichtlich des geltenden Schutzverfahrens aufweisen und liegt dementsprechend die ausdrückliche Zustimmung der Gesellschafter der aus der Verschmelzung hervorgehenden Gesellschaft ausländischen Rechts nicht vor, so entfällt die Möglichkeit für die Gesellschafter der übertragenden

---

916 *Marsch-Barner/Wilk* in Kallmeyer, UmwG, § 122i, Rn. 8.

917 So bereits *Geyrhalter/Weber*, DStR 2006, 146 147.

Gesellschaft deutschen Rechts, ein angemessenes Abfindungsangebot oder eine Verbesserung des Umtauschverhältnisses im Rahmen des Spruchverfahrens erzielen zu können. Sofern die Vorschriften des Spruchverfahrens nicht herangezogen werden können, bleibt der Weg zur Durchsetzung der Ansprüche im Wege einer Anfechtungsklage, der sonst verwehrt wäre. Dies hat aber zur Folge, dass die Eintragung der Verschmelzung ins Handelsregister und die Ausstellung der Bescheinigung nach § 122k UmwG verwehrt werden. Infolgedessen wird das Wirksamwerden der Verschmelzung so lange blockiert, bis das gerichtliche Verfahren beendet ist.[918]

3. Auswirkungen für die Praxis

In der Praxis bedeutet dies für die Gesellschafter der deutschen übertragenden Gesellschaft nicht, dass ihre Interessen ungeschützt bleiben. Vielmehr steht ihnen der Weg offen, ihre Ansprüche im Wege der Anfechtungsklage durchzusetzen, die ursprünglich aufgrund der Anwendung des Spruchverfahrens ausgeschlossen war.[919] Für die an der Verschmelzung beteiligten Gesellschaften bedeutet es hingegen, dass die Verschmelzung aufgrund der mit der Anfechtungsklage einhergehenden Registersperre so lange nicht ins zuständige Handelsregister eingetragen werden kann, bis das gerichtliche Verfahren zur Verbesserung des Umtauschverhältnisses oder zur Rüge des zu niedrig bemessenen Abfindungsangebots nicht abgeschlossen ist.[920] So wird die Durchführung der Verschmelzung aufgrund der mit der Anfechtungsklage verbundenen Registersperre verhindert.[921]

Der Minderheitsgesellschafterschutz wird allenfalls durch die Anfechtungsklage gegen den Verschmelzungsbeschluss sichergestellt.[922] Diese wird nach den Voraussetzungen und Fristen des Gesellschaftsstatuts der übertragenden Gesellschaft deutschen Rechts erhoben, also vor dem Wirksamwerden der Verschmelzung, sodass das Gesellschaftsstatut der übernehmenden Gesellschaft nicht mehr eingreift. Dass der Verschmelzungsvorgang dadurch beeinträchtigt wird, ist auf Unionsebene nicht zu beanstanden. Von den Mitgliedstaaten wird

918 So auch *Klein*, RNotZ 2007, 565 600.
919 *Marsch-Barner/Wilk* in Kallmeyer, UmwG, § 122h, Rn. 4.
920 *Klein*, RNotZ 2007, 565 600.
921 Vgl. *Marsch-Barner/Wilk* in Kallmeyer, UmwG, § 122h, Rn. 4.
922 § 14 UmwG.

gefordert, die Interessen der Minderheitsgesellschafter zu schützen.[923] Wie dies geschieht, wird ihnen jedoch nicht vorgeschrieben.

Die Gewährung des Gesellschafterschutzes ist also auf materiell-rechtlicher Ebene und im Hinblick auf die Durchführung des Verschmelzungsvorgangs problematisch. Die Durchführung der Verschmelzung kann nämlich unter Umständen infolge der Schutzgewährung blockiert werden. Dadurch wird klar, wie unübersichtlich die Rechtslage bezüglich der Gewährung des Minderheitsgesellschafterschutzes ist. Damit wird noch einmal das Bedürfnis verdeutlicht, unionsweit eine einheitliche Regelung in diesem Bereich zu treffen.[924] Die Verhinderung der Durchführung der Verschmelzung durch Blockierungen in Bezug auf die Gewährung des Schutzes für die betroffenen Minderheitsgesellschafter steht nämlich dem Ziel der GesRiLi entgegen, die reibungslose Durchführung der grenzüberschreitenden Verschmelzungen zwischen Kapitalgesellschaften zu erleichtern.[925]

Auch auf kollisionsrechtlicher Ebene ist es unübersichtlich, welches Recht auf den zu gewährenden Schutz anwendbar ist. Es gibt keinen einheitlichen rechtlichen Rahmen, der europaweit die Interessen der Minderheitsgesellschafter schützt. Jeder Mitgliedstaat hat nämlich eigene Schutzvorschriften, die – je nach dem – strengere, mildere oder keine Anforderungen zum Schutz der Minderheitsgesellschafter stellen. Infolgedessen ist die Gewährung des Schutzes zum einen stets im Einzelfall im Hinblick auf die Gleichwertigkeit der Schutzverfahren zu prüfen. Zum anderen ist es erforderlich, einen vereinheitlichten Rahmen zum Schutz der Minderheitsgesellschafter auf Unionsebene zu schaffen.

4. Änderungen im Rahmen des *Company Law Package*

Mit der Umsetzung des *Company Law Package* (nachfolgend „CLP“), nämlich der Richtlinie zur Änderung der Richtlinie über bestimmte Aspekte des Gesellschaftsrechts, sollen die Interessen Dritter, darunter auch der Minderheitsgesellschafter besser geschützt werden.[926] Für grenzüberschreitende Verschmelzungen

---

923 Vgl. EuGH, Urteil v. 13.12.2005 – Rs. C-411/03, SEVIC Systems AG, Slg. 2005, I-10805, Rn. 28 m. w. N.

924 So bereits *J. Schmidt*, ZVglRWiss 116 (2017) 313 318.

925 Siehe Erwägungsgrund 55 GesRiLi.

926 Richtlinie (EU) 2019/2121 des Europäischen Parlaments und des Rates vom 27. November 2019 zur Änderung der Richtlinie (EU) 2017/1132 in Bezug auf grenzüberschreitende Umwandlungen, Verschmelzungen und Spaltungen; statt vieler *Luy*, NJW 2019, 1905.

wird die Pflicht der Mitgliedstaaten zur Sicherstellung des Schutzes der Minderheitsgesellschafter in Art. 126a GesRiLi vorgesehen. Im Hinblick auf die kollisionsrechtliche Problematik des Schutzes der Minderheitsgesellschafter sieht Art. 126a Abs. 5 GesRiLi vor, dass sich Fragen betreffend die Rechte der Anteilsinhaber auf Barabfindung oder Verbesserung des Umtauschverhältnisses jeweils nach dem Gesellschaftsstatut der Gesellschaft richten, der die Anteilsinhaber angehören.[927]

Zudem ordnet Art. 126a Abs. 6 GesRiLi an, dass ein Verfahren für die Überprüfung der Angemessenheit des Umtauschverhältnisses von dem jeweils betroffenen Mitgliedstaat vorgesehen werden soll.[928] Maßgeblich soll somit jenes Gesellschaftsstatut sein, dem die Gesellschaft unterliegt, deren Anteilsinhaber die Verbesserung ihres Umtauschverhältnisses beanspruchen.[929] Im Zuge der Umsetzung der Änderungen im Rahmen des CLP sollen also Regelungen getroffen werden, die die Sicherstellung des Schutzes der Minderheitsgesellschafter einer Rechtsordnung unterstellen sollen. Damit soll der Verweis auf das Recht anderer mitgliedstaatlicher Rechtsordnungen entfallen, der, wie bereits ausgeführt, zum Wegfall des Schutzes der Minderheitsgesellschafter führt.[930]

---

927 Artikel 126a GesRiLi: „(5) Die Mitgliedstaaten stellen sicher, dass für die Rechte nach den Absätzen 1 bis 6 das nationale Recht des Mitgliedstaats maßgebend ist, dem eine sich verschmelzende Gesellschaft unterliegt, und dass die ausschließliche Zuständigkeit zur Beilegung von Streitigkeiten im Zusammenhang mit diesen Rechten in dem betreffenden Mitgliedstaat liegt“; *Teichmann*, NZG 2019, 241 245.

928 Artikel 126a GesRiLi: „(6) […] Dieses Verfahren wird vor den zuständigen Behörden oder Stellen, die gemäß dem nationalen Recht des Mitgliedstaats beauftragt sind, dem die jeweilige sich verschmelzende Gesellschaft unterliegt, innerhalb der im nationalen Recht dieses Mitgliedstaats festgesetzten Frist eingeleitet und steht der Eintragung der grenzüberschreitenden Verschmelzung nicht entgegen. […]“.

929 *Teichmann*, NZG 2019, 241 245.

930 Vgl. *Bayer* in Lutter, UmwG, § 122h, Rn. 3 f.

D. Ergebnisse der Untersuchung

I. Schlussbemerkungen

Die vorliegende wissenschaftliche Arbeit zielte darauf ab, aufzuzeigen, welche kritischen Punkte trotz Harmonisierung im Bereich der grenzüberschreitenden Verschmelzungen noch bestehen. Zwar hat die bisher erfolgte Harmonisierung im Binnenmarkt zur erleichterten Durchführung der grenzüberschreitenden Verschmelzungen beigetragen, dennoch haben die bestehenden Vereinheitlichungsversuche bestimmte Fragen ungeregelt gelassen. Vorliegend wurden ausschließlich derjenigen offenen Punkte angesprochen, die im Zusammenhang mit kollisionsrechtlichen Fragen stehen.

Das Unionsrecht bietet zunächst einen rechtlichen Rahmen für die Durchführung der grenzüberschreitenden Verschmelzungen. Die Art. 49 i. V. m. 54 AEUV begründen im Lichte der Niederlassungsfreiheit die Möglichkeit für die nach dem Recht eines Mitgliedstaates gegründeten Gesellschaften, an grenzüberschreitenden Verschmelzungen teilzunehmen. Die EuGH-Rechtsprechung hat im Zuge der Auslegung der vorgenannten Vorschriften den Umfang sowie die Grenzen für die Ausübung der Niederlassungsfreiheit und die Durchführung der grenzüberschreitenden Verschmelzung gesetzt. Die grenzüberschreitende Verschmelzung stellt zwar eine Ausübung des Rechts auf Niederlassungsfreiheit dar und darf von der jeweiligen mitgliedstaatlichen Rechtsordnung nicht beschränkt werden. Die Bestimmung der maßgeblichen Regelungen zur Durchführung der grenzüberschreitenden Verschmelzungen wird aber dem jeweiligen Mitgliedstaat überlassen.

Diese Regelungen wurden für grenzüberschreitende Verschmelzungen von Kapitalgesellschaften – wenn auch teilweise lückenhaft – im Zuge der Umsetzung der entsprechenden Richtlinien in das nationale Recht integriert und ein gewisser einheitlicher Rahmen geschaffen. Für grenzüberschreitende Verschmelzungen unter Beteiligung von Personengesellschaften besteht hingegen kein einheitlicher rechtlicher Rahmen, der die Einzelheiten der Durchführung der Verschmelzung auf Unionsebene regeln würde. Daher sind diese zwar nach Unionsrecht zulässig, jedoch aufgrund der Geltung der unterschiedlichen Vorschriften in der jeweiligen mitgliedstaatlichen Rechtsordnung problematisch. Auch die analoge Anwendung der für grenzüberschreitende Verschmelzungen zwischen Kapitalgesellschaften vorgesehenen Vorschriften auf Verschmelzungen unter Beteiligung von Personengesellschaften ist strittig.

Auch die erlassene Richtlinie zur Erleichterung der grenzüberschreitenden Verschmelzungen zwischen Kapitalgesellschaften weist Lücken im Hinblick auf gewisse kollisionsrechtliche Fragen auf. Ein Regelungswerk für das Internationale Gesellschaftsrecht, das den Rom-Verordnungen vergleichbar ist, gibt es nicht. Daher ist auf Unionsebene nicht einheitlich geregelt, welche Fragen gesellschaftsrechtlich zu qualifizieren sind. Eine Auflistung der gesellschaftsrechtlich zu qualifizierenden Themenkreise bietet der Ausnahmekatalog der Art. 1 Abs. 2 lit. g) Rom I-VO und 1 Abs. 2 lit. d) Rom II-VO, der auch den Verschmelzungsvorgang erfasst. Dennoch ist die Auflistung dort lediglich exemplarisch. Dies führt dazu, dass verschiedene Fragen im Rahmen der Verschmelzung unterschiedlich angeknüpft werden. So richtet sich beispielsweise die unerlaubte Handlung einer Gesellschaft nach dem Deliktsstatut, wenn diese als eigenständiges Rechtssubjekt nach außen handelt, während für die Frage der Durchgriffshaftung an das Gesellschaftsstatut der Gesellschaft angeknüpft wird, der die Gesellschafter angehören. Dies führt aber zu einer Rechtszersplitterung, die dem Ziel der Vereinheitlichung auf Unionsebene widerspricht.

Zudem haben die offenen Punkte in der Richtlinie einen Gestaltungsraum für eine überschießende Umsetzung derselben in den Mitgliedstaaten eingeräumt. So hat beispielsweise die fehlende Bestimmung im Hinblick auf die Form des gemeinsam aufzustellenden Verschmelzungsplans dazu geführt, dass in den Mitgliedstaaten unterschiedliche Formerfordernisse gelten. Dies hat zum einen zur Folge, dass die Auslegung des überschießend geregelten Teils durch den EuGH umstritten ist. Zum anderen finden teilweise Doppelbeurkundungen des Verschmelzungsplans statt, sodass in diesem Fall das Ziel der erleichterten Durchführung der grenzüberschreitenden Verschmelzungen im Binnenmarkt nicht erreicht wird. All dies hat zur Folge, dass bei der Schaffung eines einheitlichen rechtlichen Rahmens für grenzüberschreitende Verschmelzungen noch Handlungsbedarf besteht.

II. Lösungsvorschlag

Auf kollisionsrechtlicher Ebene muss ein Regelungswerk erarbeitet werden, das das Internationale Gesellschaftsrecht einheitlich unionsweit regelt und den Rom-Verordnungen insbesondere im Hinblick auf die universelle Geltung entspricht. Für die Erarbeitung einer Lösung für die international-privatrechtlichen Fragen, die bei grenzüberschreitenden Verschmelzungen auftreten, kann indes die Interpretation des primären und sekundären Unionsrechts durch den EuGH behilflich sein.

Für die Bestimmung eines einheitlichen Anknüpfungspunkts für die Ermittlung des Gesellschaftsstatuts eignet sich der Ort, an dem der satzungsmäßige Sitz der im Zuge der Verschmelzung aufnehmende oder neugegründete Gesellschaft liegt. Spätestens seit der Entscheidung in der Rechtssache Überseering hat der EuGH der Sitztheorie eine Absage erteilt, zumindest was die Unternehmensmobilität im Binnenmarkt betrifft. In diesem Sinne hat der vom deutschen Bundesjustizministerium veröffentlichte Referentenentwurf für ein Gesetz zum Internationalen Privatrecht für Gesellschaften, Vereine und juristische Personen des Privatrechts in Abkehr von der Anknüpfung an den effektiven Verwaltungssitz der Gesellschaft vorgeschlagen, die Anknüpfung zunächst an das Recht des Eintragungsorts, und bei fehlender Eintragung in ein öffentliches Register subsidiär die Anknüpfung an das Recht der Organisation vorzunehmen. Des Weiteren müssen in Anbetracht der Entscheidung in der Rechtssache Polbud die isolierte Satzungssitzverlegung und damit die Änderung des Gesellschaftsstatuts der Gesellschaft auch nach ihrer Gründung beachtet werden. Hier besteht nämlich die Gefahr, dass durch den Statutenwechsel beispielsweise ein anderes Haftungsregime entsteht, das Fragen der Durchgriffshaftung beeinflussen kann und womöglich Rechte Dritter schwächt.

Bei der Erarbeitung einer Lösung auf kollisionsrechtlicher Ebene muss aber vor allem der besondere Charakter der Verschmelzungsvorgänge berücksichtigt werden. Eine Verschmelzung zeichnet sich insbesondere dadurch aus, dass mit ihrem Wirksamwerden der eine Rechtsträger erlischt und daher nicht mehr existiert. Ferner richten sich das Wirksamwerden sowie die damit einhergehenden Rechtsfolgen einer grenzüberschreitenden Verschmelzung nach dem Gesellschaftsstatut der aufnehmenden bzw. aus der Verschmelzung hervorgehenden Gesellschaft. Dieses Statut könnte als Anknüpfungspunkt beispielsweise für die Ermittlung des Formstatus des gemeinsamen Verschmelzungsplans herangezogen werden, um Doppelbeurkundungen und dementsprechend Doppelkosten zu vermeiden.

STUDIEN ZUM VERGLEICHENDEN UND INTERNATIONALEN RECHT

Herausgeber: Bernd von Hoffmann (†), Erik Jayme, Heinz-Peter Mansel, Christine Budzikiewicz, Michael Stürner, Karsten Thorn und Marc-Philippe Weller

Band 1 Ferdinand Henke: Die Datenschutzkonvention des Europarates. 1986.

Band 2 Peter Czermak: Der express trust im internationalen Privatrecht. 1986.

Band 3 Peter Kindler: Der Ausgleichsanspruch des Handelsvertreters im deutsch-italienischen Warenverkehr. Eine rechtsvergleichende und kollisionsrechtliche Untersuchung. 1987.

Band 4 Wilhelm Denzer: Stellung und Bedeutung des Engineers in den FIDIC-Bauvertragsbedingungen. 1988.

Band 5 Marijan-Maximilian Lederer: Die internationale Enteignung von Mitgliedschaftsrechten unter besonderer Berücksichtigung der französischen Enteignungen 1982. 1989.

Band 6 Rainer Esser: Klagen gegen ausländische Staaten. 1990.

Band 7 Chang Jae-Ok: Auf dem Weg zu einer Materialisierung des Immateriellen? Personen-, Persönlichkeitsschutz und Geldersatz des immateriellen Schadens in rechtsvergleichender Hinsicht am Beispiel des koreanischen und japanischen Zivilrechts unter besonderer Berücksichtigung des deutschen Rechts. 1990.

Band 8 Paul-Frank Weise: Lex mercatoria. Materielles Recht vor der internationalen Handelsschiedsgerichtbarkeit.1990.

Band 9 Werner Born: Der Auftrittsvertrag für Musikgruppen im Bereich der Rock- und Popmusik. 1990.

Band 10 Ralf Erich Jürgens: IPR und Verfassung in Italien und in der Bundesrepublik Deutschland. 1990.

Band 11 Rainer Gildeggen: Internationale Schieds- und Schiedsverfahrensvereinbarungen in Allgemeinen Geschäftsbedingungen vor deutschen Gerichten. 1991.

Band 12 Klaus Grabinski: Die kollisionsrechtliche Behandlung des Durchgriffs bei rechtlich verselbständigten Unternehmen in privater oder öffentlicher Hand. 1991.

Band 13 Dieter Stummel: Konkurs und Integration. Konventionsrechtliche Wege zur Bewältigung grenzüberschreitender Insolvenzverfahren. 1991.

Band 14 Joachim Güntzer: Die Rechtsstellung des Geschäftsführers im spanischen Aktienrecht. Die Neuregelung des spanischen Aktienrechts nach dem Beitritt Spaniens zur EG. 1991.

Band 15 Sabine Isenburg-Epple: Die Berücksichtigung ausländischer Rechtshängigkeit nach dem Europäischen Gerichtsstands- und Vollstreckungsübereinkommen vom 27.9.1968. Untersuchungen zum Anwendungsbereich von Art. 21 EuGVÜ unter schwerpunktmäßiger Behandlung der Frage nach der Bestimmung eines europäischen Streitgegenstandsbegriffs. 1992.

Band 16 Ulrich Nickl: Die Qualifikation der culpa in contrahendo im Internationalen Privatrecht. 1992.

Band 17 Theo Rauh: Leistungserschwerungen im Schuldvertrag. Eine rechtsvergleichende Untersuchung des englischen, US-amerikanischen, französischen und deutschen Rechts unter besonderer Berücksichtigung der gerichtlichen Praxis. 1992.

Band 18 Bernadette Chaussade-Klein: Vorvertragliche "obligation de renseignements" im französischen Recht. 1992.

Band 19 Josef Sievers: Verbraucherschutz gegen unlautere Vertragsbedingungen im französischen Recht. Vom Code civil zum "Code de la consommation" – die Entstehung eines Sonderprivatrechts für Verbraucher. 1993.

Band 20 Achim Schäfer: Grenzüberschreitende Kreditsicherung an Grundstücken, unter besonderer Berücksichtigung des deutschen und italienischen Rechts. 1993.

Band 21 Eugenio Hernández-Breton: Internationale Gerichtsstandsklauseln in Allgemeinen Geschäftsbedingungen. Unter besonderer Berücksichtigung des deutsch-südamerikanischen Rechtsverkehrs (dargestellt am Beispiel Argentinien, Brasilien und Venezuela). 1993.

Band 22 Ingo Reng: Unterhaltsansprüche aufgrund nichtehelicher Lebensgemeinschaft – Internationales Privatrecht und ausländisches materielles Recht. 1994.

Band 23 Stefanie Roloff: Die Geltendmachung ausländischer öffentlicher Ansprüche im Inland. 1994.

Band 24 Katharina Ludwig: Der Vertragsschluß nach UN-Kaufrecht im Spannungsverhältnis von Common Law und Civil Law. Dargestellt auf der Grundlage der Rechtsordnungen Englands und Deutschlands. 1994.

Band 25 Malte Diesselhorst: Mehrparteienschiedsverfahren. Internationale Schiedsverfahren unter Beteiligung von mehr als zwei Parteien. 1994.

Band 26 Manfred Kost: Konsensprobleme im internationalen Schuldvertragsrecht. 1995.

Band 27 Wolff-Heinrich Fleischer: Das italienische Wettbewerbsrecht und die Probleme des selektiven Parfümvertriebs unter Berücksichtigung der Rechtslage in Frankreich und Deutschland. 1995.

Band 28 Angelika Fuchs: Lateinamerikanische Devisenkontrollen in der internationalen Schuldenkrise und Art. VIII Abschn. 2 b) IWF-Abkommen. 1995.

Band 29 Jacques Matthias Aull: Der Geltungsanspruch des EuGVÜ: "Binnensachverhalte" und Internationales Zivilverfahrensrecht in der Europäischen Union. Zur Auslegung von Art. 17 Abs. 1 S. 1 EuGVÜ. 1996.

Band 30 Hartmut Ost: EVÜ und fact doctrine. Konflikte zwischen europäischer IPR-Vereinheitlichung und der Stellung ausländischen Rechts im angelsächsischen Zivilprozeß. 1996.

Band 31 Stefan Wagner: Die Testierfähigkeit im Internationalen Privatrecht. 1996.

Band 32 Wolfgang Jakob Hau: Positive Kompetenzkonflikte im Internationalen Zivilprozeßrecht. Überlegungen zur Bewältigung von *multi-fora disputes*. 1996.

Band 33 Markus Schütz: UN-Kaufrecht und *Culpa in contrahendo*. 1996.

Band 34 Volker Geyrhalter: Das Lösungsrecht des gutgläubigen Erwerbers. Ein "vergessener" Kompromiß und die Auswirkungen auf das heutige deutsche Recht unter besonderer Berücksichtigung des internationalen Sachenrechts. 1996.

Band 35 Andreas Kramer: Abwicklungsstörungen bei Kaufverträgen. Die Lieferung vertragswidriger Sachen im deutschen und italienischen Recht. 1996.

Band 36 Petra Krings: Erfüllungsmodalitäten im internationalen Schuldvertragsrecht. 1997.

Band 37 Tonja Gaibler: Der rechtsgeschäftliche Irrtum im französischen Recht. 1997.

Band 38 Dirk Otto: Rechtsspaltung im indischen Erbrecht. Bedeutung und Auswirkungen auf deutsch-indische Nachlaßfälle. 1997.

Band 39 Gregor W. Decku: Zwischen Vertrag und Delikt. Grenzfälle vertraglicher und deliktischer Haftung dargestellt am Beispiel der Berufs- und Expertenhaftung zum Schutze des Vermögens Dritter im deutschen und englischen Recht. 1997.

Band 40 Gregor W. Decku: Zwischen Vertrag und Delikt. Grenzfälle vertraglicher und deliktischer Haftung dargestellt am Beispiel der Berufs- und Expertenhaftung zum Schutze des Vermögens Dritter im deutschen und englischen Recht. 1997.

Band 41 Ulrike Höpping: Auswirkungen der Warenverkehrsfreiheit auf das IPR unter besonderer Berücksichtigung des Internationalen Produkthaftungsrechts und des Internationalen Vertragsrechts. 1997.

Band 42 Helene Boriths Müller: Die Umsetzung der europäischen Übereinkommen von Rom und Brüssel in das Recht der Mitgliedstaaten. Dargestellt am Beispiel Deutschlands und Dänemarks. 1997.

Band 43 Bernd von Hoffmann / Myong-Chang Hwang (eds.): The Public Concept of Land Ownership. Reports and Discussions of a German-Korean Symposium held in Seoul on October 7-9, 1996. 1997.

Band 44 Oliver Heeder: Fraus legis. Eine rechtsvergleichende Untersuchung über den Vorbehalt der Gesetzesumgehung in Deutschland, Österreich, der Schweiz, Frankreich und Belgien unter besonderer Berücksichtigung des Internationalen Privatrechts. 1998.

Band 45 Heinrich Schütt: Deliktstyp und Internationales Privatrecht. Dargestellt an grenzüberschreitenden Problemen der Arzthaftung. 1998.

Band 46 Axel Steiner: Die stillschweigende Rechtswahl im Prozeß im System der subjektiven Anknüpfungen im deutschen Internationalen Privatrecht. 1998.

Band 47 Martina Schulz: Der Eigentumsvorbehalt in europäischen Rechtsordnungen. Rechtsvergleichende Untersuchung des deutschen, englischen und französischen Rechts unter besonderer Berücksichtigung von Erweiterungen und Verlängerungen. 1998.

Band 48 Karin Dreher: Die Rechtswahl im internationalen Erbrecht. Unter besonderer Berücksichtigung des italienischen IPR-Reformgesetzes N. 218 vom 31. Mai 1995. 1999.

Band 49 Giuliano Gabrielli: Das Verhältnis zwischen der Anfechtung wegen Eigenschaftsirrtums und den Gewährleistungsansprüchen im deutschen, österreichischen und italienischen Recht. 1999.

Band 50 Bernd von Hoffmann / Myong-Chan Hwang (eds.): Developments in Land Law. Reports and Discussions of a German-Korean Symposium held in Berlin and Trier on July 21-24, 1997. 1999.

Band 51 Volker Heidbüchel: Das UNCITRAL-Übereinkommen über unabhängige Garantien und Standby Letters of Credit. Vergleiche mit den Richtlinien der Internationalen Handelskammer, dem deutschen, englischen und US-amerikanischen Recht. 1999.

Band 52 Jan Christoph Nordmeyer: Pflichtteilsansprüche und Wiedervereinigung. Eine systematische Analyse der Ausgleichsansprüche nach BGB-Pflichtteilsrecht unter besonderer Berücksichtigung der durch den Wiedervereinigungsprozeß eingetretenen Wertveränderungen. 1999.

Band 53 Bettina Linder: Vertragsabschluß beim grenzüberschreitenden Verbraucherleasing. 1999.

Band 54 Almontasser Fetih: Die zivilrechtliche Haftung bei Vertragsverhandlungen. Eine rechtsvergleichende Studie zum deutschen, französischen, ägyptischen und islamischen Recht. 2000.

Band 55 Sona Rajani: Die Geltung und Anwendung des Gemeinschaftsrechts im Vereinigten Königreich von Großbritannien und Nordirland. Der Grundsatz der Parlamentssouveränität im Wandel. 2000.

Band 56 Joachim Kayser: Gegenmaßnahmen im Außenwirtschaftsrecht und das System des europäischen Kollisionsrechts. Eine Analyse der EU-Abwehrverordnung gegen die Auswirkungen extraterritorialer Rechtserstreckung eines Drittlandes. 2001.

Band 57 Albrecht Conrad: Qualifikationsfragen des Trust im Europäischen Zivilprozeßrecht. 2001.

Band 58 Bernd Borgmann: Die Entsendung von Arbeitnehmern in der Europäischen Gemeinschaft. Wechselwirkungen zwischen Kollisionsrecht, Grundfreiheiten und Spezialgesetzen. 2001.

Band 59 Aleksandar Jaksic: Arbitration and Human Rights. 2002.

Band 60 Islamisches und arabisches Recht als Problem der Rechtsanwendung. Symposium zu Ehren von Professor Emeritus Dr. iur. Omaia Elwan. Veranstaltet vom Institut für ausländisches und internationales Privat- und Wirtschaftsrecht der Universität Heidelberg und der Gesellschaft für Arabisches und Islamisches Recht e.V. Herausgegeben von Herbert Kronke, Gert Reinhart und Nika Witteborg. 2001.

Band 61 Patrick Fiedler: Stabilisierungsklauseln und materielle Verweisung im internationalen Vertragsrecht. 2001.

Band 62 Werner Mangold: Die Abtretung im Europäischen Kollisionsrecht. Unter besonderer Berücksichtigung des spanischen Rechts. 2001.

Band 63 Eike Dirk Eschenfelder: Beweiserhebung im Ausland und ihre Verwertung im inländischen Zivilprozess. Zur Bedeutung des US-amerikanischen discovery-Verfahrens für das deutsche Erkenntnisverfahren. 2002.

Band 64 Bernd Ehle: Wege zu einer Kohärenz der Rechtsquellen im Europäischen Kollisionsrecht der Verbraucherverträge. 2002.

Band 65 Heiko Lehmkuhl: Das Nacherfüllungsrecht des Verkäufers im UN-Kaufrecht. 2002.

Band 66 Jochen Nikolaus Schlotter: Erbrechtliche Probleme in der Société Privée Européenne. IPR-Harmonisierung im einheitlichen Europäischen Rechtsraum. 2002.

Band 67 Konrad Ost: Doppelrelevante Tatsachen im Internationalen Zivilverfahrensrecht. Zur Prüfung der internationalen Zuständigkeit bei den Gerichtsständen des Erfüllungsortes und der unerlaubten Handlung. 2002.

Band 68 Tobias Bosch: Die Durchbrechungen des Gesamtstatuts im internationalen Ehegüterrecht. Unter besonderer Berücksichtigung deutsch-französischer Rechtsfälle. 2002.

Band 69 Ursula Philipp: Form im amerikanischen Erbrecht. Zwischen Formalismus und harmless error. 2002.

Band 70 Christian Stefan Wolf: Der Begriff der wesentlich engeren Verbindung im Internationalen Sachenrecht. 2002.

Band 71 André Fomferek: Der Schutz des Vermögens Minderjähriger. Ein Vergleich des deutschen und des englischen Rechts unter Berücksichtigung des schottischen und irischen Rechts. 2002.

Band 72 nicht erschienen

Band 73 Markus Dreißigacker: Sprachenfreiheit im Verbrauchervertragsrecht. Der Verbraucher im Spannungsfeld zwischen kultureller Identität und Privatautonomie. 2002.

Band 74 Vassiliki Myller-Igknay: Auskunftsansprüche im griechischen Zivilrecht. Auswirkungen im deutsch-griechischen Rechtsverkehr sowie im deutschen internationalen Privat- und Verfahrensrecht. 2003.

Band 75 Stefan Bruinier: Der Einfluss der Grundfreiheiten auf das Internationale Privatrecht. 2003.

Band 76 Nika Witteborg: Das gemeinsame Sorgerecht nichtverheirateter Eltern. Eine Untersuchung im soziologischen, rechtsgeschichtlichen, verfassungsrechtlichen, rechtsvergleichenden und internationalen Kontext. 2003.

Band 77 Peter Stankewitsch: Entscheidungsnormen im IPR als Wirksamkeitsvoraussetzungen der Rechtswahl. 2003.

Band 78 Jan Wilhelm Ritter: Euro-Einführung und IPR unter besonderer Berücksichtigung nachehelicher Unterhaltsverträge. Eine Untersuchung mit Blick auf das deutsche, französische und schweizerische Recht. 2003.

Band 79 Wolf Richard Herkner: Die Grenzen der Rechtswahl im internationalen Deliktsrecht. 2003.

Band 80 Ira Ditandy: Internationale Zuständigkeit. Neuregelung durch die LOPJ 1985. Vergleich mit dem europäischen Vorbild und Auswirkungen auf das spanische internationale Zivilverfahrensrecht. 2003.

Band 81 Andrea Verena Schefold: Werbung im Internet und das deutsche Internationale Privatrecht. 2004.

Band 82 Klaus Herkenrath: Die Umsetzung der Richtlinie 93/13/EWG über missbräuliche Klauseln in Verbraucherverträgen in Deutschland, dem Vereinigten Königreich, Frankreich und Italien. Auswirkungen nationaler Umsetzungstechniken auf dem Harmonisierungserfolg. 2003.

Band 83 Alexander Thünken: Das kollisionsrechtliche Herkunftslandprinzip. 2003.

Band 84 Barbara v. Daumiller: Die Rechtswahl im italienischen internationalen Erbrecht: und ihre Auswirkungen im deutsch-italienischen Rechtsverkehr. 2003.

Band 85 Robert Mödl: Macht, Verantwortlichkeit und Zurechnung im Konzern. Eine rechtsvergleichende Untersuchung auf der Grundlage des deutschen, spanischen und US-amerikanischen Rechts. 2003.

Band 86 Ursula Kerpen: Das Internationale Privatrecht der Persönlichkeitsrechtsverletzungen. Eine Untersuchung auf rechtsvergleichender Grundlage. 2003.

Band 87 Barbara Ploeckl: Umgangsrechtsstreitigkeiten im deutsch-französischen Rechtsverkehr. Bestehende internationale und nationale Regelungen und der geplante *europäische Besuchstitel*. 2003.

Band 88 Katrin Wannemacher: Die Außenkompetenzen der EG im Bereich des Internationalen Zivilverfahrensrechts. Der räumliche Anwendungsbereich des Art. 65 EGV am Beispiel der EuGVO und der EheVO. 2003.

Band 89 Maren B. Eilinghoff: Das Kollisionsrecht der ungerechtfertigten Bereicherung nach dem IPR-Reformgesetz von 1999. 2004.

Band 90 Patrick Niehr: Die zivilprozessuale Dokumentenvorlegung im deutsch-englischen Rechtshilfeverkehr nach der deutschen und der englischen Prozessrechtsreform. 2004.

Band 91 Anna Christina Gördes: Internationale Zuständigkeit, Anerkennung und Vollstreckung von Entscheidungen über die elterliche Verantwortung. Die VO(EG) Nr. 1347/2000, ihre geplanten Änderungen und das Verhältnis beider zum Minderjährigen- und Kinderschutzabkommen. 2004.

Band 92 Martin Rädler: Rechtsbehelfe des Käufers eines Unternehmens oder einer unternehmerischen Beteiligung gegen den Verkäufer im deutschen und französischen Recht. 2004.

Band 93 Marc-Yngve Dietrich: Rechtsstellung und Beteiligung der Gläubiger im französischen Insolvenzverfahren. 2004.

Band 94 Katia Niemann: Die rechtsgeschäftliche und organschaftliche Stellvertretung und deren kollisionsrechtliche Einordnung. Deutschland und England im Vergleich. 2004.

Band 95 Daniel Ludwig: Neuregelungen des deutschen Internationalen Insolvenzverfahrensrechts. Eine Untersuchung unter vergleichender Heranziehung der Europäischen Insolvenzver-ordnung. 2004.

Band 96 Cordelia Faulenbach: Der gemeinschaftsrechtliche Vorbehalt im europäischen Wettbewerbsrecht. Die Herkunftslandanknüpfung der E-Commerce-Richtlinie unter dem Einfluss der Grundfreiheiten. 2004.

Band 97 Ulf Dörner: Der Vertragsgerichtsstand nach dem Protokoll von Buenos Aires. 2004.

Band 98 Martin Schmidhuber: Verhaltenskodizes im nationalen und grenzüberschreitenden elektronischen Geschäftsverkehr. Zur Frage der Integration der Selbstregulierung durch Private in die staatliche Rechtsordnung. 2004.

Band 99 Florian Kienle: Die fehlerhafte Banküberweisung im internationalen Rechtsverkehr. Unter besonderer Berücksichtigung des Artikels 4A US Uniform Commercial Code. 2004.

Band 100 Thomas Alexander Brandt: Die Adoption durch eingetragene Lebenspartner im internationalen Privat- und Verfahrensrecht. 2004.

Band 101 Florian Pulkowski: Subunternehmer und Internationales Privatrecht. Der Subunternehmer als Quasi-Verbraucher im Europäischen Kollisionsrecht. 2004.

Band 102 Ulrich Becker: Grundrechtsschutz bei der Anerkennung und Vollstreckbarerklärung im europäischen Zivilverfahrensrecht. Bestimmung der Grenzen für die Einführung eines europäischen Vollstreckungstitels. 2004.

Band 103 Thomas Badelt: Aufrechnung und internationale Zuständigkeit unter besonderer Berücksichtigung des deutsch-spanischen Rechtsverkehrs. 2005.

Band 104 Florian D. Wagner: Vorvertragliche Aufklärungspflichten im internationalen Franchising. Zur Harmonisierung von Delikts- und Vertragsstatut im internationalen Privatrecht unter besonderer Berücksichtigung der Franchise-Gesetzgebung des US-Bundesstaates Kalifornien. 2005.

Band 105 Vera Heine: Die Umsetzung der *EG-Richtlinie über missbräuchliche Klauseln in Verbraucherverträgen* im englischen und deutschen Recht. 2005.

Band 106 Alexander Franz: Überregionale Effektentransaktionen und anwendbares Recht. Eine kollisionsrechtliche Untersuchung unter besonderer Berücksichtigung der Vorschrift des § 17 a DepotG. 2005.

Band 107 Hanna-Maria Uhlenbrock: Gesetzliche Regelungen für nichteheliche Lebensgemeinschaften in Deutschland und Frankreich. Ein Vergleich des Unterhaltsrechts bei der eingetragenen Lebenspartnerschaft und beim Pacte civil de Solidarité. 2005.

Band 108 Katrin Stieß: Anknüpfungen im internationalen Urheberrecht unter Berücksichtigung der neuen Informationstechnologien. 2005.

Band 109 Hendrik Otto: Der gesetzliche Abschlussprüfer im italienischen Recht. Eine rechtsvergleichende Untersuchung unter besonderer Berücksichtigung der zivilrechtlichen Haftung. 2005.

Band 110 Frauke Stuphorn: Bankhaftung für Kreditauskünfte im deutschen und französischen Recht. 2005.

Band 111 Nina Fürer: Die zivilrechtliche Haftung für Raucherschäden. 2005.

Band 112 Giovanni B. Barillà: *Contratto autonomo di garanzia* e *Garantievertrag*. Categorie civilistiche e prassi del commercio. 2005.

Band 113 Timo Torz: Gerichtsstände im Internationalen Insolvenzrecht zur Eröffnung von Partikularinsolvenzverfahren. 2005.

Band 114 Martina Schmid: Die Grenzen der Auslegungskompetenz des EuGH im Vorabentscheidungsverfahren nach Art. 234 EG. Dargestellt am Beispiel der überschießenden Richtlinienumsetzung. 2005.

Band 115 Stephan Lesage-Mathieu: Dispositives Kollisionsrecht im prozessualen Kontext. 2005.

Band 116 Jürgen Görtz: Die subjektiven Grenzen der Rechtskraft US-amerikanischer Urteile. 2005.

Band 117 Vera Hoppe: Die Einbeziehung ausländischer Beteiligter in US-amerikanische class actions. Unter Berücksichtigung des Class Action Fairness Act 2005. 2005.

Band 118 Silke Pütz: Parteiautonomie im internationalen Urhebervertragsrecht – Eine rechtsdogmatische und rechtspolitische Betrachtung der Grenzen freier Rechtswahl im internationalen Urhebervertragsrecht unter besonderer Berücksichtigung des neuen deutschen Urhebervertragsrechts. 2005.

Band 119 Alice Nieroba: Die europäische Rechtshängigkeit nach der EuGVVO (Verordnung (EG) Nr. 44/2001) an der Schnittstelle zum nationalen Zivilprozessrecht. 2006.

Band 120 Jan Kayser: Alternative Formen gerichtlicher und außergerichtlicher Streitbeilegung im deutschen und französischen Zivilprozess. Les modes alternatifs judiciaires et extrajudiciaires de résolution des conflits en procédure civile allemande et française. 2006.

Band 121 Mirko Ehrich: Der internationale Anwendungsbereich des deutschen und französischen Rechts gegen irreführende Werbung. Freie Wahl von Form und Mittel, Rom II und Herkunftslandprinzip. 2006.

Band 122 Daniel Thelen: Die Haftung des Sekundärschädigers für Gewalttaten anderer im US-amerikanischen Deliktsrecht ausgehend von dem Problem rechtsextremistisch motivierter Gewalttaten. 2006.

Band 123 Anne Winterling: Die Entscheidungszuständigkeit in Arbeitssachen im europäischen Zivilverfahrensrecht. 2006.

Band 124 Sarah Gerling: Die Gleichstellung ausländischer mit inländischen Vollstreckungstiteln durch die Verordnung zur Einführung eines Europäischen Vollstreckungstitels für unbestrittene Forderungen. Im Vergleich zum bisherigen Recht und zur Rechtslage in den USA. 2006.

Band 125 Christian Bank: Präventivmaßnahmen börsennotierter Gesellschaften zur Abwehr feindlicher Übernahmeversuche in Deutschland und Großbritannien. Eine rechtsvergleichende Untersuchung des deutschen und britischen Rechts unter Berücksichtigung der Europäischen Übernahmerichtlinie. 2006.

Band 126 Christian Weis: Kaufrechtliche Gewährleistung und Garantievergabe in Deutschland und Spanien. Unter besonderer Berücksichtigung des Unternehmenskaufs. 2006.

Band 127 Emilio Maus Ratz: Der Nacherfüllungsanspruch nach UN-Kaufrecht. Im Lichte der deutschen, spanisch-mexikanischen und US-amerikanischen Rechtswissenschaft. 2006.

Band 128 Constanze Jacobs: Die Sachmängelgewähr im deutschen und belgischen Kaufrecht nach Umsetzung der Verbrauchsgüterkauf-Richtlinie. 2006.

Band 129 Ulrike Teichert: Lückenfüllung im CISG mittels UNIDROIT-Prinzipien – Zugleich ein Beitrag zur Wählbarkeit nichtstaatlichen Rechts. 2007.

Band 130 Sascha Reichardt: Internationale Zuständigkeit im Gerichtsstand der unerlaubten Handlung bei Verletzung europäischer Patente. 2006.

Band 131 Bilgehan Cetiner: Die Sachmängelhaftung des Verkäufers im UN-Kaufrecht und im neuen deutschen Schuldrecht. Eine rechtsvergleichende Studie. 2006.

Band 132 Jan Streer: Die Umsetzung der Verbrauchsgüterkaufrichtlinie im englischen Recht durch die Sale and Supply of Goods to Consumer Regulations 2002. 2007.

Band 133 Kathrin Wannenmacher: Einstweilige Maßnahmen im Anwendungsbereich von Art. 31 EuGVVO in Frankreich und Deutschland: Eine Betrachtung ausgesuchter Verfahren des einstweiligen Rechtsschutzes im internationalen Zivilverfahrensrecht – gerichtliche Zuständigkeit, Anerkennung und Vollstreckung. 2007.

Band 134 Wim Kreytenberg: Die individuelle Schwerpunktbestimmung internationaler Schuldverträge nach der Ausweichklausel des Artikel 4 Absatz 5 Satz 2 EVÜ. Ein Beitrag zur Förderung von Rechtssicherheit und Einzelfallgerechtigkeit im europäischen Kollisionsrecht der Schuldverträge. 2007.

Band 135 Nikolaus Geiben: Der Vorvertrag im Internationalen Privatrecht. Unter besonderer Berücksichtigung des Immobilienerwerbs im portugiesischen und brasilianischen Recht. 2007.

Band 136 Predrag Maksimovic: Der Kapitalschutz im europäischen, serbischen und deutschen Recht der Gesellschaft mit beschränkter Haftung. 2007.

Band 137 Alexander Rathenau: Die Anwendung des EuGVÜ durch portugiesische Gerichte unter Berücksichtigung des autonomen internationalen Zivilverfahrensrechts. 2007.

Band 138 Matthias Creydt: Die Besicherung von Weltraumvermögenswerten. Ein neues einheitliches internationales Sicherungsrecht und dessen Vergleich zum US-amerikanischen Mobiliarsicherungsrecht. 2007.

Band 139 Oliver Borkhardt: Registerpublizität und Kollisionsrecht besitzloser Mobiliarsicherheiten nach dem neuen Art. 9 UCC. 2007.

Band 140 Jens Engelmann-Pilger: Deliktische Haftung für das Fehlverhalten Dritter im Common Law. 2007.

Band 141 Bastian Rotmann: Der Schutz des Dritten in der europäischen Mobiliarzwangsvollstreckung. Eine rechtsvergleichende Untersuchung vor dem Hintergrund der Verordnung (EG) Nr. 805/2004 zur Einführung eines Europäischen Vollstreckungstitels für unbestrittene Forderungen. 2007.

Band 142 Oliver Ratzel: Die Präklusion isolierter Unterhaltsverfahren durch den ausländischen Scheidungsverbund. Zugleich ein Beitrag zur internationalen Verbundszuständigkeit im Lichte der Quellenveränderung. 2007.

Band 143 Bettina Maria Stade: Die Konstitutionalisierung des Zivilprozessrechts in Spanien und Deutschland vor dem Hintergrund der Europäisierung des Zivilprozessrechts. 2007.

Band 144 Julia El-Bitar: Der deutsche und der französische Kulturgüterschutz nach der Umsetzung der Kulturgüterrückgaberichtlinie. Eine materiellrechtliche und kollisionsrechtliche Untersuchung. 2007.

Band 145 Aris Kaschefi: Sachmängelhaftung im französischen Kaufrecht vor und nach Umsetzung der Verbrauchsgüterkaufrichtlinie. Mit rechtsvergleichenden Hinweisen zum deutschen Recht unter besonderer Berücksichtigung von Weiterfressersachverhalten. 2007.

Band 146 Isabel Roth: Die internationale Zuständigkeit deutscher Gerichte bei Persönlichkeitsrechtsverletzungen im Internet. 2007.

Band 147 Theresa Wilhelmi: Das Weltrechtsprinzip im internationalen Privat- und Strafrecht. Zugleich eine Untersuchung zu Parallelitäten, Divergenzen und Interdependenzen von internationalem Privatrecht und internationalem Strafrecht. 2007.

Band 148 Alice Halsdorfer: Privat- und kollisionsrechtliche Folgen der Verletzung von Kulturgüterschutznormen auf der Grundlage des UNESCO-Kulturgutübereinkommens 1970. 2008.

Band 149 Thomas Müller-Froelich: Der Gerichtsstand der Niederlassung im deutsch-amerikanischen Rechtsverkehr. Eine Untersuchung zu Fragen der Entscheidungs- und Anerkennungszuständigkeit. 2008.

Band 150 Christopher Luhn: Privatautonomie und Inhaltskontrolle von Eheverträgen. Ein kritischer Vergleich des deutschen und des australischen Rechts mit Bezügen zum Internationalen Privatrecht. 2008.

Band 151 Kristin Kohler: Die grenzüberschreitende Verbraucherverbandsklage nach dem Unterlassungsklagengesetz im Binnenmarkt. 2008.

Band 152 Dorothee Maria Kaulen: Die Anerkennung von Gesellschaften unter Artikel XXV Abs. 5 S. 2 des deutsch-US-amerikanischen Freundschafts-, Handels- und Schifffahrtsvertrags von 1954. 2008.

Band 153 Birka Vanessa Stroschein: Parteizustellung im Ausland. Eine systemvergleichende Untersuchung des Gemeinschafts- und Staatsvertragsrechts unter Einbeziehung des deutschen, französischen, englischen und US-amerikanischen Zustellungsrechts. 2008.

Band 154 Nancy Gruschinkse: Das europäische Kollisionsrecht der Aufrechnung unter besonderer Beachtung des Insolvenzfalles. 2008.

Band 155 Hans-Christian Frick: Sprachrisiko im Zeitalter des Ethnomarketings. US-amerikanische Erfahrungen und europäische Rechtsentwicklung. 2009.

Band 156 Stephan Mangold: Verbraucherschutz und Kunstkauf im deutschen und europäischen Recht. 2009.

Band 157 Robert Beier: Die gesetzlichen Rechte des überlebenden Ehegatten nach dem deutschen und spanischen Kollisionsrecht. Unter besonderer Berücksichtigung der *viudedad aragonesa*. 2009.

Band 158 Julia-Marie Oppermann: Internationale Handelsschiedsgerichtsbarkeit und Verjährung. 2009.

Band 159 Stephan Boese: Strukturprinzipien im Gläubigerschutz. Eine rechtsvergleichende Untersuchung zur GmbH und zur englischen Limited Company. 2009.

Band 160 Thomas Rosa: Das Kaufrecht nach dem Zivilgesetzbuch der Tschechischen und Slowakischen Republik. Eine rechtsvergleichende Darstellung im Lichte des deutschen Bürgerlichen Gesetzbuches. 2009.

Band 161 Roland Weis: Rechnungslegungspflichten von EU-Scheinauslandsgesellschaften im Land ihrer tatsächlichen wirtschaftlichen Betätigung. Insbesondere im Hinblick auf in Deutschland tätige englische Limiteds. 2009.

Band 162 Henning Frase: "Leoninische Vereinbarungen" und Ergebnisbeteiligungspflicht im deutschen und italienischen Gesellschaftsrecht. Zum *patto leonino* des italienischen Rechts und möglichen Entsprechungen im deutschen Recht. 2010.

Band 163 Christiane Tödter: Europäisches Kindschaftsrecht. Nach der Verordnung (EG) Nr. 2201/ 2003. 2010.

Band 164 Edda Gampp: *Perpetuatio fori internationalis* im Zivilprozeß und im Verfahren der freiwilligen Gerichtsbarkeit. 2010.

Band 165 Mei Wu: Die Reform des chinesischen Beweisrechts vor dem Hintergrund deutscher und US-amerikanischer Regelungsmodelle. 2010.

Band 166 Corina Leimert: Stand und Entwicklung des italienischen Rechts der Unternehmenszusammenschlüsse (gruppi di società / gruppi di imprese). 2010.

Band 167 Kasim Özen: Die Scheidungsgründe im türkischen Zivilgesetzbuch. 2010.

Band 168 Helena Isabel Maier: Marktortanknüpfung im internationalen Kartelldeliktsrecht. Eine internationalzuständigkeits- und kollisionsrechtliche Untersuchung unter Einbeziehung rechts-vergleichender Überlegungen zum englischen Recht. 2011.

Band 169 Thomas Spernat: Die gleichgeschlechtliche Ehe im Internationalen Privatrecht. Unter besonderer Berücksichtigung des Einflusses des EG-Vertrags. 2011.

Band 170 Max Johann Lipsky: Statutenwechsel im italienischen Sachenrecht – Auswirkungen auf den Im- und Export von Mobiliarsicherheiten. Eine Untersuchung der rechtlichen Beständigkeit dinglicher Kreditsicherheiten im deutsch-italienischen Rechtsverkehr. 2011.

Band 171 Silvia Karolina Seilstorfer: Die Umsetzung der Verbrauchsgüterkaufrichtlinie in Portugal mit rechtsvergleichenden Hinweisen zum deutschen Recht. 2011.

Band 172 Stephan Georg Knöchel: Anerkennung französischer Urteile mit Drittbeteiligung. Eine Untersuchung der Anerkennung von Drittbindungswirkungen nach der EuGVVO und autonomem deutschem Recht. 2011.

Band 173 Kristina Menzel: Vollstreckungsschutz zugunsten privater Altersvorsorge. Eine rechtsvergleichende Untersuchung zum deutschen und schweizerischen Recht. 2011.

Band 174 Manuela Krach: Scheidung auf Mexikanisch. Das materielle Recht der Scheidung im Mehrrechtsstaat Mexiko unter Berücksichtigung von Eheschließung und Ehewirkungen. 2011.

Band 175 Vanessa Sofia Wagner: Verkehrsschutz beim redlichen Erwerb von GmbH-Geschäfts-anteilen. Ein Vergleich des Rechts für Gesellschaften mit beschränkter Haftung in Deutschland, England und Italien. 2011.

Band 176 Alexander Swienty: Der Statutenwechsel im deutschen und englischen internationalen Sachenrecht unter besonderer Betrachtung der Kreditsicherungsrechte. 2011.

Band 177 Kathrin Süß: Streitbeilegungsmechanismen im Verbraucherrecht. Unter besonderer Berücksichtigung der australischen Rechtsordnung. 2011.

Band 178 Efe Direnisa: Die materielle Rechtskraft im deutschen und türkischen Zivilverfahrensrecht. 2012.

Band 179 Julia Faenger: Leistungsunabhängige Nebenpflichten zum Schutz des Integritätsinteresses im deutschen und französischen Recht. Eine rechtsvergleichende Betrachtung ausgehend von den Rücksichtspflichten des § 241 Abs. 2 BGB. 2012.

Band 180 Dorothea Heine: Das Kollisionsrecht der Forderungsabtretung. UNCITRAL-Abtretungskonvention und Rom I-Verordnung. 2012.

Band 181 Lisa B. Möll: Kollidierende Rechtswahlklauseln in Allgemeinen Geschäftsbedingungen im internationalen Vertragsrecht. 2012.

Band 182 Jutta Jasmin Uusitalo: Einbeziehung von AGB im unternehmerischen Geschäftsverkehr zwischen Deutschland und Finnland. 2012.

Band 183 Darya Alikhani Chamgardani: Der Allgemeine Teil des iranischen Schuldvertragsrechts. Im Spannungsverhältnis zwischen rezipiertem französischen und traditionellem islamischen Recht. 2013.

Band 184 Volker Anton: Aktuelle Entwicklungen des Bankgeheimnisses im Rechtsvergleich unter besonderer Berücksichtigung seiner exterritorialen Wirkungen. Deutschland, Luxemburg, Österreich, Schweiz und Liechtenstein. 2013.

Band 185 Charlotte Wilhelm: Die Regelung der Geld- und Warenkreditsicherheiten nach dem deutschen Recht im Vergleich zum Draft Common Frame of Reference (DCFR). 2013.

Band 186 Michael Nehmer: Erbunwürdigkeit und Elternunterhalt im Internationalen Privatrecht. Eine historisch-rechtspolitische Betrachtung. 2013.

Band 187 Pınar Şamiloğlu-Riegermann: Türkisches und deutsches Vertragshändlerrecht im Rechtsvergleich. 2014.

Band 188 Elvan Er: Realsicherheiten des türkischen Mobiliarsachenrechts. Eine Darstellung des geltenden türkischen Rechts unter vergleichender Berücksichtigung des deutschen und schweizerischen Kreditsicherungsrechts. 2014.

Band 189 Maya Mandery: Party Autonomy in Contractual and Non-Contractual Obligations. A European and Anglo-Common Law perspective on the freedom of choice of law in the Rome I Regulation on the law applicable to contractual obligations and the Rome II Regulation on the law applicable to non-contractual obligations. 2014.

Band 190 Gregor Nikolas Rutow: Rechtsvergleich über die Zulässigkeit von Haftungsausschlüssen, Haftungsbeschränkungen und pauschaliertem Schadensersatz in einzelnen arabischen Rechtsordnungen. 2014.

Band 191 Christoph Rödter: Das Gesellschaftskollisionsrecht im Spannungsverhältnis zur Rom I- und II-VO. Eine Untersuchung zur Reichweite des Gesellschaftsstatuts in Abgrenzung zu den Kolligionsregeln der Rom I- und II-VO. 2014.

Band 192 Melanie Kaspers: Die gemischten und verbundenen Verträge im Internationalen Privatrecht. 2015.

Band 193 Tong Xue: Parteiautonomie im chinesischen Internationalen Privatrecht. Am Beispiel der Rechtswahl im Internationalen Vertrags-, Delikts-, und Sachenrecht. 2016.

Band 194 Martin Metz: US-Menschenrechtsklagen und Neoterritorialismus. 2017.

Band 195 Matthias A. Sauter: Mitveräußerungspflichten im deutschen und italienischen Recht. 2018.

Band 196 Daniel Brauner: Die Anwendungsbereiche von CISG und PR CESL im Vergleich. 2018.

Band 197 Christina Bohländer. MAC-Klauseln in Unternehmenskaufverträgen nach US-amerikanischem und deutschem Recht. 2018.

Band 198 Steven Leunert. Die Verteidigungsmechanismen des Haftenden im Internationalen Produkthaftungsrecht der Rom II-Verordnung. 2018.

Band 199 Niki Nozari: Applicable Law in International Arbitration – The Experience of ICSID and Iran-United States Claims Tribunal. 2019.

Band 200 Bahar Tuna Kurtoglu: Die unbezifferte Forderungsklage. Analyse, Problemstellungen und Lösungsansätze, bezogen auf das türkische, schweizerische und deutsche Recht. 2019.

Band 201 Valesca Tabea Profehsner: Disposition im Internationalen Erbrecht. Rechtswahl und parteiautonome Zuständigkeitsbestimmung nach der Europäischen Erbrechtsverordnung unter besonderer Berücksichtigung der beteiligten Interessen. 2019.

Band 202 Panagiotis Kabolis: Das griechische Immobilienrecht. Eine rechtsvergleichende Darstellung in Bezug auf das deutsche Recht. 2019.

Band 203 Natalia Chor: Deliktische Gehilfenhaftung und Haftung wegen Organisationsverschuldens nach russischem und deutschem Recht im Rechtsvergleich. 2019.

Band 204 Samy Sakka: Der Konzern im Kompetenzrecht der EuGVVO. Unternehmensgruppe und internationale Zuständigkeit. 2019.

Band 205 Florian Alexander Sippel: Die Anerkennungsfähigkeit von US-amerikanischen punitive damages awards vor dem Hintergrund der Wirkung des Verhältnismäßigkeits-prinzips im Schadensrecht. 2020.

Band 206 Henning Grosser: Das internationale Nachlassinsolvenzverfahren. 2020.

Band 207 Jana Braksiek: Urteilswirkungen gegenüber Dritten im US-amerikanischen Recht und deren Anerkennung in Deutschland. 2020.

Band 208 Bashkim Preteni: Contractual Transfer of Ownership in Immovable Property. A Kosovo Law Perspective on Contract and Property Law Rules and Legal Interaction with other Fields of Civil Law. 2020.

Band 209 Hanswerner Odendahl: Die Auseinandersetzung der Errungenschaftsbeteiligung in der Rechtsprechung des türkischen Kassationshofs. 2020.

Band 210 Maximilian Strutz: Der niederländische Ehevertrag unter richterlicher Aufsicht. Eine Untersuchung im Spiegel des deutschen Rechts. 2021.

Band 211 Laura Victoria Moser-Lange: Mieterschutz beim Verkauf einer vermieteten Immobilie in Deutschland, der Schweiz und Spanien. Rechtsvergleichende Darstellung und Analyse des § 566 BGB. 2021.

Band 212 Vanessa Ludwig: Conflicts Evolution. Die Restatements of Conflict of Laws und ihre Bedeutung für das US-amerikanische Deliktskollisionsrecht unter besonderer Berücksichtigung des neuen Restatement (Third). 2021.

Band 213 Viola Tsakalidou: Grenzüberschreitende Verschmelzungen und die damit verbundenen international-privatrechtlichen Fragen. 2022.

www.peterlang.com

www.ingramcontent.com/pod-product-compliance
Ingram Content Group UK Ltd.
Pitfield, Milton Keynes, MK11 3LW, UK
UKHW021850290926
8980IPUK00005B/747

9 783631 866726